HUMANITIES AND SOCIETY

风险社会
新的现代性之路

Ulrich Beck

[德国] 乌尔里希·贝克 著 张文杰 何博闻 译

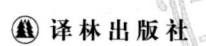

译林出版社

图书在版编目(CIP)数据

风险社会：新的现代性之路 ／（德）乌尔里希·贝克著；
张文杰，何博闻译. —南京：译林出版社，2022.1（2024.7重印）
（人文与社会译丛 ／ 刘东主编）
ISBN 978-7-5447-8933-2

Ⅰ.①风… Ⅱ.①乌… ②张… ③何… Ⅲ.①社会学－研究
Ⅳ.①C91

中国版本图书馆 CIP 数据核字（2021）第 231353 号

Risikogesellschaft: Auf dem Weg in eine andere Moderne by Ulrich Beck
Copyright © Suhrkamp Verlag Frankfurt am Main 1986.
All rights reserved by and controlled through Suhrkamp Verlag Berlin.
Simplified Chinese translation copyright © 2018 by Yilin Press, Ltd

著作权合同登记号　图字：10-2015-413 号

风险社会：新的现代性之路　[德国] 乌尔里希·贝克／著　张文杰　何博闻／译

责任编辑	王瑞琪
特约编辑	陈　锐
装帧设计	胡　苨
校　　对	戴小娥
责任印制	董　虎

原文出版	Suhrkamp Verlag, 1986
出版发行	译林出版社
地　　址	南京市湖南路 1 号 A 楼
邮　　箱	yilin@yilin.com
网　　址	www.yilin.com
市场热线	025-86633278
排　　版	南京展望文化发展有限公司
印　　刷	江苏凤凰通达印刷有限公司
开　　本	880 毫米 ×1240 毫米 1/32
印　　张	10.5
插　　页	2
版　　次	2022 年 1 月第 1 版
印　　次	2024 年 7 月第 3 次印刷
书　　号	ISBN 978-7-5447-8933-2
定　　价	58.00 元

版权所有　·　侵权必究

译林版图书若有印装错误可向出版社调换。质量热线：025-83658316

主 编 的 话

刘 东

总算不负几年来的苦心——该为这套书写篇短序了。

此项翻译工程的缘起,先要追溯到自己内心的某些变化。虽说越来越惯于乡间的生活,每天只打一两通电话,但这种离群索居并不意味着我已修炼到了出家遁世的地步。毋宁说,坚守沉默少语的状态,倒是为了咬定问题不放,而且在当下的世道中,若还有哪路学说能引我出神,就不能只是玄妙得叫人着魔,还要有助于思入所属的社群。如此嘈嘈切切鼓荡难平的心气,或不免受了世事的恶刺激,不过也恰是这道底线,帮我部分摆脱了中西"精神分裂症"——至少我可以倚仗着中国文化的本根,去参验外缘的社会学说了,既然儒学作为一种本真的心向,正是要从对现世生活的终极肯定出发,把人间问题当成全部灵感的源头。

不宁惟是,这种从人文思入社会的诉求,还同国际学界的发展不期相合。擅长把捉非确定性问题的哲学,看来有点走出自我围闭的低潮,而这又跟它把焦点对准了社会不无关系。现行通则的加速崩解和相互证伪,使得就算今后仍有普适的基准可言,也要有待于更加透辟的思力,正是在文明的此一根基处,批判的事业又有了用武之地。由此就决定了,尽管同在关注世俗的事务与规则,但跟既定框架内的策论不同,真正体现出人文关怀的社会学说,决不会是医头医脚式的小修小补,而必须以激进亢奋的姿态,去怀疑、颠覆和重估全部的价值预设。有意思的是,也许再没有哪个时代,会有这么多书生想要焕发制度智慧,这既凸显了文明的深层危机,又表达了超越的不竭潜力。

于是自然就想到翻译——把这些制度智慧引进汉语世界来。需要说明的是，尽管此类翻译向称严肃的学业，无论编者、译者还是读者，都会因其理论色彩和语言风格而备尝艰涩，但该工程却绝非寻常意义上的"纯学术"。此中辩谈的话题和学理，将会贴近我们的伦常日用，渗入我们的表象世界，改铸我们的公民文化，根本不容任何学院人垄断。同样，尽管这些选题大多分量厚重，且多为国外学府指定的必读书，也不必将其标榜为"新经典"。此类方生方成的思想实验，仍要应付尖刻的批判围攻，保持着知识创化时的紧张度，尚没有资格被当成享受保护的"老残遗产"。所以说白了：除非来此对话者早已功力尽失，这里就只有激活思想的马刺。

主持此类工程之烦难，足以让任何聪明人望而却步，大约也惟有愚钝如我者，才会在十年苦熬之余再作冯妇。然则晨钟暮鼓黄卷青灯中，毕竟尚有历代的高僧暗中相伴，他们和我声应气求，不甘心被宿命贬低为人类的亚种，遂把移译工作当成了日常功课，要以艰难的咀嚼咬穿文化的篱笆。师法着这些先烈，当初酝酿这套丛书时，我曾在哈佛费正清中心放胆讲道："在作者、编者和读者间初步形成的这种'良性循环'景象，作为整个社会多元分化进程的缩影，偏巧正跟我们的国运连在一起，如果我们至少眼下尚无理由否认，今后中国历史的主要变因之一，仍然在于大陆知识阶层的一念之中，那么我们就总还有权想象，在孔老夫子的故乡，中华民族其实就靠这么写着读着，而默默修持着自己的心念，而默默挑战着自身的极限！"惟愿认同此道者日众，则华夏一族虽历经劫难，终不致因我辈而沦为文化小国。

一九九九年六月于京郊溪翁庄

目 录

前　言 ……………………………………………… 001

第一部分　在文明的火山上：风险社会的轮廓

第一章　论财富分配与风险分配的逻辑 ……………… 013
　　　　污染物的科学分配与社会的风险处境 ………… 019
　　　　论现代化风险对知识的依赖 …………………… 022
　　　　具有明确阶级属性的风险 ……………………… 032
　　　　文明风险的全球化 ……………………………… 034
　　　　两个时代和两种文化：论风险生产与感知的关系 …… 046
　　　　世界社会的乌托邦 ……………………………… 048
第二章　风险社会的知识政治 …………………………… 054
　　　　文明的贫困化？ ………………………………… 054
　　　　错误、欺骗、过失和真相：论理性的纷争 ……… 062
　　　　公众的风险意识：二手的非经验 ………………… 080
　　　　得到承认的现代化风险之政治动力 ……………… 087

展望：20世纪末的自然与社会 ················· 091

第二部分　社会不平等的个体化：
工业社会生活方式的去传统化

　　　　矛盾心态：个体从发达劳动力市场获得解放 ········ 099
第三章　超越地位与阶级？ ···························· 104
　　　　作为个体化"原动力"的劳动力市场 ·········· 106
　　　　个体化与阶级形成：马克思和韦伯 ············ 109
　　　　个体化雇员社会的来临 ························ 114
第四章　"我就是我"：性别空间与家庭内外的冲突 ······ 117
　　　　工业社会是一个现代等级社会 ················ 120
　　　　从男女角色中获得解放 ························ 125
　　　　不平等意识的形成：选择的机会与约束 ········ 131
　　　　未来的可能场景 ······························ 136
第五章　个体化、制度化与标准化：生活处境和人生模式 ···· 145
　　　　个体化的分析维度 ···························· 146
　　　　德国个体化浪潮的特点 ······················· 148
　　　　人生模式的制度化 ···························· 150
第六章　劳动的去标准化 ······························ 159
　　　　从标准化的充分就业体系到灵活而多元的
　　　　未充分就业体系 ······························ 161

目 录

第三部分 自反性现代化：论科学与政治的一般化

回顾与展望 …………………………………………… 177

第七章 超越真理与启蒙的科学？………………………… 180
  简单科学化与自反性科学化 …………………… 184
  失去垄断的科学 ………………………………… 190
  认知实践的封建化 ……………………………… 196
  论"副作用"的可评估性 ………………………… 201

第八章 破除政治的边界 ………………………………… 214
  现代化体系中的政治与亚政治 ………………… 215
  丧失功能的政治系统 …………………………… 220
  令政治失势的民主化 …………………………… 224
  政治文化与技术发展：进步意识的终结？ …… 235
  医学亚政治：一个极端案例 …………………… 239
  技术政策的困境 ………………………………… 250
  工业自动化的亚政治 …………………………… 253
  总结与展望：未来的可能场景 ………………… 263

参考文献 ……………………………………………………… 278
索　引 ………………………………………………………… 298
中译本修订说明 ……………………………………………… 316

前　言

　　本书的主题是那个不起眼的前缀"后"(post)。这是我们这个时代的关键字。一切都带"后"了。一段时间以来，我们已习惯了"后工业主义"，我们多少还能理解这个概念。而从"后现代性"开始，一切变得模糊起来。后启蒙概念幽暗无光，以至于向来无惧黑夜的猫都会为之逡巡不前。"后"是茫然无措的代号，自陷于流俗时髦。"后"指向一种难以名状的超越之物。在内容上，"后"保留了同我们熟悉的事物的联系，既为它命名，同时又加以否定。冠上"后"的"过去"(Vergangenheit plus post)：这就是我们借以面对四分五裂的现实的基本处方。在毫无理解的情况下，思维迟钝，言辞冗赘。

　　本书尝试追踪这个"后"字［有时又写作"nach"(后)、"spät"(晚期)、"jenseits"(超)］。它承担的任务是努力把握现代性在最近二三十年的历史发展(特别是在联邦德国*)赋予这个"后"字的内涵。这种努力要想获得成功，只有同旧的理论和思维习惯进行一场艰苦搏斗。后者正是通过冠上"后"字才延续了自己的生命。不仅是别人，也包括我

---

　　*　本书提及的"德国"几乎均为两德统一前的联邦德国(西德)，下文将简称"德国"。本书脚注凡未注明者，皆为贝克原注。——中译注

自己，都不免被这些旧物盘踞。有鉴于此，本书时常敲响战鼓，加大音量，这是因为我同样需要去击退自己的异议。因此，本书中会有不少地方显得尖锐刺耳、讽刺过头或仓促冒失。毕竟，我们不能用惯常的学术权衡去抵御旧思想的引力。

下面所要展开的研究，并不考虑经验性社会研究的准则所要求的那种代表性。相反，本书遵循另一种要求，即在仍旧占据优势的"过去"面前，让已经开始成形的"未来"进入我们的视野。以下内容将采用历史比较法，以一位19世纪初社会场景观察家的立场来书写。这位观察家小心翼翼地张望，看到在封建农业时代渐趋衰落的外表之下，当时尚不为人所知的工业时代的轮廓正在缓缓浮现。在结构转型的时代，"代表性"同"过去"结成联盟，让我们无法看到"未来"的各个尖峰，而这些尖峰正从四面八方涌入我们"现在"的视野。在这个意义上，本书包含了一种以经验为取向的投射性社会理论，它并不拘泥于方法。

这么做是基于一种评估：我们见证了现代性内部的断裂，既作为主体，也作为客体。现代性从经典工业社会的轮廓中获得了解放，并缔造了一种新的形态，也就是这里所称的（工业化的）"风险社会"。这就要求细致平衡现代性内部的连续性与断裂性这对矛盾，这种平衡也反映在现代性和工业社会、工业社会和风险社会各自的对立之中。我想要在本书中展示的，正是这些在今天的现实中显现的具有时代意义的差别。至于如何从细节上对它们加以区分，则有赖于对社会发展迹象的仔细审视。在获得清晰的图像之前，我们需要看到更多的未来。

同实践上的情况一样，我在理论上也一无所得。其中一些人，面对"时代精神非理性"的冲击，愈发以19世纪的预设投靠启蒙；另外一些人，则意图把整个现代性事业及其积聚的反常现象全都冲入历史的洪流。我将以同等的果断决绝挑战这两个群体。

对于文明自陷于危机的可怕全景，舆论市场的各个部门早已做了充分描绘，此处无须再画蛇添足。这同样适用于"新的困扰"的涌现。

前言

工业主义世界虽然在其自身的对立中"毫发无损",却失去了有序的二分法。本书要处理的就是这接踵而来的第二步,并把它提升为说明的对象。问题在于,如何以受社会学启发和熏陶的思想,去理解并把握这些时代精神中的不安因素。对此,如果以意识形态批判的方式加以驳斥,看起来就像是在冷嘲热讽,但如果对其毫无批判地加以屈从,则是十分危险的。为了达成上述目的,相关理论层面的主导观念可以再次用历史类比加以阐明:正如19世纪的现代化消解了等级僵化的农业社会,开创了工业社会的结构图景,今天的现代化同样消解了工业社会的轮廓,而在现代性的连续性之中,另一种社会形态正在形成。

这个类比的交界之处,恰恰指明了这一视角的特殊性。在19世纪,现代化的发生是以其对立面为背景的:一个传统的风俗世界,一个有待认识和支配的自然。今天,站在21世纪的门槛上,现代化在消耗并失去其对立面之后,开始就工业社会的前提和运行原理进行自我伤害。一度以前现代性体验为视域的现代化,正在被现代化自我参照的问题情境所取代。19世纪的等级特权和宗教世界观经历了祛魅,同样的情形今天也在发生,无论是经典工业社会对科学和技术的理解,还是以核心家庭为代表的生活形态,以职业为代表的劳动形态,抑或是男女的角色榜样,等等。工业社会轨道上的现代化被工业社会相关预设的现代化取代了。这是时至今日仍在使用的任何理论方案或政治处方都不曾加以阐释的。正是这一在现代性和工业社会(包括其各种变异)之间显现的对立,让我们的坐标系愈发模糊。原因在于,我们是如此彻底地习惯于在工业社会的范畴内来思考现代性。本书的论题是:我们正在见证的不是现代性的终结,而是现代性的开端,这种现代性超越了经典工业时代的设想。*

10

---

* 此句为英译本独有,不见于德文本。除非另有说明,对于英译本"增加"的文字,本书将以楷体字标示。——中译注

以传统为对象的现代化和以工业社会为对象的现代化，或者换一种表述，简单现代化和自反性现代化之间的区分会频繁成为我们思考的对象。在接下来的篇幅中，在穿越当代形形色色的生活领域的旅程中，我们都会提到这一点。但我们尚不清楚，工业社会思维的哪几颗"星辰"会在今天刚刚开启的第二阶段理性化中走向毁灭。不过，我们也大有理由猜测，这一区分甚至适用于那些看似坚不可摧的"法则"，如职能分化，或以工厂为基础的大规模生产。

这种不同于以往的视角将带来两个后果。首先，这个视角声称，那些至今仍看似不可想象的事情发生了：工业社会在其实现之时，却踮着常规性之脚，经由副作用的后梯，而向世界历史的舞台作了告别——任何一本社会理论的插画书都不曾预估到这一方式，这些理论通常只用政治爆炸（革命、民主选举）来作阐释。其次，这一视角进一步指出，此刻搅乱世界的那些"反现代主义"场景，如对科学、技术、进步的批判，以及新社会运动等，与现代性并不相悖，相反，它们体现了现代性具有一贯性的延伸发展，这种发展已经超出工业社会的蓝图。[①]

现代性的普遍化内涵与其在工业社会方案中的僵化和切分形成了对照。有一个迷思阻碍了对这一观点的认识，这个迷思从未被打破，却鲜有人承认。它让19世纪的社会思想在根本上身陷困境，同时也为20世纪这最后三分之一时段投下了阴影。这个迷思断言，就其特征（工作和生活模式、生产部门、立足于经济增长的思考方式、对科学和技术的理解，以及民主体制）而言，发达工业社会是一个彻头彻尾的现代社会，是现代性的顶点，以至于考虑超越它都是没有意义的。

这个迷思具有各种各样的表现形式，其中最有影响的，当属那个有

---

① 近来，吉登斯（Giddens, 1990；1991）和拉什（Lash, 1992）广泛讨论并深化了自反性现代化概念。——英译注（本书把独见于英译本、不见于德文本的注释，统一标示为"英译注"，以示区分。）

关社会史终结的疯狂想法。这个想法无论体现为乐观主义还是悲观主义，都令我们这个时代备受魅惑。在这样一个时代，就连运转已久的革新系统也要开始修正自己所释放的动力。因此，我们已经无法想象现代性会改变自己的社会形态，因为工业资本主义的理论家已经把现代性的这种历史形态转化成先验范畴。在本质上，这种历史形态扎根于其19世纪的对立面。在那个受康德启发的问题（现代社会的可能性条件）中，工业资本主义的那些取决于历史的轮廓、冲突路线和运行原理，竟然也都被夸大成现代性的必然。社会科学研究领域时至今日还有人宣称，工业社会里的一切要素（家庭、职业、工厂、阶级、雇佣劳动、科学、技术）都在变化，但与此同时，所有这些要素又基本上都没变。这种宣称是如此怪异，只能更加佐证我们的分析。人们一般认为，工业社会是一个持续变革的社会。但在每一次工业革命之后，留下来的仍旧是一个工业社会，或许更工业化那么一点。这就是现代社会学向我们讲述的故事。

我们无比迫切地需要一些观念和理论，以便重新思考朝我们碾压过来的新生事物，同它打交道、共生存。与此同时，我们也要和那些不太高雅的传统遗产维持良好关系，而不是带着误解和离别之痛，投向亘古常新之物。旧的范畴消退，新的范畴浮现。但要追踪这些新范畴不是一件易事。对有些人来说，这有点像是"系统转换"，落入了宪法保护机构管辖的灰色地带。另一些人则蜷曲在名目繁多的核心信念之下，如马克思主义、女性主义、量化方法、专业化等。他们盲目地抨击一切离经叛道，这是因为他们被强加了一种可能违背其意愿的忠诚观。

尽管如此，抑或因为如此，世界并未走向终结，至少没有因为19世纪世界的落幕而走向终结。这么说或许有点夸张。我们知道，19世纪的社会世界实际上从未稳固过，它已经毁灭过好几次了，这里指的当然是思想上的。在那个领域，19世纪的社会世界甚至在其尚未诞生之时就被埋葬了。我们熟知，像是某种尼采式观照，或者其间因体现"古典"

（代表"古老"）文学现代性而不断上演的家庭婚恋剧，实际上（或多或少）已经成为世纪之交人们日常生活的组成部分。所以说，很久以前就被思索过的事情正在发生。但粗略估计，这些事情毕竟延后了半个乃至一个世纪。它出现很久了，极有可能还会延续很久，但又似全然没有发生过。

然而，除了文学上的先见之明，我们还体会到，即便故事结束了，人生还要继续。因此可以说，我们经历了一部易卜生戏剧落幕之后的事情。我们经历了后布尔乔亚时代的幕后现实。鉴于文明的风险，或许可以这么说：我们是文化批判的子嗣，但这种批判业已死气沉沉；因而，即使这种批判不纯粹是劝诫性的悲观主义，我们也不再满足于它的诊断。如果整个时代要落入一个超越此前范畴的空间，我们就不能不关注这种"超越"的过往身份，进而使之摆脱这种身份——来自"过去"的秩序诉求。这种诉求不断突破自我，向外延伸，但早已被"现在"和"未来"所抛弃。

本书接下来的章节意图通过探讨社会实践核心领域的发展趋势，重拾社会史的思考线索并加以延伸，使之超出工业社会（及其一切变异）的概念框架。它将从两个方面探讨有关工业社会的自反性现代化的核心观念。首先，围绕连续性和断裂性的相互交错，本书会以财富生产和风险生产的例子加以探讨。其中的论点是：在工业社会中，财富生产的"逻辑"支配风险生产的"逻辑"，而在风险社会中，这种关系颠倒了过来（第一部分）。从现代化进程的自反性角度来看，生产力丧失了其清白无辜的面目。技术-经济的"进步"带来的力量，日益为风险生产的阴影所笼罩。起初，这些风险尚能以"潜在副作用"的名义获取正当性。但在风险泛化之后，公众的批评、（反）科学的研究，揭下了它借以隐藏的面纱，使它在社会政治的辩论中占有了新的重要席位。风险的生产与分配"逻辑"可用财富分配"逻辑"（时至今日仍是社会理论思考的决定要素）来比照。在此处于中心的是现代化的风险和后果，这反映在动植物和人类生命所遭受的那些不可逆转的威胁上。风险不同于19世纪到20世纪上半叶的工厂或职业危机。风险不再局限于特定的地域或团体,而是呈现出全球化趋势。它不仅跨越民族国家的边界,也模糊了生产和再生产的界限。在这个意义上,全球化趋势引发了全球性危害。它跨越国界,不为某个阶级专属,并带有新的社会和政治动力(第一章和第二章)。

不过,这种"社会危害"及其在文化和政治上的潜在可能性,仅仅是风险社会的一个侧面。当我们把工业社会蓝图中有关现代性和反现代性之间的内在矛盾置于讨论的中心时,风险社会的另一个侧面就显现出来了(第二部分和第三部分)。一方面,在阶级或阶层社会的意义上,工业社会被设想成大群体社会,从昨天、今天直到未来,始终如此。另一方面,阶级依赖于有效的社会阶级文化和传统,但在德国战后的福利国家现代化过程中,阶级恰恰经历了去传统化(第三章)。

一方面,在工业社会中,以核心家庭为模板的社会生活已成常态和标准。另一方面,核心家庭有赖于男女性别地位的"等级化"分派,这种分派会因现代化进程(将女性纳入教育和劳动力市场,离婚率上升等)的连续性而趋于瓦解。由此,生产和再生产的关系开始变动,就像与工业社会的"核心家庭传统"联系在一起的那些事物一样,如婚姻、亲子关系、性、爱等(第四章)。

一方面,工业社会是以(雇佣)劳动社会的范畴构想的。另一方面,当前的理性化措施却将目标直接对准与此相系的秩序图式的根基——工作时间和工作场所的弹性化模糊了工作与非工作之间的界限。在微电子学的帮助下,人们可越过生产部门,在科室、企业和消费者之间建立起新的网络。不过这样一来,早先就业体系中的法律和社会前提就"消解在现代化之中":大规模失业被"整合"进就业体系,其新名目是"多元化的未充分就业",由此带来了各种附带的风险和机遇(第六章)。

一方面,科学,因而也就是方法论怀疑主义,在工业社会中实现了制度化。另一方面,这种怀疑主义却(首先)仅限于外部,仅限于研究的对象;反之,科学工作的基础和后果仍豁免于内部激发的怀疑。对职业化目标来说,怀疑主义的这种划分是必要的;但从犯错嫌疑本身的一致性来看,它就显得很不可靠了。总之,科学技术的发展在其连续性当中经历了内外关系上的断裂。由于怀疑主义延伸到了科学工作的基础和风险之中,对科学的求助在日益普及的同时,也失去了神秘性(第七章)。

一方面,议会民主制的诉求和形态随工业社会建立起来;另一方面,该原则的有效性范围却遭到了切分。经济、科学和技术依旧在亚政治领域主宰了"进步"的革新过程,这些领域不受民主制的自明之理的影响。从现代化进程的连续性来看,这是颇成问题的。因为在这种情形下(有鉴于潜力无限而甘于冒险的生产力),亚政治会夺走政治塑造社会的领导角色(第八章)。

换句话说,工业内生的传统构件以形形色色的方式嵌入了工业社会的设计蓝图,例如体现为"阶级"、"核心家庭"和"职业劳动"的图式,或者体现为对"科学"、"进步"和"民主"的理解。只不过,这种传统的基础在现代化的自反性中开始趋于崩溃,面临瓦解。说来奇怪,由此而起的具有时代意义的恼怒全都是现代化的成功带来的结果。如今,这种成功不再沿着工业社会的轨道和范畴行进,它开始与之对抗。即便就工业社会自身的假设和限制而言,现代化也是成功的。自反性现代化意味着更多而非更少的现代性。对照经典工业化设定中的轨道和范畴,这是一种激进的现代性。

我们遭遇的是变迁基础的转变。这种想法若要成立,须以下述条件为前提,即工业社会的图景要加以修订。就其蓝图来看,工业社会是一个半现代社会。这个社会内部的反现代成分并非古旧传统之物,而是工业社会自身的构想和产物。工业社会的结构图景建立在一对矛盾之上,其中一方是现代性的普遍原则,如公民权、平等、功能分化、论证方法和怀疑主义,另一方则是现代性制度的运作结构——上述原则只能在此得到选择性实现。也就是说,工业社会因自己的实现而动摇了自身的基础。连续性成了非连续性的"肇因"。就像宗教改革时代人们在教会的权威下获得"释放"进入社会一样,人们也从工业时代的生活方式和不假思索中获得了解放。由此触发的震撼构成了风险社会的另一面。工业现代性的生活和思考所依托的坐标系开始摇晃。这一坐标系以家庭和职业为轴,坚信科学和进步。与此同时,机遇和风险的新曙光正在浮现——这正是风险社会的轮廓。机遇?在这里,现代性原则会因其在工业社会中遭受的切分而提起诉讼。

在许多方面,本书反映了作者学习和发现的过程。在每一章的结束,我都要比开始的时候知道得更多。我被强烈诱惑,要从结论开始重新书写和思考。我之所以没有这样做,并不只是因为缺少时间。要是我这么做了,一个新的、写完之前的过渡阶段又会重新出现。这再一次突显了本书论证的过程性特征,但绝不应该被理解为是在随意化解异议。对读者来说,这也有好处。他们可以单独阅读若干章节,或以不同的顺序阅读。他们可通盘思考,自觉接受邀请去参与本书的论证,提出反对或补充。

我身边的每个人大概都已在某个时间点阅读过本书的手稿,并应我的要求而予以评论。他们中的一些人,并不总是乐意看到不断冒出的更改。所有意见都被吸纳了。我研究工作的同事圈多由年轻人构成,对于这种合作关系,我在正文和这份"前言"中所表达的感激是远远不够的。这种体验极其鼓舞人心。本书的许多内容可算是对私人谈话和共同生活的剽窃。虽然难免挂一漏万,但我还是要对很多人表达谢意:感谢伊丽莎白·贝克-格恩斯海姆,为了我们非同寻常的日常生活,为了我们共同交流的想法,为了我们之间从不缺乏的敬意;感谢玛丽·雷里希的许多观点和对谈,她还承担了繁重的材料准备工作;感谢雷娜特·许茨极具感染力的哲学好奇心和富有启发的洞见;感谢沃尔夫冈·邦斯，他和我探讨了几乎全部书稿内容，极富成效；感谢彼得·贝格尔，他为我提供了有益的反对意见；感谢克里斯托弗·劳，他同我一道思考，令错综复杂的论证转危为安；感谢赫尔曼·施通普夫和彼得·佐普的许多指点，他们为我提供了丰富的文献和资料；感谢安格莉卡·沙赫特和格林德·穆勒帮助录入文稿，她们热情而可靠。

此外，我也感受到了同事们的热情勉励，他们是卡尔·马丁·博尔特、海因茨·哈特曼和利奥波德·罗森迈尔。要是这里还留有什么重复，或者错误印象，我只好把它们解释为有意留下的不完美迹象。

要是有人仿佛在字里行间看到了闪耀的湖光，这不完全是错觉。本书不少内容都是在施塔恩贝格湖畔的户外山间写成的，这里时常天清气爽，来自阳光、清风和水波的大量评注，一并被收在书中。鲁道多费尔女士及其家人的殷勤照料，成就了这一理想的工作场所。为此，鲁道多费尔女士还特意叮嘱孩子们去别处玩耍，让畜群在远处享用鲜草。

"大众基金"的学术资助，为我创造了闲暇的前提，否则我可能永远不会涉足这一冒险活动。我在班贝格的同事彼得·格罗斯和拉斯洛·瓦什科维奇，还为此推迟了他们各自的学术假期。我真挚地感谢以上所有人，虽然他们无须为我的疏忽出错或夸大其词而负责。其中特别包括了那样一些人：他们不搅扰我的宁静，却容忍我的沉默。

乌尔里希·贝克
1986年4月于班贝格／慕尼黑

第一部分

在文明的火山上：风险社会的轮廓

第一章
论财富分配与风险分配的逻辑

在发达现代性中,财富的社会化生产与风险的社会化生产系统相伴。相应地,稀缺社会的分配问题和分配冲突,也同科技引发的风险在生产、界定及分配过程中产生的问题和冲突叠合在一起。

稀缺社会的财富分配逻辑开始向发达现代性的风险分配逻辑转变。在历史上,这(至少)与两个条件有关。正如今日所见,这种转变的实现首先在于真实的物质需求可以客观降低并脱离于社会的程度。这不仅有赖于人力和技术生产力的发展,也要依靠法制和福利国家的保障及调节。其次,这种范畴上的变化同样源于以下事实:生产力在现代化进程中的指数式增长,使风险和潜在自我威胁的释放达到了前所未有的程度。[1]

---

[1] 现代化是指技术理性化的推进以及劳动和组织的变迁。除此之外,现代化还包含更多的东西:社会特征和标准人生的变化、生活方式和爱恋模式的变化、权力和影响力结构的变化、政治压迫和政治参与形式的变化、现实理解和知识规范的变化。就社会科学对现代化的理解而言,犁、蒸汽机车和微型芯片都只是一个深层过程的可见标记,这个过程不仅掌控也重塑了整体的社会结构。最终,人们赖以为生的确定性根源变了[Etzioni, 1968; Koselleck, 1977; Lepsius, 1977; Eisenstadt, 1979]。一般来说,现代化与工业化是有区别的,但这里为了用语的简化,大多只在总称的意义上使用"现代化"一词。本书德文第三版出版之后,曾兴起过一波新的现代化理论浪潮。现在的讨论则集中于是否可能通过后现代视角处理现代性问题(Berger, 1986; Bauman, 1989; Alexander and Sztompka, 1990)。

随着这些条件的成熟,思考和行动的一种历史类型就被另一种给相对化了,即被重叠了。(马克思和韦伯所泛称的)"工业社会或阶级社会"的概念是围绕着下述问题而展开的:社会生产的财富在分配之时,为何既体现为社会不平等,又具有"正当性"?新的风险社会范式与这个问题交叉在一起。这种范式所要解决的问题既与之相似,又截然不同。怎样才能阻止、淡化、渲染或疏导现代化进程系统生产的风险与危害?它究竟会在什么地方以"潜在副作用"的形象诞生?如何对它加以限制,完成派发,使之既不阻碍现代化进程,也不超出(生态、医学、心理或社会意义上)"可被容忍"的界限?

因此,我们不再只关心如何利用自然,如何把人从传统的束缚中解放出来,而是主要关注技术-经济发展本身的后果问题。现代化进程正变得具有"自反性",日益成为其自身的主题和问题。(在自然、社会和人格领域)发展和运用技术的问题被另一个问题所覆盖,也就是,从特别需要加以界定的关联性视域出发,对实际或可能的技术运用中产生的风险在政治和科学层面加以"操控",包括管理、揭示、吸纳、避开、掩饰等。在对技术-经济的发展进行或真或假的干预之后,安全承诺随风险一同增长,并在警觉而具慧眼的公众面前一再得到了重申。

社会不平等的这两种"范式"分别与现代化进程的特定时段系统相连。在各个国家和社会(当今大部分所谓的第三世界),只要惹人注目的物质需求,亦即"短缺的独裁",还在支配人们的思想和行动,围绕社会生产的财富分配和分配冲突就不会甘于退居幕后。现代化进程就是在这样的"稀缺社会"的条件下进行的。现代化宣称,它可以用科学技术发展的钥匙,打开社会财富隐蔽源泉的大门。现代化承诺把人从不应有的贫困和依附状态下解放出来。这构成了社会不平等范畴下人们行动、思考和研究的基础,并贯穿从阶级社会、阶层社会直至个体化社会的全程。

西方福利国家发达而富有,它正在经历一场双重运动。一方面,相

第一章 论财富分配与风险分配的逻辑

比于20世纪上半叶之前的物资供应,相比于饥肠辘辘的第三世界,为"每天的面包"而奋斗已经失去其紧迫性,它不再是笼罩一切的首要问题。对许多人来说,"大腹便便"的"问题"取代了饥饿问题。不过,这就相当于抽掉现代化进程迄今为止的正当化基础,即同显而易见的短缺做斗争。为了这场斗争,人们早已准备接受一些(不是全部)看不见的副作用了。

与此并行的过程是一类知识的传播,即财富源泉被日益增多的"有害副作用""污染"。这可不是什么新鲜事,只不过人们长期以来致力于克服贫困,并没有注意到这一现象。生产力的过度发展让这一阴暗面变得日益显眼。现代化进程释放了越来越多的破坏力,就连人类的想象力也要为之惊愕不已。上述这两个方面构成源头,助长了对现代化的批判,确立了喧哗吵闹的公共辩论。

从系统的角度来看,在现代化进程的连续性中,"财富分配"和"风险分配"各自的社会局势与冲突,迟早会在社会史的某个阶段结合在一起。我们最迟在20世纪70年代的德国见证了这一转变的开始,而这正是我的论题。也就是说,两类主题和冲突在这里重叠了。我们还没有生活在风险社会,但我们也不再仅仅处于稀缺社会的分配冲突中。一旦这种转变实现,真正的社会转型就会到来,它会引导我们脱离原先进行思考和行动的范畴与轨道。

风险概念能否承载这里所要求的社会史意义?这个概念所涉及的难道不是人类活动的原生现象吗?风险已经是工业时代的特征,为何这里又把它们区分开来?可以肯定,风险不是现代的发明。诸如哥伦布这样的人物,扬帆出航,探索新国家、新大陆,无疑是相信"风险"的。但这都是个人风险,而不是全体人类面临的全球性危险,如核裂变或核废料储藏所引发的问题。在那个时代的语境中,"风险"的言外之意是勇气和冒险,而不是指地球生命可能的自我毁灭。

几个世纪以来,森林濒临消失。起初是变为农田,之后是滥砍滥伐。但今天森林的死亡是全球性的,同时也是工业化隐含的结果。这两者有着极为不同的社会和政治后果。那些森林覆盖率很高的国家(如挪威和瑞典)本身几乎没有任何重污染工业,却同样深受其害。它们不得不以濒临死亡的森林和动植物为代价,去偿还其他高度工业化国家留下的这笔污染账。

有则传闻说道,19世纪有位水手掉进了泰晤士河,但他不是溺亡而是闷死的,因为他吸入了这条伦敦排水道恶臭难闻的有毒水汽。走在中世纪局促狭隘的街道上,就是让鼻子遭罪。"粪便到处堆积成山,巷子里、栅栏边、马车上……巴黎人房子的外墙快被小便浇烂了……组织层面的社会阻塞,让整个巴黎有陷入糜烂解体的危险。"(Corbin, 1984: 41ff.)不管怎样,让我们惊诧的是,那时的危害刺激眼、鼻,可为感官捕获;但在今天,文明的风险大多难以感知,这种风险定居在物理和化学的方程式内(如食物毒素、核威胁)。

还有一个区别与此直接相关。过去,危害可被归结为卫生技术的供应不足。今天,危害的根源在于工业生产的过剩。所以,当今的风险和危害在本质上有别于其在中世纪的表面相似物。这是由于今天的威胁具有全局性(人、动物、植物),其起因是现代特有的。这是现代化的风险。这是工业化先进设备的批量产品,并将随工业化的进一步发展而系统地增加。

风险概念与自反性现代化概念密切相关。风险可被定义为以系统的方式应对由现代化自身引发的危险和不安。风险有别于传统的危险,它是现代化的威胁力量和令人怀疑的全球化所引发的后果。风险在政治上具有自反性。

这个意义上的风险,当然和工业化的发展一样年代久远。所谓的"贫困风险",即大部分人口的贫困化压得19世纪喘不过气来。"技能风险"和"健康风险"长期以来都是理性化进程的主题,也是与此相关的社会冲突、社会保障(和社会研究)的主题。人们着实花费了不少工夫,

第一章 论财富分配与风险分配的逻辑

致力于建立社会福利国家的标准，以便从政治上减少或限制此类风险。然而，近年来令公众担忧的生态风险和高科技风险已经具备新的特征。这是本书接下来关注的焦点。风险在制造痛苦的同时，也脱离了与其起源地——工业企业——的联系。就风险的性质来看，它使这个星球上所有的生命形态都处在危险之中。计算风险的常规基础，如事故和保险、医疗预防等概念，并不适用于这些现代威胁的基本面。例如，核电站不会被单独投保，或者说，它是不可投保的。核"事故"也不再是狭义的"意外"。其影响将波及数代人，甚至包括那些事故发生时尚未出生者，或远在千里之外的人。

这意味着，科学和法制迄今建立的风险计算失效了。用常规的风险概念应对现代生产力和破坏力所引发的后果，不啻是把后者加以正当化，这是一种错误却不失其效的手段。风险学家习惯于这么做，就好像在19世纪的局部事故与20世纪末缓慢加剧的潜在灾难间，不存在这一个世纪的间隔。的确，如果人们区分了可计算的和不可计算的威胁，那么在风险计算的表象之下，源自工业化和决策的新的不可计算与威胁，依旧会随着高风险产业的全球化而广泛传播，无论其目标是战争还是福利。韦伯的"理性化"概念，已经无法把握现代晚期的这一现实，而这样的现实正是来自理性化的成功。技术选择的能力日益提高，而其后果却愈发不可计算。对比这些全局性后果，初级工业化的职业风险确实应当归属另一个时代了。依靠核能和化学能，生产力得到了高度发展。但生产力的危险也摧毁了我们据以思考和行动的基础与范畴：时间和空间、工作和闲暇、企业和国族，乃至军事集团的划分和大洲的分界。换言之，在风险社会中，未知的、意图之外的后果成了历史和社会的主宰力量。[①]

[①] 有关工业社会和风险社会里不同风险的更成熟区分，参见贝克（Beck, 1988; 1992）。——英译注

我们讨论的核心是这种文明自陷危机的可能性，特别是其社会结构和政治动力。整个论证可以划分成五个论题：

（1）风险在本质上不同于财富——这里特指那些出现在生产力发展高级阶段的风险。风险首先是指完全脱离人类感知能力的放射现象，此外还包括空气、水、食品中的有毒物和污染物，以及由此对动植物和人所造成的短期或长期的影响。风险引发的损害是系统性的，通常不可逆转，大多也不可见。风险有赖于因果解释，因而最初只存在于相关（科学或反科学）知识。借助知识，风险变换面貌，或放大，或缩小，或渲染，或淡化。因而，在某种程度上，风险公开接受社会的界定和建构。风险界定的地位和途径由此在社会政治中居于关键位置。

（2）随着风险的增多，同时也由于风险的分配，社会的风险处境形成了。风险处境的不平等，在某些方面同阶级或阶层处境的不平等没有什么不同；但其中起实际作用的是截然有别的分配逻辑：现代化风险迟早会冲击风险的制造者或受益者。现代化风险具有"回旋镖效应"，打破了阶级图式。生态灾难或核泄漏向来无视国界。就算是富商大贾或有权有势者，也难逃其影响。风险不仅损害健康，也威胁正当性、财产和利润。在现代化风险获得社会承认之后，对生态的贬抑和剥夺也紧随其后。这跟利润和财富的旨趣构成了系统而多样的矛盾，这种旨趣乃是工业化进程的推手。与此同时，风险也会制造新的国际不平等，首先是第三世界和工业国之间的不平等，其次是各个工业国内部的不平等。这种不平等破坏了民族国家的管辖权结构。鉴于污染流通的普遍性和跨国性，巴伐利亚森林中某片草叶的生命，最终有赖于国际协议的制定和维持。在这个意义上，风险社会是一个世界风险社会。

（3）尽管如此，风险的传播和市场化并没有完全摒弃资本主义的发展逻辑，相反，它把后者提升至新的阶段。围绕风险的界定，总是同时存在着赢家和输家。两者的相对位置变动不居，因为事项不同，权力有异。在赢家看来，现代化风险是一桩大生意，是经济学家一直在寻找的无限需求。肚子可以填饱，需求可以满足；而文明的风险却是个无底洞，永不餍足，无穷无尽，又可自我再生。卢曼说得对，随着风险的降临，经济具有了"自我指涉"的性质，不再依赖于那个满足人的需求的环境。但这也意味着，工业社会在对自己引发的风险加以经济利用的同时，也制造了风险社会的危险处境和政治可能性。

（4）人们可以占有财富，却只能忍受风险。风险仿佛就是文明指派的。以稍显尖锐而刻板的方式来说，在阶级或阶层处境中，存在决定意识，而在风险处境中，意识决定存在。知识具有了新的政治意涵。相应地，我们必须用一种社会学理论来分析和阐述风险社会的政治可能性，这种社会学理论将围绕风险知识的起源与传播而展开。

（5）得到社会承认的风险具备其特有的政治爆炸力：之前属于非政治的事物获得了政治属性——在工业化本身的进程中清除"原因"。这在有关森林破坏的讨论中表现得很清楚。突然间，公共领域和政治领域开始插手私有领域的企业管理，如生产计划和技术设备。我们可以借助例子表明，风险界定的公共之争实际上是围绕着哪些问题而展开的。这里不仅包括自然环境和人体的健康问题，也涉及下列副作用所引发的社会、经济和政治后果，如市场崩溃、资本贬值、企业决策的科层式控制、新市场的开辟、巨额开销、法律诉讼、威信尽失。在风险社会中，受到诸如烟雾警报、毒物泄漏等大小事件的推动，灾难的政治潜能正在缓缓浮现。相关的防御和管控过程也就意味着权力与权限的重组。风险社会是一个灾难社会。在这样的社会里，例外状况恐怕也要成为常态了。

污染物的科学分配与社会的风险处境

一直以来，自然科学的范畴和公式包揽或支配了相关的讨论，从空气、水、食品中的污染物和有毒物，到自然和环境的破坏等一般性议题。

但在科学的"贫困化公式"中,那些固有的社会、文化和政治意义依然不为人所知。相应地,从化学、生物和技术的角度展开的环境讨论同样存在着危险,它会无意间把人仅仅视作有机体。长久以来,这类讨论有理有据地批评工业化时期所盛行的进步乐观主义,与此同时,它也面临着重蹈覆辙的危险。因为围绕自然的讨论退化到了如此程度,以至于其中既没有人,也不追问相关的社会和文化意义。这里特别需要提到最近几十年的讨论,就算论辩不断批判技术和工业,但处在核心的依旧是技术统治和自然主义。这些人绞尽脑汁,调用空气、水和食品的污染物含量,以及人口增长、能源消耗、食物需求、原料短缺等指数,并予以发布。他们富有激情,时刻专注,就像这世上从来不曾有人(比如韦伯)指出(显然白费口舌):如果排除了社会的权力和分配结构、科层制、流行的规范和理性,上述科学讨论不是空洞的,就是无意义的,更有可能同时包含这两者。在此悄悄潜入的是这样一种理解,现代性在迫害者和牺牲者的意义上,被简化为技术和自然之参考系。正是这种研究进路和思考方式(包括政治性环境运动)掩盖了现代化风险在社会、文化和政治上的内涵及后果。

让我们来举个例子。德国环境顾问理事会在一份报告中写道:"经常能在母乳中发现 β-六氯环己烷、六氯苯和DDT,其浓度令人担忧。"(环境顾问理事会,1985:33)这些有毒物存留在杀虫剂和除草剂中,但它们早已被禁止流通。因此,目前"这些物质的来源是不明确的"(33)。报告的另一处写道:"平均而言,人们对铅的接触并不具有危险。"(35)这个陈述的背后隐藏了什么?或许是在类比这个分配例子吧——两个人有两个苹果,其中一人把两个都吃了,这样一来,平均而言,他们一人一个。转换到全球尺度上的食物分配问题,这个表述会变成这样:"平均而言",世界上所有人都能吃饱。这显然是一种犬儒主义。在地球上某些地方,人们忍饥挨饿,濒临死亡;而在另一些地方,应对营养过剩问题倒成了一项主要的消费支出。当然,这类针对污染物和有毒物的表

第一章　论财富分配与风险分配的逻辑

述也可能并不是犬儒主义的表现，因为或许平均接触量也正是所有人群的实际接触量。可我们知道这一点吗？为了维护上述说法，让我们了解人体被迫吸入或摄取了其他什么有毒物，难道不是一项先决条件吗？他们在探究"平均量"时的那种理所当然，实在令我们吃惊。追问平均量的人已经忽略风险处境的社会不平等问题，而这正是他不能不知道的。因为有可能就存在这样的群体，这样的生活条件，其中，铅这类物质的含量"平均而言不足为虑"，同时却威胁着他们的生命？

报告的下一句话是这样说的："只有在工业排放的毗邻区，有时才会在儿童身上发现危险的铅含量。"所有这类环境和污染物报告的特征，不仅是缺少对社会差别的考虑，也无视这种差别是如何实现的。实际上，其依据是围绕排放源的地区视角和年龄划分——两项标准都源于生物学（或一般而言的自然科学）思维。这不能怪罪于专家小组。这只是反映了在环境问题方面科学和社会思维的一般状况。环境问题一般被看作自然和技术问题，或者经济和医学问题。工业导致的环境污染和自然破坏首先出现在高度发达的社会，并对人们的健康和共同生活造成了各种影响。但令人震惊的是，这里面的一大特征竟是社会性思维的缺失。这种缺失还伴随着荒诞：所有人，甚至是社会学家自己，都对这种缺席无动于衷。

研究人员对污染物、有毒物，以及水、空气、土壤、食品等污染的分布进行调研。相关的结果以分地区的彩色"环境地图"的形式呈现在警觉的公众面前。只要环境状况还在以这种方式来描绘，那么科学的描述和思考方式无疑是合适的。然而，一旦涉及对人造成的影响，其中的基本思路就会短路。要么，我们宽泛地假定（有待证实）所有人都同等程度地受到已查明的地区污染中心的影响，不分收入、教育、职业，不分与此相联系的吃、住、闲暇的机会和习惯；要么，我们最终彻底排除人及其所受的痛苦，只讨论污染物及其地区分布和影响。

自然科学视角的污染讨论在两种观点之间摇摆。其中一方的结论错误地认为，社会痛苦均拥有生物基础；另一方对自然和环境的观察，既排除了人的痛苦的选择性，也没有考虑相关的社会和文化意义。与此同时，这些观点也没有注意到，同样的污染物对不同的人会有相当不同的含义，其差异可能源自年龄、性别、饮食习惯、工作类型、信息、教育等。

更为雪上加霜的是，仅仅着手研究个体身上的污染物，永远不可能确定人群中的污染物浓度。对单个产品来说"不足为虑"的因素，一旦积聚在由全面市场化高级阶段的人所构成的"用户蓄水池"中，或许就表现得极为令人忧虑了。我们在此陷入了范畴错误：只要"安全"或"危险"还与那些摄取或吸入污染物的人存在一丝关联，那么，以自然和产品为取向的污染分析就无力解答有关安全的问题（详见本书第二章第二节）。众所周知，同时服用多种药物可能会抵消或放大其中某种药物的疗效。今天的人们当然还不需要单纯依靠大量药物来维持生存，但他们仍要呼吸受污染的空气，喝受污染的水，吃受污染的蔬菜。换句话说，不足为虑的因素在显著累加。那么，按照一般数学规则，这些因素的加总会变得越来越不足为虑吗？

论现代化风险对知识的依赖

风险同财富一样，它们都是分配的对象，也都可以构成某种处境，即风险处境和阶级处境。然而无论在哪里，一旦涉及分配问题，风险和财富就会面临完全不同的利益与争论。就社会财富来说，人们同可欲求的稀缺物品打交道，如消费品、收入、教育机会和财产。作为对比，风险是现代化的副产品，是不受欢迎的富余。风险必须得到重新解释，以便清除或否定。因此，这里存在着一种对立，一方是肯定性的获取逻辑，另一方是否定性的处置逻辑，包括回避、否定和再解释。

收入、教育这类东西是可消耗、可获得的，但风险和危害的存在与分配原则上需要由论证作为媒介。无论是健康损害,还是自然破坏,都难以通过感受或肉眼而加以识别。就算是那些看似清楚明白的东西,也需要某种社会建构,由具资质的专家来确认其"客观性"。新近出现的许多风险(核污染、化学污染、食品污染、文明疾病)完全脱离了人的直接感知能力。受害者既看不见也感觉不到那些危害,这样的危害越来越成为焦点。在某些情况下,危害有可能在受害者的有生之年都不起作用,但会显现在他们的后代身上。还有一些危害,需要借助科学的"感觉器官",如理论、实验和测量工具,才变得"可见"或可解释。其中的典型例子是放射性物质所导致的基因突变,而这类放射现象本身却是不可触知的。因此,在三英里岛事件*这样的核事故中,受害人完全处在专家的裁决、错谬或争执之下,承受了巨大的精神压力。

把分开的因素合起来思考:因果假设

光靠知识依赖和不可见等性质,还不足以从概念上界定文明的风险处境。它还包括了其他要素。有关危害的陈述,无法简化为单纯的事实陈述。就其构成而言,危害陈述既包含了理论要素,也包含了规范要素。有些科学发现,如"儿童身上显著的铅浓度"或"母乳中的杀虫剂活性成分",本身并不比河水中的硝酸盐浓度或空气中的二氧化硫含量更像文明的风险处境。只有在加入因果解释之后,上述现象才算是工业化生产方式的产物,或现代化进程的系统副作用。因此,对社会公认的风险来说,现代化进程的执行机构和行动者,包括其中牵涉的特殊利益和依赖关系,构成了这里的前提。按照因果模式,这个前提同损害和威胁的现象建立了直接的联系,即使两者在社会、内容、空间和时间

---

* 三英里岛核泄漏事故是1979年3月28日发生在美国宾夕法尼亚州三英里岛核电站的一起严重的放射性物质泄漏事故。——中译注

上是完全分开的。基于这种理解，一位住在慕尼黑近郊的三居公寓里给自己三个月大的孩子马丁哺乳的母亲，与生产农药的化工业，与那些受欧洲经济共同体农业方针驱使，过度施肥并批量生产的专业化农户，也是"直接联系在一起"的。寻找副作用的半径，在很大程度上仍保持开放。最近，人们甚至在南极企鹅体内发现了过量的DDT。

这些例子表明了两个问题。首先，现代化风险既可能出现在特定的地理区位，也可能是普遍而不确定的。其次，现代化风险施加有害作用的路径，是多么飘忽不定和不可捉摸。于是，在现代化风险中，事实内容和时空上相互分离的要素经因果关系而结合在了一起，并被置于社会责任和法律责任的脉络之下。至少从休谟起，我们就知道，因果假设原则上脱离于我们的感知。因果假设是理论。它始终需要依靠联想，以便假定为真或信以为真。也正是在这个意义上，风险是不可见的。假定的因果关系多少总是短暂而不确定的。就此而言，这种日常的风险意识也不过是一种理论意识，进而也就是一种科学化的意识。

隐含的伦理

就算是用因果假设把制度上分离的因素关联在一起，这也不足以从概念上界定风险。对风险的体验还预设了一种规范性视域，即安全感丧失，信任被打破。所以，风险依旧在那里，它披着数字和方程的外衣，悄无声息地潜入。原则上，它离不开与特定地点的联系，它也是对有价值人生之受损图像的数字浓缩。这些观念反过来也只能被相信，换言之，无法被直接体验。在这个意义上，风险是乌托邦的客观化底片。在这张底片上，人类或其残迹历经现代化进程而得以保留，并重获新生。这种规范性视域首次明确了风险本身的风险性。尽管还有点难以辨认，但这种视域最终也不会被数学或实验所祛除。在所有这些客观化的背后，有关接受度的问题迟早都会走上前台，并重提那个历久弥新的问题：我们想要什么样的生活？何以为人，何以为自然，它们的哪些特质应该得到保留？由此可见，围绕"灾难"的广泛传言是一种夸大、极端而日益具体化的表述，即这样的发展不是我们想要的。

人是什么？如何与自然相处？这些历久弥新的问题，在日常生活、政治和科学之间来回摇摆。在文明发展最为进步的阶段，这些问题被再度提上日程，特别是在它被戴上数学方程和方法之争的隐身帽的地方。风险的确立就是：伦理，附带包括哲学、文化和政治，在现代化的核心领域，亦即在经济、自然科学和技术学科等领域复活了。有人可能会说，在工业生产和管理领域，它们是受人厌弃的民主化手段。依靠风险推理，这一点在某种程度上变成了公共讨论。风险的确立是一种共生现象。它尚不为人所知，亦有待发展。这是自然科学和精神科学、日常理性和专家理性，乃至利益和事实的共生。所以，风险的确立不是单方面的，而是双方一起，并构成新的形态。它们不再因专业化而分离，也不再只按自己的理性标准进行发展或确定规则。风险的确立要求通力协作，这就需要跨过学科、市民团体、企业、行政和政治的鸿沟；或者更有可能的是，风险的确立借此碎裂成对立的界定或界定之争。

科学理性与社会理性

这就带来了影响深远的重大后果：在界定风险时，科学的理性垄断诉求破灭了。现代化的执行者和受害群体分别有着不同的诉求、利益和观点，相互竞争，相互冲突。他们被迫从原因和结果、发动者和受害者的角度共同界定风险。没有什么风险专家。很多科学家在工作的时候，确实情绪激昂，动力十足，力求客观理性。科学家的界定工作越具有较多的政策内涵，他就越追求研究的客观性。但在其工作的核心领域，科学家仍然依赖于社会性的、预先给定的期待与价值：划分尚可接受或不能接受的暴露量的界限在哪里？如何确定？向预先设定的标准让步，是一件容易的事吗？例如，为了满足经济利益，我们应该接受可能的生态灾难吗？什么是必不可少的？什么是假定必不可少的？又有哪些必不可少的东西是存在变数的？

科学理性宣称可以客观地研究风险的危害性，这种主张总是不攻自破。首先，这建立在思辨假设的空中楼阁之上，完全是在概率陈述的框架内展开的，严格说来，其安全预测甚至不能被实际出现的意外所驳倒。其次，想要有意义地讨论风险，人们必须采取某种价值立场。风险确立的基础在于数学上的可能性和社会利益本身，特别是当风险的确立和技术上的确定性一道出场之时。科学在应对文明的风险时，总是抛弃其实验逻辑的基础，而与经济、政治及伦理建立一种多配偶婚姻。或者更确切地说，它们共同生活在"没有证书的事实婚姻"里。

只要科学家还在谋求垄断理性，上述受到掩盖的外部决定要素终究会成为问题。有关核反应堆安全的研究，局限于评估某种可量化的风险，其依据是可能发生的事故。风险的维度从一开始就被限制在技术性管控问题上。某些圈内人认为，技术上不可管控的风险是不存在的——至少在科学计算或司法裁决领域确实不存在这样的风险。这些不可计算的威胁拼凑成一种未知的残余风险，成了工业化捐赠给所有人的礼物，无论它在何方。大部分人，包括反核人士，主要关注核能利用过程中可能发生的灾难。无论事故概率多么小，其代价都是巨大的，因为一次事故会带来毁灭。可量化的风险概念专注于事故发生的可能性，而否认其中存在的差异。譬如，空难与核电站的爆炸就存在着差异，前者影响有限，后者虽然看似不太可能发生，却足以影响各国尚未出生的数代人。此外，在公共讨论中，风险的特质所扮演的角色还完全没有得到风险研究的认真对待：核武器的扩散；化学或核技术从民用转军用的可能性；一般产品和军工产品之间的灰色地带，它会随风险产业和市场的扩张而扩散到全球；人性（错误、不足）与安全的矛盾；重大技术决策拿未来数代人的生活当儿戏，而其影响具有长期性且不可

第一章　论财富分配与风险分配的逻辑

逆转。没有完美的系统，也没有完美的人，足以符合这种必然性。甚至建立完美系统的尝试，也仅仅意味着建立完美的控制，建立某种日常的独裁。

换句话说，风险讨论清楚地表明，在应对文明受害的可能性方面，科学理性和社会理性之间存在着裂缝与缺口。双方都试图绕过对方。一方面，社会运动提出的问题并没有得到风险专家的解答；另一方面，专家回答的那些问题也没有切中要害，无法缓解公众的焦虑。

科学理性和社会理性确实是分离的，但同时它们也以各种方式保持着相互的交织和依赖。严格说来，即使想要维持这种区分也并不是一件易事。科学关注工业发展中的风险，事实上也依赖社会的期望和价值视域，这就像社会对风险的讨论和感知有赖于科学的论证一样。风险研究曾被要求阻挡"技术恐惧症"，如今却只能尴尬地紧随这种恐惧，并从中获取了超出想象的物质支持。公众的批评与不安主要源自专业知识和反专业知识之间的辩证对立。没有科学论证和对这种论证的反科学批判，公众不免兴致索然。事实上，公众常常对其批评和忧虑的对象或事件缺少感知，因为它们大多是"不可见"的。这里我们可以修改一句名言：没有社会理性的科学理性是空洞的，没有科学理性的社会理性是盲目的。

这里并不旨在描绘普遍和谐的景象。恰恰相反，这里关注的是围绕有效性而在各个方面相互竞争和冲突的不同理性诉求。每个阵营都有不同的关注点，因而也会相应地发起变动或维持不变。就变革的优先性而言，其中一方可能看重工业化的生产方式，另一方可能看重事故概率在技术上的可管控性。

30

多样的界定：越来越多的风险

风险的理论内涵与价值关联还包含其他要素：文明风险的多元化

及其界定的多样性，同时，它们全都处在可观察的冲突之中。可以说，风险的生产过剩有时导致相对化，有时带来补充，有时又触发竞争。一种有害的产品，可能借由渲染其他产品的风险来捍卫自身（例如，夸大气候影响可"减小"核能风险）。任何利益方都试图依靠风险界定来自我辩护，由此规避可能影响其钱袋子的风险。风险界定是一切人反对一切人的斗争，也是为了最大收益的斗争。在这场斗争中，土壤、植物、空气、水和动物的受威胁状态占据了特殊的位置，因为它们代表了公共福祉，代表了那些无法亲自投票的民众的呼声（或许只有给予青草和蚯蚓以选举权和被选举权，才能让人重返理性）。就风险的价值和利益关联而言，多元化是显而易见的：风险的影响范围、紧迫性及现实生存，随价值和利益的多样化而波动。这影响了对风险的实质解释，不过这一点就没有那么引人注意了。

　　经由风险而建立的因果关联，亦即实际或潜在的损害作用与工业化生产之间的联系，揭开了近乎无穷无尽的个别解释。实际上，只要保留基本的模式——现代化为原因，损害为其附带后果——人们至少可以尝试在任何事物间建立联系。但很多联系是不能被证实的。即便是那些已经被证实的联系，也要经受长期的系统化质疑。然而重要的是，在数不胜数的可能解释中，孤立的条件总是被相互联系在一起。让我们以森林破坏为例。只要小蠹、松鼠或某个担责的林业部门仍旧被看作原因或当事方，我们在关心的似乎就不是"现代化风险"，而是林业管理的疏忽怠惰，抑或动物的贪得无厌。

　　在风险获取承认的道路上，我们始终需要打破这种典型的局部误诊。当我们克服这种误诊，当我们认识并承认森林的破坏是工业化的后果，那么，不同于以往的原因和当事方就会显现。只有那时，风险才成为一个长周期问题。它受系统制约，不可能在局部层次上得到缓解，而需要政治上的解决之道。这种观念上的转变一旦确立，其他事情才有可能起变化。赐予我们永恒终极之秋的（树叶凋零）是二氧化硫、氮氧化物,它们的光化学产物即碳氢化合物,还是某种我们尚一无所知的物质?这些化学分子式看起来就像是独自存在的。不过在这背后,公司、产业部门以及各经济、科学和职业团体,全都成了公众批评的矛头所指。每一个社会公认的"原因",包括原因诞生的行为系统,都承受了要求其改变的巨大压力。就算抵挡住了公众的压力,销售也会回落,市场也会崩溃,消费者的"信任"同样需要靠庞大而昂贵的宣传运动来赢回,并重新加以巩固。汽车是"国家的主要污染源",因而是真正的"森林杀手"吗?或者,我们是否最终到了这样的时刻,以至于有必要在燃煤火电站安装一流的、基于最新技术的脱硫和脱氮装置?还是说,即便这样也无济于事,因为造成森林死亡的污染物,会乘着风从邻国的大烟囱和排气管"免费到家"(或"免费到树")?

搜寻原因的焦点,所到之处总是免不了爆发大火。随后,仓促组织起来的、装备落后的"论证消防队"必定全力以强大的反向解释灭火,力图减少损失。有人发觉自己被看作风险的制造者,处在公众的声讨之下,因而,他们诉诸企业中逐渐制度化的"替代性科学",竭其所能地驳斥这种指控,并试图揭示其他原因和始作俑者。这一景象不断地重复着。媒介渠道成了关键要素。工业领域的不安感在加剧:没有人知道谁会是下一个遭受生态道德绝罚的人。好的论证,或者至少是能够说服公众的论证,成了商业成功的基本条件。因此,公关人员和"论证巧匠"获得了他们在企业内部的机会。

因果链与损害圈:系统思维

坦率而言,从潜在的科学视角来看,其中包含的因果解释无论多么站得住脚,所有的影响效应都与此无关。科学和相关专业内部的意见大多也是充满分歧的。因而,风险界定的社会效应并不依赖于它的科学效力。

不过，解释上的多样性也建立在现代化风险本身的逻辑之上。这里我们毕竟是想把损害影响同个别因素联系在一起，而这些因素几乎无法脱离工业化生产方式的复杂系统。在商业、农业、法律和政治领域，高度专门化的现代化机构形成了系统互依的局面。而与此同时，可分离的单一原因和责任却是缺位的。农业污染了土壤吗？抑或农户只是损害循环链中最微不足道的那一环？或许他们只是依赖并从属于饲料化肥产业的销售市场？可以对他们施加影响以实现预防性的土壤净化吗？当局本可以在很早以前就禁止或大力限制有毒化学制品的销售，但他们并没有这么做。相反，依靠科学的支持，他们继续为"无害"的有毒产品发放许可证。这对我们所有人来说，何止是震惊。谁会接过这烫手山芋，行政机关、科学界还是政治界？但他们毕竟都不种地。那么，还是农户吗？可他们受欧洲经济共同体挤压，为了生计而不得不采取化肥集约型的超负荷生产……

换句话说，高度分化的劳动分工对应着普遍的合谋，而这种合谋对应着普遍的不负责任。既然每个人都同时是原因和结果，也就意味着没有原因。行动者和条件、作用和反作用变化无常，原因从中悄悄溜走了。在这种情况下，系统思维获得了社会的关注，开始广泛流行。

在生命历程的意义上，系统思维无比清晰地展现如下：人们可以一而再、再而三地做某些事，自己却不必为此负责。这就像是说，人们可以在不现身的情况下行动，人们只在物理上行动，却没有在道德或政治上行动。作为一般化的他者，系统在自身内部并通过自身而运作：这就是文明时代的奴隶道德。在这种条件下，个体和社会的行动仿佛是在屈从自然命运，屈从系统的"引力法则"。这就是我们在面临极具威胁的生态灾难时还在急忙传递"烫手山芋"的样子。[①]

[①] 关于如何对抗这种"有组织的不负责"的政治策略的讨论，参见贝克（Beck, 1988）。——英译注

第一章　论财富分配与风险分配的逻辑

风险的内涵：激发行动的先兆

风险的内涵当然不止于已经发生的影响和损害。我们必须在风险已经造成的破坏后果和它的潜在可能性之间作出区分。在后一种意义上，风险主要是关乎未来的要素。这里的基础部分在于当前可预见的损害向未来的延伸，部分在于普遍的信心缺失或假想的"风险放大器"。因此，风险本质上同预测有关，同虽未发生但已发出威胁的破坏有关。在这个意义上，风险在今天就已经是真实的。这里有一个来自环境顾问理事会（1985）的例子。理事会曾指出，源自氮肥的高浓度硝酸盐到目前为止基本上还没有渗入深层地下水，即我们的饮用水源。硝酸盐大多在底土层就分解了。然而，没有人知道这是怎么发生的，会延续多久。我们没有理由认为，这种保护层的过滤作用会毫无保留地延续到未来。"恐怕当前被淋洗的硝酸盐，终将在若干年或几十年之后进入深层地下水，延迟的长短只与时间的流逝有关。"（29）换言之，定时炸弹已经开始嘀嗒作响。在这个意义上，风险指明了一个未来，而我们必须对此加以预防。

与财富具体可感的明证性相比，风险具有某种非真实性。在核心意义上，风险既是现实的，也是非现实的。一方面，很多危害和损害在今天就已经是真实的——水体的污染和消逝、森林破坏以及新型疾病；另一方面，风险论证的真正社会动力来自预期中的未来危险。在这个意义上，风险一旦出现就意味着大规模破坏，以至于其后的补救行动都将无济于事。因此，即使作为猜想，作为将来的危险，作为预测，风险也同预防行动有着实际的关联，并使之得到了发展。风险意识的核心不在当下，而在未来。在风险社会里，"过去"丧失了它决定"现在"的权力，取而代之的是"未来"。也就是说，某些不存在的、设计的、虚构的事物，成了当下经验和行动的"原因"。我们在今天积极作为，是为了避免、缓解或预防明后天的问题与危机——或者干脆什么也不做。模型"预估"的劳动力市场短缺，对教育行为有直接的影响；预期中即将来临的失业，是今日生活处境和心态的主要决定因素；预估的环境破坏与核威胁令社会不安，致使大批年轻人拥上街头。我们讨论未来，也就是在讨论"预期的变数"，讨论当前（个人和政治）行动的"预期原因"。未来的相关性和重要性，直接对应于其不可计算性与威胁的内容。我们（必须）对未来作出预计，以便确定并组织我们眼前的行动。

正当化："潜在的副作用"

当然，这里的前提是风险已经成功地取得了社会的承认。起初，风险是人们回避的事物，被默认为不存在，除非另有说明。这里依据的是格言"凡有存疑，进步优先"（*in dubio pro* Fortschritt），亦称"凡有存疑，掉转目光"（*in dubio pro* Weggucken）。可以清楚地看到，与此存在关联的是一种正当化模式，它有别于社会财富的不平等分配。风险可以借由下述事实而实现正当化：对于风险的后果，人们既看不到，也不想要。在科学化的文明中，风险处境必须突破周遭的禁忌保护层，从而"科学地诞生"。具体而言，风险大多化身为"潜在副作用"，而人们也承认威胁的现实性并使之正当化。没有看到的东西自然无法阻挡，费尽心力的副产品却成了难以管教的顽童——现在人们需要额外决定是否接受它。"潜在副作用"的思想图式代表了一类特许状，代表了文明的自然命运。人们不得不承认这是不受欢迎的后果，但同时也选择性地对其加以分配和辩护。

具有明确阶级属性的风险

风险分配的类型、模式及媒介与财富分配存在着系统差别，但这无法排除另一种可能性，即风险常以阶层或阶级专属的方式来分配。在

第一章 论财富分配与风险分配的逻辑

这个意义上,阶级社会和风险社会存在着很大范围的重叠。风险分配的历史表明,风险同财富一样附着在阶级模式之上,只不过是以颠倒的方式:财富在顶层积聚,而风险在底层积聚。就此而言,风险似乎不是废除而是巩固了阶级社会。贫困与安全感的缺乏结伴,并招致了大量的风险;而(收入、权力和教育上的)财富却可以购买免于风险的安全和自由。风险向贫穷弱势群体集中,阶级对立由此加剧了。阶级专属的风险分配"法则",亦即阶级对立加剧的"法则",不仅生效已久,而且在今天仍适用于风险的某些核心维度。非熟练工人的失业风险要远大于熟练工人。在工业企业里干活会涉及劳动负荷风险、辐射风险或有毒化学品风险,这些风险在不同职业间是分布不均的。低收入群体生活在廉价住宅区,大多邻近工业生产中心,这些区域的空气、水和土壤长期暴露在各种污染之中。害怕减少收入,就会提高容忍限度。

这种社会过滤或放大效应制造了具有阶级属性的痛苦。但除了这些,就连应对、规避或补偿风险的机会和能力也会因收入、教育的分层差异而分配不均。只要有人长期手头充裕,他就可以通过选择定居点或自建寓所(或购买第二套房子、休假等)而寻求回避风险。这一点同样适用于饮食、教育以及相应的食物和信息获取等行为模式。腰缠万贯者自然可以津津有味地享用"幸福鸡"下的"有机蛋",抑或"幸福生菜沙拉"。教育和对信息的专注为应对或规避风险开启了新的可能性。人们可以避开某些特定产品(如含铅量较高的老牛肝),或者,如果通晓膳食营养,人们还可以每周变换菜谱。这样一来,北海鱼类所含的重金属就可能被猪肉或茶叶中的有毒物降解、修复或抵消(甚或加重?)。烹饪和饮食正在成为某种隐性的食品化学,一种其作用与女巫锅相反的东西,它意在减少有害影响。化工和农业生产常常过量排放污染物和有毒物,为此需要用"营养工程"悄悄施加一点小伎俩,这里就涉及大量的知识。尽管如此,人们极有可能以"反化学"的膳食生活习惯,来对电视和报刊上的中毒事件作出回应,但这种习惯依然是按阶层分布的。在"具备营养意识"的高收入、高学历阶层中，这种日常的"反化学"（常常被精致地包装成化工业的衍生分支，呈现在主顾面前）势必会搅动饮食起居的方方面面，从食品到家居，从疾病到休闲（确实已经是这样）。人们可以从中得出一般结论：用反省和财力应对风险，会让古老的社会不平等在新的层面上得到巩固。不过，这丝毫没有抓住风险分配逻辑的核心。

随着风险处境的日益加剧，私人的逃脱之道和补偿机会既在广泛传播，也在缓慢消逝。风险呈指数式增长，规避风险的机会在消失，政治上日益节制，私人的回避机会被到处宣传和兜售：所有这些都是互为条件的。就少数食品来说，这种私人渠道的躲避还是有用的；可一旦涉及供水，所有阶层就都连在同一根水管上了。当我们在远离工业的"乡间田园"看到"枯枝残败"的景象时，一切就很清楚了。在我们共同呼吸的有毒空气面前，阶级专属的壁垒也坍塌了。在这种情况下，唯有不吃不喝不呼吸才是最有效的保障。但就算如此，恐怕也帮助不大，毕竟我们都知道建筑石材和地表苔藓的遭遇。

文明风险的全球化

这一切可以简化成一句套话：贫困是分等级的，烟雾是讲民主的。[*] 随着现代化风险的扩散，换言之，随着自然、健康、饮食等日益受到威胁，社会的区隔和界限也就减弱了。从中我们可以得出截然不同的结论。客观地说，在其作用范围内，风险对受它影响的人群展现出了平

---

[*] 这里的"烟雾"（Smog）一词并非日常泛指，而是明确指工业化时代的空气污染，如发生在洛杉矶的光化学烟雾事件。查询《牛津英语词典》(*Oxford English Dictionary*)可知，其原文是由英文的"smoke"（烟）和"fog"（雾）组合而来的。该词的首次明确记录始于1905年，是为著名的"伦敦雾"而专门杜撰的术语。通常所说的雾（fog）和霾（haze）则是用来描述天气条件的气象学术语，至少并不必然指工业化造成的污染。——中译注

第一章　论财富分配与风险分配的逻辑

等化效应。它不同寻常的政治力量恰恰就在于此。在这个意义上，风险社会根本不是阶级社会，风险处境或风险冲突也不能理解为阶级处境或阶级冲突。

只要我们仔细审视现代化风险的特殊样式或特殊分配模式，这一点就会变得更加清楚：现代化风险具备一种内在固有的全球化趋势。与工业生产紧密相伴的是危险的普世主义，这些危险已经脱离它诞生的场所。事实上，食物链把地球上的每个人都串联起来了。遇到边界，风险下潜而过。空气中的酸性物质不仅侵蚀雕塑和艺术珍品，也早就打破了现代的关税壁垒，以至于连加拿大的湖水也开始酸化，连斯堪的纳维亚北端的森林也濒临消失。

全球化趋势造成了各种痛苦，但就其普遍性来看，这种趋势本身也是含糊不定的。假如一切都成了危险，某种程度上也就没有什么是危险的了。假如无路可逃，人们最终也就不必再庸人自扰。这种生态上的末日宿命论任由私人情绪和政治舆论随意摇摆。风险社会在歇斯底里和漠不关心之间来回移动。行动成了明日黄花。人们大概只能用无所不在的杀虫剂来对付昆虫（起泡酒）*了吧？

回旋镖效应

风险的分配模式包含在全球化之中，但并不完全等同于全球化，因为它蕴含了数量可观的政治炸药：风险的制造者或受益者迟早都会和风险狭路相逢。风险在扩散的过程中展现出了具有社会意义的回旋镖效应：就算是豪门富户，也难逃风险的侵害。先前的"潜在副作用"，甚至会回击它自己的生产中心。现代化的执行者作为危险的释放者和受

---

*　原文为"(In)Sekt(en)"，其中"Inseckt"为昆虫，"Sekt"指类似香槟的德式起泡酒。作者借词形运用了双关，暗指酒中含杀虫剂。——中译注

益者，也被深深地卷入了这危险的旋涡。

让我们再次以农业为例。从1951年到1983年，德国的化肥使用量从每公顷143千克增加到了每公顷378千克；从1975年到1983年，德国的农药使用量从2.5万吨增加到了3.5万吨。这期间，单位产量自然在上升，却赶不上肥料和杀虫剂的消耗增长。谷物的产量翻了一倍，土豆的产量增长了二十个百分点。相比于化肥农药的投入，农业产量的增速正在递减。这与自然破坏的累进式扩大形成了鲜明对比。对农户来说，这种破坏就发生在自己的眼皮子底下，尤使人痛心。

这种令人忧虑的发展有一个突出标志——野生动植物的数量正在锐减。"红色名录"*记录了物种面临的生存威胁，是官方的"死亡证明"，而这个名单正变得越来越长。

> 格陵兰岛的680种植物，有519种处在危险之中。草地鸟类的种群数量正在急剧减少，如白鹳、杓鹬和草原石鸻；人们试图通过"草地鸟类计划"来拯救巴伐利亚最后的鸟类种群……受到影响的动物还包括地栖鸟类，处在食物链上端的动物如鹰、鸮、蜻蜓，以及那些食物来源日渐稀少而又食性单一的动物，它们常以大型昆虫或植物生长期提供的花蜜为食。（环境顾问理事会，1985：20）

从前"看不见的副作用"成了亲眼可见的主要影响，以至于威胁到了构成初始原因的生产中心本身。现代化风险的生产沿回旋镖的弧线而移动。产业化的集约式农业得到了数十亿财政补助。这一结果不仅使遥远城镇的儿童身上或母乳内的铅含量急剧上升，也在多个层面上

---

* 全称为"世界自然保护联盟（IUCN）濒危物种红色名录"。IUCN红色名录在1963年开始编制，是全球动植物物种保护现状最全面的名录，也被认为是生物多样性状况最具权威的指标。——中译注

削弱了农业生产本身的自然基础：耕地肥力下降，重要动植物消失，土壤侵蚀危害加重。

这种威胁效应的社会循环可以概括如下：在现代化风险的屋檐之下，迫害者和牺牲者迟早都会合为一体。在最糟糕、最不可想象的核闪击战的情形下，这一点是显而易见的，因为这样的战争也足以毁灭侵略者。由此可以清楚地看到，地球已经身处险境，我们没有必要再去区分穷人或富人、白人或黑人、南半球人或北半球人、东方人或西方人。威胁的影响只在它发生时存在，而一旦发生，它又将不复存在，因为没有什么东西可以继续存在。因此，这种末日启示般的威胁并没有在威胁的"当下"留下任何可触摸的痕迹（Anders, 1983）。但生态危机就不是这样了。生态危机甚至侵蚀了农业的自然和经济基础，并因此削减了全体人口的食物供给。这种影响有目共睹，它不仅为自然留下了烙印，也触及了富人的钱袋和权势人物的健康。因此，这里的启示录音调虽然尖锐刺耳，但都源自可靠的渠道，并不因党派归属而有差异。

生态意义上的贬值与剥夺

回旋镖效应不只表现为直接的生命威胁，它也影响传输的媒介，如金钱、财产和正当性。回旋镖效应并不只是向单一的源头发起还击，它会在总体层面上让每个人都受到相同的损害。森林的破坏不仅造成鸟类消失，也会削弱土地和森林资产的经济价值。某个地方只要建设了核电站或燃煤发电站，抑或只是计划开建，那里的地价就会暴跌。城镇或工业区、高速公路或干线公路都会加重周边土地的负担。德国7%的土地是否已经因此而受污染或即将受污染，以至于不再适宜耕种了——这一点仍旧悬而未决。无论如何，这里面的道理是一样的：财产正在贬值，并日益遭受"生态意义上的剥夺"。

这种效应可以扩展至各个方面。自然环境的破坏或身处险境，关于有毒食品和消费品的报道,各种威胁性的乃至实际发生的化学、毒物或核反应堆事故:它们虽然轻重缓急不一,但都会让财产权遭受贬值或剥夺。现代化风险的生产不受限制,使大地不再宜居的政策因而得以有条不紊地推行,有时甚至会灾难般加剧。我们曾视其为"共产主义威胁"而加以反对的东西,如今正发生在我们自己不断累加的行动之中,虽然借助了受污染的自然这一迂回路线。抛开意识形态的教条之争,"焦土"政策在一切人反对一切人的市场机会的战场上推行。这种政策固然有效,却是不可持续的。

受污染的或被视作受污染的东西——失去社会经济价值之后,再作区分也毫无意义——可能属于拥有它的人,抑或任何愿意拥有它的人。保留法律上的所有权头衔既无用处,也无价值。说到"生态上的剥夺",我们关注的是保留法律所有权情形下的社会经济剥夺。这既适用于食品,也适用于空气、土壤和水,适用于生活在其中的一切生命,特别是那些靠此类生命而生活者。针对"室内污染"的讨论清楚地表明,我们日常文明的一切组成物都可以包括在其中。

这背后的基本洞见是如此简单:任何威胁地球上生命的东西,同样也会威胁某些人的财产和商业利益。这些人赖以为生的手段是把生命及其必需品变作商品。由此,在推动工业化进程的财产利润和该进程带来的各种威胁性后果之间,出现了一对真正的、系统加剧的矛盾。因为工业化的后果会危及乃至剥夺财产和利润(更别提其中生命利益了)。

随着反应堆事故或化工灾难的发生,文明在其发展的最高阶段再次迎来了地图上的"空白点"。这些"空白点"就是威胁物的纪念碑。毒物事故或突然揭露的有毒废料场,甚至会让住宅区成为"毒料堆积区",让良田成为"荒野"。除此之外,还有各种更为初级也更为隐蔽的形式。生活在受污染海域的鱼类不仅威胁相关消费者,恰恰由于这个原因,它也威胁到从事渔业的人群。土地在响起烟雾警报的时段是死去的。整个工业区摇身一变，成了可怕的鬼城。这就是回旋镖效应的意志：就算是作为肇因的工业也不得不停下它前进的车轮。但应当停下车轮的，不止工业。烟雾对污染者付费原则全然无动于衷。烟雾在总体层面上，按平等主义的原则打击所有人，无论他们是否分摊了制造烟雾的责任。因此，对空气疗养院来说，烟雾自然算不上宣传媒介，也不是什么赚钱机器。法律要求公布空气中的最高污染水平（近似于水温或气温），这应当会让疗养管理和度假产业成为抗击污染政策的热心支持者，尽管目前他们依然反对建立任何标准。

风险处境不是阶级处境

现代化风险的普遍化也释放了一种社会动力。这已经超出原先的阶级范畴，也难以通过它来理解。有人占有财富，也就有人一无所有，因而所有权关系也就包含了一种社会张力或社会冲突。在这种关系中，彼此的社会认同——"他在那头上升，我在这头跌落"——逐渐发展并巩固。然而，风险处境的局面与此完全不同。身处险境者的情况再糟糕，也不会剥夺其他人的任何东西。遭受风险和不遭受风险，并不会像占有财产和不占有财产那样形成两极的对立。譬如说，受影响的"阶级"与不受影响的"阶级"并不构成对立。受影响的"阶级"充其量也只和尚未受影响的"阶级"构成对立。想要保持不受损伤的状态越来越难，这让今天还"感觉良好"（健康舒适）的人，在明天就进入医疗保险机构的"施粥"队伍，在后天就成为残废无能的贱民之一员。

毒物事故和有毒废弃物时常困扰着政府当局，每次都会让司法、管辖和赔偿等事宜饱受质疑。这清楚地表明，免于风险的自由可以在一夜之间变成无法逆转的痛苦。围绕现代化风险的冲突持续不断，引发这些冲突的系统性肇因与进步和利润的原动力遥相呼应。冲突的程度和危害的规模有关，也涉及由此产生的补偿和（或）从原则上改变方针的诉求。但问题的关键在于，我们是否还会继续掠夺（我们身处其中的）自然，我们的概念是否还站得住脚，如"进步""繁荣""经济增长""科学理性"等。在这种意义上，这里爆发的冲突体现出了文明信念之争的性质，这场斗争关乎现代性的正确道路。在许多方面，这场斗争与其说类似19世纪至20世纪之初的阶级冲突，倒不如说更像中世纪的宗教信仰之争。

　　工业化带来的风险和破坏也不会理会国界。它们让巴伐利亚森林中一片草叶的生命，最终同某些生效的国际协定联系在一起，这些协定旨在共同抗击污染。污染是跨国流通的，因而一个国家的单方努力常常显得力不从心。从现在开始，各个工业国必须按各自的污染"输出—输入差额"加以区分。换言之，在各个工业国之间，参照"盈余"、"平衡"或"负债"的污染物资产负债表，出现了一种国际不平等。或者更明确地说，其中的一方是"污染制造国"，而另一方不仅要替人清理污秽，还要呼吸肮脏的空气，乃至付出死亡人数上升、被剥夺、被贬值的代价。就算是社会主义的"兄弟国家联盟"很快也将不得不面对这种区分及其隐含的争端。

作为命运的风险处境

　　现代化风险的棘手局面跨越了国界，这一点同样体现在它的传播方式上。因为风险是不可见的，这让消费者几乎难以作出决策。风险善于"搭便车"，常常随呼吸吞咽潜入人体。风险是日常消费的"无票乘客"。它随风而动，逐波而行。风险无处不在，它同生活最密不可分的那些条件（呼吸的空气、食物、衣着和家居）一道，穿梭在曾加以严格控制的现代性保护区。财富固然吸引眼球，但也可能令人生厌。围绕财富的选择、买卖和决策总是必要的，也是可行的。与此不同，风险和危害在暗中潜入，一般不受自由（！）决策的限制。在这种意义上，风险和危害引发了新的指派,一种"文明世界的风险归因"。从各个方面来说,这都让人回想起中世纪的等级命运,而出现在这里的则是发达文明的风险命运。出生在发达文明的人,无论付出何种努力也难以从中逃脱。除了一些"小小的差异"(却有大影响),我们全都面临着相似的命运。

发达文明旨在逐步减少指派,开启人为决策的可能性,最终把人从自然的束缚中解放出来。这个过程却引发了另一种崭新的风险指派,它既是全局性的,也在整个世界范围内传播。作为其对立面,个体的决策机会几乎消失殆尽,这是因为有毒物和污染物既与自然的基础交织在一起,也与工业世界的基本生活过程纠缠在一块。很多人在遭受风险时被封闭在决策之外,可以理解的是,这种经历必定会引发他们的震惊,让他们在愤怒的同时感到无能为力,"前途黯淡"。对此,人们的反应是对技术文明的最新成就展开批判。这种批判充满了暧昧,但被认为是必然有益的。人们究竟如何与自己无法逃脱的事物建立并维持一种批判的距离?抑或,仅仅因为无从逃离,人们就要放弃批判的距离,进而以嘲笑或讽刺、冷漠或欢腾的姿态遁入这命定的结局?

新的国际不平等

风险处境在世界范围内的平等化不应该让我们忽视,在风险痛苦方面存在着新的社会不平等。在国际尺度上,这时常出现在风险处境和阶级处境的交叠之处。世界风险社会的无产阶级紧挨第三世界工业中心的精炼厂和化工厂而居,生活在其大烟囱之下。"史上最大的工业灾难"(《明镜》)即印度博帕尔的毒气泄漏事故,让全球公众意识到了这一点。有风险的产业被转移到了低人力成本的国家,这并非巧合。极端贫困和极端风险总是系统地"相互吸引"。风险分配的编组站特别偏爱位于"欠发达的穷乡僻壤"的小车站。只有天真的傻瓜才会相信,责任重大的扳道工并不清楚自己在做什么。此外,还有证据表明,落后地区的失业(!)人口对(创造就业的)"新"技术具有"更高的接受度"。

物质生活的悲惨处境和对风险的罔顾常常是同时发生的,这在国际层面上表现得更为清楚。"斯里兰卡人在使用杀虫剂时显得粗心大意,有位德国发展专家这么报告:'那里的人徒手喷洒DDT,弄得满身都是白色。'"安的列斯群岛的特立尼达(120万居民)单单在1983年就总计报告了120例杀虫剂致死事件。"有位农户说道:'如果有人在喷完杀虫剂之后没有感到不舒服,那就说明他还喷得不够。'"(《明镜》,1984年第50期,第119页)。

在这些人面前,复杂的化工设施及其有气势的管道和储罐就是宝贵的成功标志。相比之下,其中蕴藏的死亡威胁就没有那么显而易见了。在这些人眼中,化工企业生产的化肥、杀虫剂和除草剂,首先意味着把他们从物质的贫困中解放了出来。过去几年,化工产品的使用让粮食产量提高了30%,部分亚洲和拉丁美洲国家甚至提高了40%。这是"绿色革命"的前提条件,受到了西方工业国家的系统支持。每年"有几十万吨的杀虫剂被喷洒在……棉花地、稻田、烟草和水果种植园"(出处同上),但相比于触手可及的产量提升,这一事实只好退居其次。可见的饿死威胁与不可见的毒死威胁相互竞争,在这场竞争中,同物质上的悲惨境遇作斗争所体现出的理所当然最终获得了胜利。如果没有化学品的广泛使用,土地的产出就会下降,昆虫和霉菌也会带来相应的损失。有了化学品的帮助,处在边陲的穷国就可以建立起属于它们自己的粮食储备,并减少对工业世界权力中心的依赖。那里的化工企业加强了这一印象,它们坚持独立生产,以避免代价不菲的进口。抗击饥饿并争取自主权——这一斗争树起了一块盾牌。在盾牌的背后,难以察觉的风险被压制、淡化,并因此而被放大、扩散,最终通过食物链回到了富有的工业国。

第一章　论财富分配与风险分配的逻辑

安全保障的相关规定才刚刚起步，就算已经初步具备，也常常是一纸空文。乡村人口通常缺乏读写能力，更别提购买防护服了。他们对工业怀有"天真幼稚"的想法，这让企业的管理层意外获得了大量机会，给自己处理风险的方式贴上合法的标签。在具备风险意识的工业国，这简直不可想象。管理层会在明知无法实施的情况下，公布严格的安全规章要求遵守。借助这种方式，他们维持了自己的清白形象，把事故和死亡的责任归诸当地文化的风险失明症。他们对此感到心安理得，在经济上也没有什么损失。一旦真的发生灾难，穷国混乱的司法，盘根错节的利益，都为以淡化和模糊为取向的政策提供了机会。只要有选择地界定问题，就可以限制毁灭性后果。生产条件只要脱离了合法约束就会显示出它的经济实惠，这对工业巨头充满了吸引力。这样的生产条件，只要和国家自身的利益（克服物质贫困、争取独立自主）相结合，就会构成最具威力的混合爆炸物。饥饿这个魔鬼，会被风险激增的"别西卜"所制服。*极其危险的风险产业被转移到了地处边陲的穷国。发达的风险产业所释放的破坏力，把恐惧施加在第三世界的贫困之上。接下来，印度的博帕尔和拉丁美洲国家会用图片与报道讲述它们自己的故事。

维拉帕里西

世界上最肮脏的化工城坐落在巴西……由于酸雨的侵蚀，贫民窟的居民每年都不得不重修他们的瓦楞铁屋顶。在这里住过一段时间，人身上就会出疹子，像是巴西人说的"鳄鱼皮"。

受影响最重的是维拉帕里西的本地居民。这是一座拥有一万五千人的贫民窟，其中多数人只能住在不起眼的灰石小屋里。

---

* "别西卜"同样是魔鬼的别称之一。此句典出自《圣经·马太福音》12：24，喻指用大恶压制小恶。——中译注

这里的居民甚至在超市里兜售防毒面具。多数孩子患有哮喘、支气管炎、鼻喉病或皮疹。

在维拉帕里西，靠嗅觉认路并不是一件难事。某个角落，一条开口的排污管正在冒泡，另一处地方，黏糊糊的绿色液体在流动。烧焦鸡毛味是钢铁厂的标志，臭鸡蛋味则是化工厂的标志。当局安装的排放计量表，在1977年即运行一年半之后就失灵了。显然是因污染太多而"爆表"了。

维拉帕里西作为全世界最肮脏的化工城的历史开始于1954年。当年，巴西石油公司选中这片沿海湿地作为其精炼厂的厂址。随后，巴西的钢铁巨头圣保罗钢铁公司、巴美合资的磷肥厂也很快到来。紧跟着的是一批跨国公司，如菲亚特、陶氏化学和联合碳化物公司。

这是巴西资本主义的繁荣时期。军政府吸引外国企业在那里生产有害环境的产品。就在斯德哥尔摩环境大会召开的1972年，巴西规划部部长保罗·韦洛索还在自吹自擂："巴西承担得起污染的输入。"巴西唯一的生态问题是贫困，他这样宣称。

巴西石油公司的发言人说道："当地主要的致病因是营养不良、酒精和烟草。"联合碳化物公司的老板保罗·菲格雷多对此表示赞同："他们从库巴唐过来时就已经生病，一旦病情加重，就怪罪到我们头上，真是蛮不讲理。"两年前，圣保罗州州长开始尝试改善库巴唐的空气质量。他辞退了十三名渎职的环境署官员，并利用计算机监测排污。但是，对环境违法者而言，数千美元的罚款仅仅是隔靴搔痒。

灾难发生在今年的2月25日。巴西石油公司的疏忽大意致使七十万升原油泄漏，流到了一处贫民窟所在的湿地。不到两分钟，熊熊大火就吞噬了这片贫民窟，五百多人因此丧生。人们甚至没有找到幼童的尸首。"大概是在大火中烧没了。"一位巴西官员说

道。(《明镜》,1984年第50期,第110页)

博帕尔

飞鸟从空中坠落。水牛、奶牛及土狗横尸街头和田地,在炎热的印度中部,不出几个小时尸体就会肿胀起来。到处都是窒息而死的人,身体蜷曲,口吐白沫,痉挛后的双手抠在土里。截至上周末,类似的死亡已达三千例,新的遇难者还在不断发现中:当局已经停止了统计。两万居民可能因此失明,多达二十万人受伤。

从周日晚上到周一凌晨,博帕尔市发生了一场史无前例的工业浩劫。有毒雾气从一家化工厂泄漏,像裹尸布一般厚厚地覆盖住了六十五平方公里的土地。当雾气最终消散,其令人作呕的腐败甜味早就弥漫开了。在和平的背景下,城市成了战场。印度教徒把尸体放在火化柴堆上焚烧,每次二十五具。用于火葬仪式的木柴很快就供不应求了,于是改用煤油。穆斯林墓地变得太过拥挤,不得不掘开较早填埋的坟墓,而这违背了伊斯兰教的圣诫。一位掘墓工抱怨道:"把两个人葬在同一座墓穴,我知道是一种罪过。但愿安拉能饶恕我。我们甚至一次埋葬三四人或更多。"(《明镜》,1984年第50期,第108—109页)

与物质上的贫困不同,第三世界在风险上的贫困化也会传染给富有者。风险的急剧增长使世界社会收缩成危险共同体。富国试图借产业转移来摆脱风险,但同时又在进口更为廉价的食品。经由这一途径,回旋镖效应也向富国发起了反击。杀虫剂附着在水果、可可豆、饲料和茶叶上,返回了它高度工业化的老家。由于极端的国际不平等,也由于世界市场的互联,边陲国的贫困区已经挪至富国工业中心的家门口。穷国成了世界范围内的污染滋生地,这种污染就像拥挤的中世纪城镇里的穷人传染病,它甚至不会放过世界共同体的那些富有街坊。

两个时代和两种文化：论风险生产与感知的关系

　　阶级社会和风险社会中的不平等既互相重叠，又互为条件，其中的一种不平等可以制造另一种不平等。社会财富的不平等分配，为风险的生产提供了坚不可摧的防护墙和辩护理由。因此，我们必须精确地区分风险在文化及政治上的馈赠和它在事实上的扩散。

　　所谓阶级社会，是指在这样的社会中，可见的物质需求的满足是各阶级跨越一切隔阂的主要关注点。在阶级社会中，构成相互对峙的是饥饿和富余、有权和无权。悲惨不需要自我确认。悲惨就是事实。悲惨具有紧迫性，也是显而易见的，这直接对应着财富和权力在物质上的显著性。在这种意义上，阶级社会的明确性等同于可视文化的明确性：面黄肌瘦对照肥头大耳，豪华建筑对照简陋茅舍，华冠丽服对照青衣乌帽。

　　这些可感可触的明确属性在风险社会不再有效。可见之物处在不可见的危险的阴影之下。脱离感知的事物不仅不再是虚幻的，反而成了更高阶的危险现实。具有紧迫性的需求与已知的风险因素相角逐。但在风险的主宰之下，稀缺和富余的可见世界变得越来越黯淡。

　　不可感知的风险在和可感知的财富的赛跑中不可能获胜，然而，可见之物不会和不可见之物赛跑。悖谬的是，正是由于这一点，不可见的风险将会赢得赛跑。

　　对风险的忽视总是以消除可触知的需求这个理由而为自己辩护——事实确实如此（看看第三世界吧！）。这成了风险和危险得以生长、开花和繁盛的文化政治土壤。阶级社会、工业社会或市场社会的问题，与风险社会的问题相互交叠、相互竞争。在这个过程中，依照权力关系和参考标准，财富生产的逻辑总能获胜。正是出于这个原因，风险社会成了最后的赢家。显而易见的需求压倒了对风险的感知，但也仅

第一章 论财富分配与风险分配的逻辑

仅限于感知,而不是风险的现实影响;被否认的风险反倒成长得又快又好。在社会生产(以化工产业、核反应堆技术、微电子学和遗传工程的发展为特征)的某个特定阶段,财富生产的逻辑和冲突之优势地位,以及风险社会的不可见属性,都不再是风险脱离现实的证据;恰恰相反,它们甚至成了风险社会生成的动力,从而也就是风险社会正在成为现实的证据。

这就是我们从第三世界学习到的教训:阶级处境和风险处境相互交叠、相互加强。同样的话,也可以用来描述富裕工业国的行动和思考。确保经济的复苏和增长,依然享有无可置疑的优先地位。失业威胁受到大肆渲染,以便使规定的排放标准留下诸多漏洞,或在执行上有所松懈,抑或为了不让人追踪到食品中的有毒残留物。出于经济后果的考虑,有毒物品的完整组列没有得到登记。这些有毒物品因为不见于法律条文,反倒可以自由流通。在此期间,同环境风险作斗争甚至成了一个繁荣的产业分支,这个产业确保了德国数百万人的稳定工作(太稳定了)。只不过,其中的矛盾依然受到了掩盖。

与此同时,以界定为目标的风险"管理者"挥舞着斧子,早已跃跃欲试。他们污蔑风险指证者为"杞人忧天",说他们是风险的制造者。有人描绘了风险,却被看作"未经证实"。有人证明了风险对人和动物的影响,却被称为"虚张声势,夸夸其谈"。风险管理者声称需要有更多的研究,以便摸清状况,采取适当措施。只有国民生产总值快速增长,才能为进一步的环境保护创造先决条件。他们恳求公众信任科学研究,因为科学理性迄今为一切问题提供了解决方案。反之,对科学的批判、对未来的焦虑,总被污名化为"非理性主义",被看成一切弊病的真正根源。风险之于进步,就像船首的波浪之于航行中的船只。风险不是现代的发明。它在社会生活的各个领域都被默默忍受。以交通事故的死亡人数为例,可以说,德国每年都有一个中等规模的城市消失得无影无踪。对此,人们甚至已经习以为常。有毒物事故和某些小灾小

45

难（鉴于德国的安全技术，这些都是极端小概率事件），诸如放射性物质或核废料泄漏之类，依然拥有大把的活动空间。

这种解释就算占据上风，也无法掩盖它日益脱离现实的事实。它的胜利得不偿失。这种观点会在它流行的地方制造出它所否认的事物，亦即风险社会的危险处境。那里不存在慰藉，那里只有不断增长的危险。

世界社会的乌托邦

因此，正是在否认和缺乏感知的情况下，全球风险处境的客观共同体形成了。在各种利益的纠缠之下，风险越来越成为现实并构成威胁，超越了社会的区隔和国家的边界。在由漠不关心筑起的高墙背后，危险肆无忌惮。当然，这并不意味着面对文明风险的日益增长，人们还能维持一派和谐的景象。正是在应对风险的过程中，各种新的社会分化和社会冲突形成了。它们并不依附于原先的阶级社会图式。确切地说，它们首先源自发达市场社会的风险之两面性：风险不仅仅是风险，它也是市场机会。随着风险社会的发展壮大，风险的受害者和获益者之间的对立在扩大。与此相似，知识的社会和政治意义不断突显，它对媒介的支配也在扩大——不仅要创造知识（科学和研究），也要传播知识（大众媒介）。就此而言，风险社会也是科学、媒介和信息的社会。于是，新的对立在风险界定的生产者和消费者之间形成了。

是清除风险还是买卖风险，是生产风险界定还是消费风险界定，其中的种种张力贯穿在社会行动的各个领域。"界定之争"的主要根源就在于此。这场争论围绕着风险的规模、等级、紧迫性等问题而展开。在确立可接受水平的过程中，受影响的人数即病人或受害者的人数会相应地产生波动。通过勾画因果关联，相关企业和职业就成了众矢之的。政客和政治系统则坚持认为，需要为事故和损害负责的是个人而非系统。借助这种方法,他们减轻了自己的压力。而在另一边,风险界定的观察家接手相关工作,扩大了他们的市场机会。还有诸如药剂师这类人,他们在两头忙碌,先让人不舒服,然后又让他们吃药,以便治愈继发性病症(如过敏药)。

围绕风险开发的市场拓展,总是在揭示风险和隐藏风险之间举棋不定。作为其结果,最后没有人知道,"问题"是否就是"解答",抑或反之?谁从中获益?在哪里揭露或掩饰经因果推断而得出的始作俑者?有关风险的流言蜚语是否代表了一场被移植的政治剧,它在现实中却另有所图?

与财富不同,风险造成的两极分化通常都是局部的。换言之,只要风险还未充分展现,这种两极分化就建立在利益的基础之上,毕竟风险也会带来利益。然而,一旦危险因素开始增长并进入人们的视野,各种利益和差异也就烟消云散了。风险迟早会带来威胁,这反过来使它所捆绑的利益受到削弱和瓦解。由于危险不断增多,风险的共同体穿越各式各样的利益,转变成了现实。就此而言,在风险之痛的"帷幕"(无论其涵盖范围)下,在一切对立的背后,共通性开始形成了。为了阻止各种危害(源于核能、有毒废弃物或显而易见的自然破坏),隶属于不同阶级、政党、职业和年龄群的成员在市民团体中组织了起来。

在这种意义上,风险社会制造了新的利益对立和新的危险共同体,但这类共同体的政治承载力还有待观察。现代化危险日益加剧,逐渐普遍化,因而终结了余下区域的未卷入状态。就此而言,风险社会(不同于阶级社会)开始展现出一种倾向,即全球风险处境下的痛苦遭遇会客观地趋于一致。粗略地说,朋友和敌人、东方和西方、上层和下层、城市和乡村、黑人和白人、南半球和北半球等,全都处在激增的文明风险的同等压力之下。风险社会不是阶级社会——这么说还远远不够。风险社会包含了一种足以冲破边界的草根民主式的发展动力。人们由此被迫共同进入文明自陷危机的统一局面。

就这一点来说，风险社会掌握了新的冲突和共识之源。消除短缺被清除风险所取代。但相关的自觉意识和政治组织形态依旧乏善可陈。即便如此，人们还是可以说，风险社会通过它所引发的威胁动力，瓦解了民族国家、军事联盟和经济集团的边界。当阶级社会还在以民族国家的方式来组织的时候，风险社会已经催生出客观的"危险共同体"，这个共同体最终只能在世界社会的框架中加以理解。

文明自陷危机的潜在可能性，在现代化的进程中逐渐实现。这让世界社会的乌托邦显得更为真实，至少是更具紧迫性。19世纪的人们不得不学会服从工业社会和雇佣劳动的条件，否则可能面临生计无着的惩罚。同样地，今天和未来的人们处在文明浩劫的阴影之下，也要学会共处一桌，消除隔阂，为文明自我招致的危险寻找解决方案并加以贯彻。光是在今天，我们就已经可以感受到这种压力了。如果要让环境问题的解决具有实际意义，我们只能依靠多边协商和国际协议。相应地，这种解决方法也有赖于跨越军事同盟的会议和协定。核武器储备造成的威胁让东西方两个军事阵营的人都深感忧虑，毕竟核武器的破坏力不堪设想。这种状况引发了"危险共同体"的形成，诚然这个共同体的政治承载力还有待证实。

政治的真空地带

我们意图从那不可名状的恐惧中至少抽取出某种政治意涵。但这种尝试无法掩盖以下事实：这些新近生成的、客观的危险共同体，迄今仍高悬在政治和组织的真空之中。这个共同体不仅和民族国家的利己主义构成对立，也同工业社会中主流的党派组织和利益集团形成冲突。法团社会的丛林没有为这类跨越群体的全球风险留下座席。法团社会中的每个组织都有它自己的委托人和"社会背景"（由对手和盟友组成）——这些人是组织需要去发动并加以争夺的对象。危险处境的共

第一章 论财富分配与风险分配的逻辑

通性也让利益集团的多元结构面临着棘手的难题。它打乱了经协商和切磋以达成妥协的传统惯例。

危险不断增长，但在政治领域，危险并没有被转变成预防性的风险管控政策。这才是事实。不仅如此，就连哪一种政策或政治制度适合用来应对这种局面也没人知道。风险固然不可把握，与此对应的共同体则更难理解。这样的共同体与其说是现实，不如说是愿景。由于这种差距，政治职能和政治制度乃至相关观念的真空地带在此形成了。一方面，有关如何在政策上应对危险的问题悬而未决；另一方面，付诸行动和政策的呼求一直在高涨，这两者构成了鲜明的对比。

除此之外，还有一个问题隐藏在背后，那就是政治主体的问题。讨论19世纪阶级社会的理论家，当然有理由选中无产阶级。但这种选择无论在当时还是在今日都有其困难之处。围绕无产阶级的假设在社会和政治上是显而易见的。或许正因为太相符了，这个假设反倒可能被逆转。劳工运动在政治领域取得的成就是如此巨大，以至于削弱了工人原先的先锋队角色。他们作为既有成果（不断遭未来侵蚀）的维护者，更甚于作为政治想象的源头。正是这种政治想象，致力于搜寻风险社会的危险处境之解决方案。

阶级社会的政治主体是无产阶级，风险社会的对应物却只剩所有人的痛苦。这些痛苦或多或少来自近在咫尺的巨大危险。排除危险并不是什么难事。但要让所有人负责，等同于没人负责。除此以外，也没有人敢为此使上全力，因为他们还要为各自的工作而奋斗（抑或各自的收入、家庭、小屋、汽车、业余爱好、休假计划等。如果连这些都保不住，那么不管有毒没毒，这个人都会陷入困境）。因而，下列问题变得更加尖锐。触摸不到的所有人的痛苦究竟可以在政治上组织起来吗？"所有人"是否具有政治主体的潜力？由危险处境的全局性推断出政治意志和行动的共同体，这是否显得过于莽撞和轻率？全局性和所有人的痛苦难道不是提供了一个契机，以便让人忽视或误解问题的情境，从而

48

051

把问题转嫁给别人？这不就是替罪羊设想的根源所在？ ①

从需求型团结到焦虑型团结

在由阶级社会向风险社会的过渡中，即便政治表达问题悬而未决，政治后果问题暧昧不清，共同体的性质也已经开始发生变化。概括说来，两种类型的现代社会展现出截然不同的价值体系。阶级社会的发展动力与平等理念联系在一起（从"机会平等"到各式社会主义社会模式）。风险社会与此不同。风险社会对应的规范蓝图是安全，这也是风险社会的基础和动力之所在。"不安全"社会的价值体系取代了"不平等"社会的价值体系。就社会变革而言，平等的乌托邦拥有大量实质而积极进取的目标，反之，安全的乌托邦则极其消极而保守。根本而言，在风险社会中，人们不再专注于获取"好"，而是极力避免最坏。阶级社会的梦想是每个人想要也应当分享蛋糕。风险社会的目标却是每个人都应当免受毒物之害。

在基本的社会形势方面，两种社会也存在着相应的差异。人们在社会形势中生活和融合，并受这种处境的推动，时而分裂，时而联合。阶级社会的驱动力可以归结为：我饿！反之，风险社会所触发的运动可以表述为：我怕！共同的焦虑取代了共同的需求。就此而言，风险社会标志着社会意义上的新纪元：焦虑型团结逐渐形成并构成了一股政治力量。然而，焦虑的凝聚力如何起作用仍有待研究。焦虑共同体的承载能力如何？它释放了什么动机或行动能量？由焦虑者构成的新型团结共同体如何运作？焦虑的社会性力量能否打破个体的功利计算？由焦虑引发的危险共同体具有怎样的妥协能力？它会组织成哪种行动样

---

① 这里的讨论是不完整的，否认了风险冲突的自反性政治化，参见贝克（Beck, 1988：Part II；1991；1992，113ff.）。——英译注

态？焦虑会把人赶向非理性主义、极端主义或盲目狂热吗？焦虑从未 49
构成过理性行动的基础，但这一假设会失效吗？焦虑有可能（毕竟不同
于物质需求）构成政治运动那摇摇晃晃的基础吗？焦虑共同体有可能
被负面信息的稀薄气流吹散吗？ 50

第二章
风险社会的知识政治

如果有人被前章结尾的问题触动,那么,除了技术、化学、生物和医学等实际知识,他必然也会对风险社会的社会政治可能性感到好奇。这就是本章所要进行的研究。为了实现上述目标,我们不妨拿19世纪来做比照。我的论题是,在风险社会中,我们关注的是某种形式的贫困化,它与劳工大众的贫困化(作为早期工业化的核心问题)既有可比较之处,又存在着根本的差异。为什么要讨论"贫困化"?何种意义上的"贫困化"?

文明的贫困化?

无论在19世纪还是今天,大部分人所经历的灾难性后果都同工业化和现代化的社会过程有关。在这两个时代,我们关注的都是人类生存状况所面临的各种剧烈且危险的干预。这些干预的出现与特定阶段的发展相联系,从生产力、市场整合,再到财产与权力的关联。每次干预也都会带来不同的后果:往昔是物质的贫困化、贫穷、饥饿或拥挤,今日则是生命的自然基础遭到威胁和破坏。两者也存在可作比较的方面,如危险的成分和现代化的系统属性——危险本身是随现代化而产生并扩大的。其中的内在动力不是恶意,而是市场、竞争和分工。只不过在今天,这一切都变得更加全球化了。无论当时还是现在,起初的潜伏因素("副作用")都会在斗争中突破障碍。无论当时还是现在,人们都上街抗议,大力声讨技术和进步,捣毁技术设备并作抗辩。

于是,就像今天还能观察到的一样,人们渐渐接近了问题之所在。苦难和压抑系统地产生,日益凸显,让那些曾经否认它的人不得不承认。法律同样顺应潮流,普选权、社会福利法、劳工法、参与决策权等相继实施。这些内容受到了街头政治运动的大力支持,而不是源于当局的自愿行为。今天的对应物同样显而易见:曾经的无害之物变成了危险之物,如酒、茶叶、面条等。化肥成了慢性毒物,影响遍及全球。曾经饱受赞誉的财富源泉(原子能、化学、基因技术等)变成了不可预测的危险之源。危险如此显而易见,令淡化和掩盖等传统做法频频受阻。科学、经济和政治中的现代化执行机构坐立不安,发现自己成了不断否认罪状的被告,而一连串的旁证又让他无地自容。

大概有人会说,这是老生常谈,毫无新意。不过,其中的系统性差别确实惹人注目。个人和社会经受的苦难具有直观性,这与今日文明威胁的不可触摸形成了对照。文明的威胁只存在于科学化的知识中,无法同原初的经验建立起直接的关联。各种危险都利用了专业话语,如化学方程、生物学语境、医疗诊断概念等。这样的知识构造自然不能减轻危害。相反,无论出发点是好是坏,大部分人都会在今天的事故或灾难、战争或和平中等来浩劫与毁灭。我们的语言,我们的想象力,任何医学或道德范畴,对此都无能为力。我们面对的是绝对而无限的"否定"带来的威胁,无条件的"不可"——不可想象,不可理解,不可这样,不可那样。

可这仅仅是威胁吗?仅仅?这就点出了另一个本质性差异。我们今天应对的是一种威胁的可能性。这种可能性有时向惶恐中的人类表明,它不仅仅是可能性,也是随时可以兑现的事实(不只是空想家的幻象）。

　　除了现实和可能性的类别差异，我们还可以再补充。至少就我这里讨论的德国而言，危险造成的贫困化是作为物质贫困化（大家至少可以看看19世纪抑或濒临饥饿的第三世界国家的景象）的对立面而出现的。德国人并不贫困，反倒常常是富足的。他们生活在大众消费的丰裕社会里（免不了社会不平等的加剧），大多受过良好教育，见多识广。但他们也会焦虑，自觉危险，从而行动起来，不让他们现实而悲观的未来幻景有兑现的那一天，甚或主动加以阻止。危险的任何一次确证，都意味着无可挽回的自我毁灭，正是这个论点激发了行动，把预期中的威胁转变成具体真实的危险。因此，对于这里出现的问题，我们的处置方式不能再像19世纪那样注重提高生产、二次分配或扩大社会保障。相反，我们需要大量目标明确的"替代性解释政策"，抑或从根本上重新思索乃至重新规划已有的现代化范式。

　　这种区别也让下述问题变得可以理解，亦即从过去到现在，那些完全不同的群体是如何遭受痛苦的。在过去，痛苦和个人的阶级命运固定在一起。个人在阶级命运中出生，阶级命运也紧贴在个人身上，从青春一直延续到年老。阶级命运容纳了一切：在哪里干活和吃饭，干什么活，吃什么饭，如何生活，同谁生活，有什么样的同事和朋友，谁是咒骂的对象，如有必要，谁又是抗议的对象。

　　与之相反，风险处境则体现出另一种全然不同的痛苦类型。没有什么是显而易见的。痛苦在某种程度上是普遍而不确定的。人们可能听说过这类事，也可能读到过这类事。知识的媒介作用意味着，那些遭受风险的人群往往接受过更好的教育，见多识广。风险与物质需求构成了竞争，这更是凸显出风险的另一个特征：只有直观的生计保障压力得到缓解或解除的地方，换言之，只有在更富裕和更有保障的位置上（或国家里），人们才可能培育出风险意识及其相关行动。只有在亲身经历之后，人们才可能打破风险的"不可见"魔咒。这些经历可能是某

第二章　风险社会的知识政治

人珍爱的乔木上的死亡标记、附近规划的核电站、有毒废弃物事故、媒体的相关报道等。媒体的报道反过来使人对新的征兆更为敏感，譬如食品中的残留毒素。但这类受害情形并不会形成任何社会单位——亮明自身以便让人看到。没有什么东西能被指认成社会阶层、群体或阶级，遑论对他们加以组织。

　　阶级处境和风险处境在痛苦上的差异是本质性的。以稍显尖锐而死板的方式来说，在阶级处境中，存在决定意识，而在风险处境中，意识（知识）决定存在。其中起到关键作用的是知识的类型，尤其是亲身经历的缺乏和对知识的深度依赖。这些问题围绕着危险界定的方方面面。威胁的潜在可能性，譬如失业，对任何受害者来说都是显而易见的，它也是阶级处境的因子之一。在这方面，我们根本不需要什么特殊的认知手段：不需要测量方法，不需要统计调查，不需要有效性检验，也不用考虑忍受阈值。痛苦是清清楚楚的，在这个意义上，它也是独立于知识的。

　　但还有一些受害者，他们发现日常饮用的茶中含有DDT，新买的蛋糕含有甲醛，这就是一种完全不同的处境了。此时，他们无法借助自己的认知手段和可能的经验来确定自己的受害状况。茶中是否有DDT，或者蛋糕是否含甲醛，以及含有多少剂量这类问题，远在他们的知识范围之外。类似的问题还有这些物质是否有长期或短期的不良效应，以及多大浓度就会产生这种效应。但无论怎样，解答这些问题的方式都会影响一个人的痛苦。不管承认与否，人们置身于危险的程度、范围和征兆，在原则上都依赖于外部知识。由此，风险处境创造了一种阶级处境中未曾出现的依赖性：事关自己的痛苦，受害方却毫无管辖权。他们丧失了自己认知主权中的关键部分。有害、危险、不利的因素遍地都是，但它们到底是敌是友却超出了人们的判断能力，只能留待外部知识生产者的假设、方法和争议来解决。相应地，在风险处境中，日常生活的事态近乎一夜之间变成了"特洛伊木马"。这匹木马不仅释放危险，

53

也捎来了很多风险专家。专家们争吵不休,仿佛是要宣布人们必须害怕这个,放心那个。但人们是否愿意让他们进来或向他们咨询意见,就连这个决定也没有掌握在受害方的手里。受害者不再挑选专家,相反,专家开始拣选受害者。专家还可以任意地讨价还价,因为危险可以被投射到日常生活的所有对象上。危险如今就在那里,不可见却又无处不在;它大声提出问题,想请专家解答。在这个意义上,风险处境是诸多问题涌现的源泉,而受害者却不知道该如何解决这些问题。

另一方面,这也意味着,围绕风险和文明威胁的所有结论虽然落在知识生产的范围之内,但从来都不只是知识实体的问题(调查、假设、方法、程序、极限值等)。这些结论也涉及痛苦本身:危险的范围和类型、威胁度、受牵连的人口、延迟效应、采取的措施、责任人以及补偿的要求。如果从社会责任的立场得出结论,认为甲醛、DDT等化学物质凭其在日用品和食品中现存的浓度就足以危害健康,那么这无异于一场灾难,因为这些物质如今无处不在。

这明确了一个问题,当危险的可能性增加的时候,科学研究的回旋余地也变得越来越小。如果有人在今天承认他在设定杀虫剂的安全值时犯了错,这无疑会引发一场政治(或经济)灾难。单单出于这个原因,科学家也要谨防犯错。但实际上,这种错误在科学研究中并不鲜见。今天的科学家需要在各个领域应付各种破坏性力量,这些力量迫使科学家接受一种有违人性的无误法则。然而,违背这个法则才是最符合人性特质的行为。不仅如此,无误法则本身也明显有悖于进步和批判的科学理想(有关这个问题,参见第七章)。

与收入减少的传闻不同,有关食品和消费品含毒的消息包含了双重冲击:一方面是威胁本身,另一方面是评估危险的自主权的沦丧,换言之,人们不得不听任危险的摆布。完整的知识官僚机构铺陈开来,有长廊和坐凳,有不负责、半负责甚或莫名其妙的推诿者和摆架子的人。那里也有正门、侧门、秘密出口,有提示和(反面)讯息:告诉人们如何获取知识,又如何制造知识,但实际上是为求适应而扭曲知识,内外翻转,最后让知识以整洁的面貌示人。为此,知识没有道出它的实际所指,而它已经指明的却是人们宁愿只让自己知道的东西。要不是危险迫近,这一切原本不会这么戏剧化,也很容易被忽略。

另一方面,经过一番平行的置换,风险专家的研究也发生在每个人的厨房、茶室或酒窖里。如果简化一下整体分工,那么可以说,研究者的任何一项关键认识结论都会导致人群中的血液含毒指标经历暴涨或猛跌。于是,不同于阶级处境,在风险处境中,生活质量与知识生产密切地相互推动、相互交叠。

由此可知,政治社会学和风险社会理论的内核是知识社会学。知识社会学不是科学社会学,而是一切关于知识混合、知识交融和知识行动者的社会学,涉及它们的组合或对立,它们的基础、诉求、错误、非理性、真相和局限性,即它们不可能真正认识自己所诉求的知识。总而言之,眼下的"未来之危机"是不可见的,它只是一条通往现实的可能道路。但仅就可能性而言,这就是一种假设,而且人们也不希望它发生。这种看法的谬误在于它预测的意图。这种意图代表了一种看不见的贫困化,并和财富的丰裕构成了鲜明对比。风险社会的贫困化波及全球,却依然缺少政治主体。尽管如此,只要人们能够正确地看出这种贫困化与19世纪的异同,他们就不会怀疑它的明确存在。除了死亡名单、污染差额和事故统计,其他指标同样证实了贫困化命题。

风险威胁的潜伏阶段即将结束。不可见的危险日益可见。对自然的损害和破坏,不再仅仅发生在我们的个人经验之外,即发生在化学、物理或生物的影响链条上,相反,它直接冲向了我们的眼睛、耳朵和鼻子。这里仅仅列出最突出的现象:快速消失的森林,浮着泡沫的内河航道和海面,沾满油污的动物尸体,烟雾,受污染侵蚀的建筑和艺术杰作,一系列毒物事故、丑闻、灾难以及媒体的相关报道。食品和日用品中的毒物与污染物名单变得越来越长。由"极限值"筑起的堤坝似乎更符合瑞士奶酪的要求（漏洞越多越好），却无法保护公众的健康。责任方的矢口否认，嗓门越喊越大，内容却越来越空洞。这个论点的某些方面还有待证明，但上述列举的现象已经清楚表明，所谓潜伏性的终结包含了两个方面：风险本身和（公众）对风险的感知。至于是风险在加剧，还是我们看待风险的观念在变化，这个我们并不清楚。风险和风险感知正在逐渐汇合，互为条件，彼此加强。由于风险只能是包含在知识中的风险，因而这两个方面并不是两件事情，而完全是一回事。

就这一点来说，我们在关注动植物的死亡名单时，也应当讨论公众更为敏锐的风险意识及其对文明威胁日益增长的敏感度。但我们不能把它和敌视技术混在一起，更不能将它妖魔化，因为正是那些对技术感兴趣的年轻人看到并讲述着危险。无论是西方工业国的跨国舆情比较，还是日益凸显其重要性的大众媒体的新闻报道，它们全都清楚地表明，公众的风险意识正在快速提升。这种潜伏性的消失，这种文明风险意识的增长，在数十年前还是完全不可想象的，如今它已经成为关键的政治因素。然而，这并非源于一次大觉醒，而是来自某些系统化发展。

首先，风险的科学化程度在加深。其次，涉及风险的商业交易也在增长。两者互为条件。指证文明发展的危险和风险不只是为了批判，它也是重要的经济繁荣因素——尽管其中不乏对立或邪恶伎俩。这在下列事项上表现得再明白不过：一方面，各个产业部门不断谋求发展；另一方面，环境保护或抗击文明疾病等方面的公共支出也在增长。工业系统正在从自己制造的糟糕事态中牟取利益，而且还干得不错（参见Jänicke，1979）。

在风险生产的过程中，"需求"完全脱离了其残存的对于自然因素的依赖，从而脱离了它的有限性和可满足的特征。饥饿可以缓解，需求可以满足，风险却是个"无底洞"，不受限制，无穷无尽。与需求不同，风险不仅可以招之即来（借助宣传等），而且还能根据销售情况而不断稀释扩散，简言之，风险可以被操控。人们只需变换风险的定义就可以

第二章　风险社会的知识政治

创造出全新的需求(及其市场),其中最重要的一种是规避风险。这种需求不仅接受解释,还可按因果关系来构造,甚至可以无限衍生。因此,随着风险社会的到来,生产和消费提升到了全新的高度。可自我制造的风险取代给定且可操控的需求而成为商品生产的基准点。

如果我们不怕作个大胆的比较,那么可以说,发达资本主义已经在风险生产方面吸收了战争的破坏力,并使之普遍化和常态化了。就像战争一样,逐渐进入意识的文明风险"破坏"了生产方式(如重污染汽车或农业生产的剩余),进而克服销售危机,创造了可扩张的新市场。风险生产及其知识代理人,代表了需求彻底变革的标准样式,这种样式也是系统内生的。所谓的"知识代理人"包括文明批判、技术批判、生态批判,以及大众媒介的风险渲染和风险研究。卢曼说得对,随着风险的降临,经济具有了"自我指涉"的性质,不再依赖于那个满足人的需求的环境。

对此,重要的是在征兆和象征的层面上"应对"风险。如此一来,风险必定会增长。实际上,风险的原因或源头不可能被清除。这一切都发生在风险整容术的框架之中。经过一番包装,污染征兆减少了;装上过滤器,但保留污染的源头。因此,我们用以减少风险的产业和政策不是预防性的,而是象征性的。"就像是"的表述方式必定会获胜并成为纲领。我们需要"另类的胡搅蛮缠者",正如我们需要具有批判精神并以技术为取向的风险科学家和反科学人士。大体说来,这类群体构成了"前期宣传机构",以便打开新的风险销售市场。他们有时自己提供资金("自力更生"!),有时则募集公共资金。

这是虚构?这是论战?这种发展趋势在今天已经得到证实。如果说它最终得以实现,那也不过是一场代价巨大的胜利。因为风险的增长实际上会穿透所有的伪装,并对所有人构成某种全局性威胁。在由此形成的社会中,风险的爆炸威力会削弱和毒害任何人对于盈利的嗜好。不过,光是这种可能就足以证明下述核心观点:在风险成倍增长的过程中，在对风险的经济利用中，工业社会（资本主义也好，"社会主义"也好）系统地制造了它的危险处境，并让自己饱受质疑。这种社会史局势及其动态演变，堪比封建时代落幕、工业社会开启时的那种状况。封建贵族的生计依赖于商业上的市民阶级（以采邑为基础授予经济上的贸易权、用益权，并收取贸易税），他们因出于私利而对后者的活动加以鼓励。通过这种方式，贵族虽不情愿却不可避免地塑造了力量不断壮大的后继之人。同样的道理，发达工业社会从自己制造的风险中获得"滋养"，并以这种方式创造了社会的危险处境和政治可能性，从而让迄今为止的现代化的基础受到考问。

错误、欺骗、过失和真相：论理性的纷争

一旦风险的剩余遮蔽了财富的剩余，风险和风险感知之间看似无害的区分便开始凸显其重要性，但也逐渐失去其合理性。科学的风险界定享有对理性的垄断，这种垄断因上述区分而建立，也因它而衰落。因为这种区分提出了一种可能，即借助专业化方法并经由专家的权威，人们可以客观而负责地确立风险。科学"确立风险"，民众"感知风险"——偏离这一模式只能证明"非理性"和"敌视技术"的程度。内行和外行的世界二分法内含一幅涉及公众群体的肖像画。公众的风险"感知"之所以"偏离"正途，之所以呈现为"非理性"，是因为他们大部分人的举止行为就像是刚入学的工程类新生。在技术精英的眼中，公众无知但听话，努力却不得要领。在这幅肖像画中，普通民众都幻想着有一天成为工程师，只是目前他们还欠缺足够的知识。因而，我们只需往他们脑袋里填塞各种技术细节，就能让他们接受专家的立场和评估，即风险在技术上是可控的，这一点本身并不存在任何风险。公众群体的抗议、恐惧、批评或抵制只是一个纯粹的信息问题。只要人们获悉技术人员知道的那些，并像技术人员那样思考，他们就会放松情绪，否则

第二章　风险社会的知识政治

他们就会表现出非理性的绝望。

然而，这种看法是不对的。就算套上了高级数理统计和技术的装束，风险陈述依然逃不出下面这类说法，即我们想要什么样的生活。只有在自然科学和工程科学持续不断地突破自己的学科边界之后，这类陈述才能成立。随后的形势就会扭转。科学给出的风险界定之所以不可接受，不是因为他们指责民众"非理性"，恰恰相反，这是因为文化层面上的接受度预设本身就是错误的。这种预设在科学技术针对风险的陈述中无处不在。技术风险专家犯了很多错，他们没有搞清楚其隐含的价值预设在经验上的妥当性，换言之，在有关什么可为民众接受的假设上，他们犯了迷糊。专家们认为，民众的风险感知是"错误的、非理性的"；这令上述错误严重到了无以复加的地步。科学家从经验批评中抽取了一个借用来的概念，即文化上的接受度，并把它独尊为教条。科学家跃上那个并不稳当的宝座，是为了裁决民众的"非理性"。但是，科学家原本需要亲自查明这个概念，并以此作为自己工作的基础。

我们也可以换一个角度来看。自然科学在忙于应对风险的时候，既不情愿也没有看到自己的权力正在遭到削弱，从而被迫向民主看齐。在"何为值得过活的一生"这个问题上，隐含在风险陈述中的文化价值观带有一点共同决策的意味。针对这种共同决策，科学技术的风险感知，或许可以通过颠倒非理性设想而建立起自己的防御堡垒，就像封建领主对引入普选制的抵制一样。如果这么做了，它就可以避免和自己的主张陷入持久而系统的矛盾，因为它曾宣称自己的假设具有经验的妥当性。

（理性的）科学的风险确立对立于（非理性的）风险感知。两者的区分会颠倒科学理性和社会理性在文明风险意识的形成中所起的作用。这里存在着对历史的篡改。科技文明会带来风险和威胁，这一点在今天早已广为人知。但在其实现的过程中，它既要面对大规模的否认，也要面对"科技理性"的顽抗。科技理性常常自满自足、头脑狭隘、沦陷在对进步的盲信之中。社会从环境、进步、文化等角度展开了对工业系统的批判。面对这些批判,风险的科学研究四处蹒跚而行。就此而言,在科技对文明风险的处置中,总是存在一种未曾言明的文化批判上的改宗主义。工程科学总想在风险感知这一问题上垄断理性,这种做法的矛盾程度不亚于已经改信新教的教宗仍在主张自己的"无谬误"。

我们必须认识到,风险意识的形成也是发生在各种理性诉求之间的一场战斗,它们既有对立,也有重合。我们与其设立信誉或理性等级,倒不如质问:在风险感知这样的例子中,"理性"是如何在社会意义上形成的。换言之,它是如何被信任、质疑、界定、再界定、获取或失去的。就此而言,在感知和评估文明风险的过程中,科学视角和社会视角的合作与对立及其逻辑(或不合逻辑)都应该得到展现。我们可以就此追问,科学视角的风险感知中所包含的系统化错误和过失的源头在哪里?只有借助社会视角的风险感知这一参照视域,上述源头才会显现。反之,社会视角的风险感知曾系统地否定、批评科学,并威胁要以复兴前文明信仰力量的方式来颠覆科学,然而,它又在多大程度上依赖于科学理性呢?

我的论点是,对科学技术的怀疑和批判不是源于批评者的"非理性",而是源于科技理性的失灵,亦即,科技理性无法应对不断增长的风险和文明威胁。科技理性的失灵并不是纯粹发生在过去的事情,它存在于刻不容缓的现在和面临威胁的将来。实际上,我们只能逐渐看到这一过程的完整展现。这种失灵也不是某个科学家或某个学科的失败,相反,它系统地建立在科学对风险进行研究的制度和方法理路上。就科学的构成状况而言,它根本不可能对文明的风险作出适当回应。科学的分工过于专业化,科学对方法和理论有着特殊的理解,科学受外部制约而在实践上施展不开手脚,等等。更何况,科学本身就卷入了风险诞生和成长的过程。因此,科学有时以"纯学术"的名义心安理得,有时又在良心上备受折磨。工业在世界范围内污染或毒化空气、水、食品,致使动植物和人类病入膏肓、奄奄一息,可以说,科学正是这一过程的正当化庇护人。

如何表明这一点？现代化风险意识克服科学理性的抵抗,站稳了脚跟。科学的犯错、误判、低估等诸多迹象,无疑有助于风险意识的确立。一边是围绕风险的意识转变和社会承认,另一边是科学的去神秘化过程,两种历史在这一刻交汇了。承认风险反过来也正是驳斥科学的"不见,不听,不闻,不知"。

59

经济的风险失明症

因为误解和轻视了核风险,我们在技术风险的要素上首次犯错,这一点可谓史无前例。今天的读者,倘若读到1959年联邦政府官方签发的《防空袭行为指南》,他肯定不敢相信自己的眼睛:

"原子弹爆炸的最初迹象是一道剧烈而炫目的闪光。爆炸的热效应会造成灼伤。

因此……立即遮盖敏感的身体部位,如眼睛、面部、脖子和手！

快速跃入洞坑或沟壑！

如果是在交通工具上,立即把头埋到仪表盘下,停好车辆,躺倒在车底,身体呈蜷曲状,保护脸和手！

如有可能,寻找遮蔽物,如牢固的桌子、写字台、工作台、床或其他家具！

躲在地下室会比待在上面的楼层获得更大的生存机会。并非每处地下掩体都会坍塌！

如果遇到了核生化武器,立即戴上你的防护面具！

要是没有防护面具,请不要大口呼吸,用浸湿的手帕捂住口鼻,保护你的呼吸道！

按照形势发展,适时清洗、净化、消毒或杀菌！

不要恐慌,避免手忙脚乱,要有所行动!"①

末日灾难被说得这等轻描淡写,以至于可供"私人消化"。任何一种核威胁都代表着"比较级的终结"(Anders, 1983),而这一点遭到了彻底的误解和轻视。*上述建议不免落入一种滑稽而又可怕的逻辑:"如果你已经死了——当心!危险来了!"(p. 133)

核物理与核技术的原罪并非偶然事件。它既不受制于某个个体,也不是哪个学科独享的"操作事故"。毋宁说,它的极端性让我们意识到,工程科学在应对自己制造的风险时所犯下的错误也有着重要的制度源头:为提高生产力,次生的风险一直以来都遭到忽视。科技好奇心的优先事项是为生产力服务,由此带来的危险则是次要的,甚至是无关紧要的。

因此,风险的生产及其受到的误判都源于科技理性的"经济短视"。科技理性眼中只有生产力优势,因而患上了受系统制约的风险失明症。人们对经济用益的机会加以预测、发展、检验,并娴熟地使之展现。与此同时,他们也在黑暗中伴着风险摸索前进。当风险以"未预见到"乃至全然"不可预见"的方式到来时,他们既感到惊讶,又深受震动。还有一种相反的观点认为:生产力优势是由自觉的风险控制引发的潜在附属效应,事后来看,这种风险控制全然无视以风险为指引的自然科学的意愿;不过,人们既"没有看到",也"不情愿"承认这一点。

---

① *Wehrpolitische Information, Wehrberichterstattung aus aller Welt*, Köln 1959, 转引自 Günther Anders, *Die atomare Bedrohung*, München 1983, S. 133ff.(书名当为 *Die atomare Drohung*,疑误。——中译注)

* 所谓"比较级的终结",意指核威胁本身就是终结性威胁。无论核武器如何提高技术,就其造成的后果——世界毁灭或人类毁灭——而言,它都不会再有新的增量。感兴趣的读者,可参考京特·安德斯:《过时的人:论第二次工业革命时期人的灵魂》,范捷平译,上海译文出版社2010年版,第223—224页。——中译注这个观点看起来是如此荒谬。这再一次清楚地表明,在自然科学引导下的技术发展过程中,注重提高生产力的认识旨趣(哈贝马斯的用语)已经理所当然地获得历史性主宰地位,并和财富生产的逻辑联系并捆绑在一起。

"副作用"的呼声

可以提高生产力的东西,反过来也能致病。有儿童患上了假性哮吼,他们的父母却只能束手无策,因为科学否认现代化风险的存在。那些孩子在夜间剧烈咳嗽,张着惊恐的眼睛躺倒在床上奋力呼吸。父母们经历此情此景,只剩无尽的忧惧。从那时起他们就知道,空气污染不仅威胁树木、土壤和水源,更会危及婴儿和幼童的健康。既然如此,他们不会再把咳嗽的发作当成命运的劫数。他们在全国范围内团结起来,光是在1984年就建立了超过100个市民团体。他们的诉求是:"用脱硫代替扯淡!"*(König,《亮点》,1985年4月)

面对这样的问题状况,他们不需要作过多思考。科学称之为"潜在副作用"或"未经证实的联系"的东西,对他们来说就是自己"咳嗽的孩子"。天气只要转雾,这些孩子就会因呼吸困难而脸色发青,喉鸣阵阵。在他们这一方看来,"副作用"也有声音、脸庞、眼睛和泪水。这让所谓的"不相关论调"受到了动摇,也让问题近乎翻转。尽管如此,父母们很快就会知道,只要与得到确立的科学认知相抵触,他们自己的解释或经历就是一文不值的。村民家的牛因毗邻新建化工厂而被染成了黄色,但在"科学证实"之前,这就是胡说八道。

在现代化风险这件事上,父母们在私下变成了小规模的反专家群

---

* 口号原文"Entschwefeln statt schwafeln"巧妙地借用了词形上的近似,中译难以体现这一点。——中译注

体。风险对他们来说不是风险,而是苦楚可怜、啼哭不已、脸色泛青的孩子。人们是在为他们的孩子而战斗。在一个高度职业化的系统中,尽管人人都有自己的责任,但无人为现代化风险负责。如今,这种风险有了自己的宣传员。父母们开始搜集资料和论据。科学理性既"看不到",也"无法证实"现代化风险的"空白点",但这些"空白点"却在父母们的认知工具下很快现了形。例如,他们发现德国现有的污染限值定得过高。尽管有研究显示,200微克/立方米的短时二氧化硫浓度就足以让假性哮吼的患儿数显著增多,但德国实行的极限值却在这一数值的两倍以上,这已经是世界卫生组织许可的短时值的四倍之多。*父母们证实,测量结果之所以能落在"许可"范围之内,是因为它在重污染市区的峰值和绿色住宅区的数值之间取了"平均值"。也就是说,某些结果"消失在了计算之中。""但我们的孩子,"他们说,"并不是因为平均值才生病的。"

科学家的"欺骗策略"被揭穿了。这表明,科学理性和社会理性在应对风险时存在着范畴上的差异。

从因果上否定风险

首先是遭遇不同。人们发现自己身处同一问题的两个不同侧面。科学家如果出了差错,最坏的情况不过是名声受损(假如那个"差错"正合某些人的心意,这甚至可以为他们带来提拔)。而在受害者那一方,同样的事情却呈现出完全不同的面向。因为对他来说,确立极限值工作中的任何差错都可能会不可逆转地损伤肝脏或诱发癌症。相应

---

* 世界卫生组织提供的标准本身也处在变动之中。例如,2005年版《空气质量准则》提供的长短期二氧化硫暴露指导值分别为20微克/立方米(24小时平均浓度)和500微克/立方米(10分钟平均浓度)。——中译注

地,紧迫性、期限和规范等错误得以衡量的依据也会存在差异。

科学家看重自己的工作"质量",维持了高标准的理论和方法,以求确保自己的职业生涯和物质回报。由于这一事实,他们在应对风险时展现出了一种有违逻辑的特质。他们坚持认定其中的关联并不明确。这对他们来说不仅是合适的,大体上也是值得嘉许的。但对受害者来说,情况正好相反:风险在成倍增长。在此,受害者看重的是避免危险,毕竟概率再小的危险也是一种威胁。如果因为信息状况"不明"而否认风险,这就意味着人们没有采取必要的应对行动,而危险还在增长。如果提高科学的精确性标准,那些得到识别并可被处置的风险的范围就缩小了。因此,这相当于科学在暗中给风险的增长发放了通行许可。直截了当地说,科学坚持分析的"纯粹性",这导致空气、食品、水、土壤、动植物和人类受到了污染和毒害。因而,严格的科学性和它所助长或容忍的生命威胁达成了一种隐秘的合谋。

风险的关联问题没有完全停留在一般层面上,因而它也不再是抽象的。这里有一套具体的认知工具,其中的关键特征要证实现代化风险所包含的因果猜想。但要从科学理论的角度证明这种猜想,即便不是不可能,也是极为困难的(相关的总结,参见Stegmüller, 1970)。在这里,我们感兴趣的是经由因果证据的"质量杠杆"来看风险识别过程的可控性问题。质量标准定得越高,识别出风险的范围就越小,未能识别的风险的累积也就越大。当然,在这识别的高墙背后,风险依然在增加。因此,严守"质量"是一种高效而又最具正当性的设计,它旨在为现代化风险的洪流筑起高坝并加以疏导。然而,这个内置的屏障也加速了风险的增加,其程度不是随之出现的对风险的"否认"可以相比的。

一旦因果证据不受限制,它所造成的局面就像是堤坝决口,抑或形成一处有待识别的风险和损害的激流。它会通过广泛的影响动摇德国的整体社会政治结构。因此,在科学和法律的美好共处中,我们还在继续采用所谓的"污染者付费原则",作为识别和清除风险的渠道。众所周知,现代化风险因受其结构限制,不可能基于这一原则而在总体上得到充分解释。单一的污染者通常并不存在,而存在的只有空气污染——来自许多烟囱的排放。此外,空气污染常常与某些并不明确的疾病存在关联。人们也总是认为这些疾病存在着大量的"原因"。在这种情况下,如果还有人坚持严格的因果证据,他便扩大了对工业污染和文明疾病的否认,而减少了对它们的识别。"纯粹"的科学是无辜的,风险研究者捍卫了"因果证明的精湛技艺",从而阻挠了市民的抗议。它以缺少因果关系为由,把这些运动扼杀在摇篮里。风险研究者看似在降低工业成本,让政客无后顾之忧,事实上,他们为普遍的生命威胁打开了一道闸门。

这无疑是一个绝佳的例子,可用来说明"理性"是如何变成"非理性"的。这一点取决于同样的思想和行动究竟是以财富生产还是以风险生产为参照。坚持严格的因果证据是科学理性的核心要素。追求精确、诚实坦荡也是科学伦理的核心价值。但同时,这些原则也起源于不同的问题情境乃至不同的思想时代。无论如何,它们在原则上并不适用于现代化风险。只要污染的负担还在以国际交易及其差额来理解和度量,我们显然就不可能在单一污染的个别制造者和特定的疾病之间建立起直接的因果关联,因为这些疾病也可能是由其他因素引发或加重的。这就相当于妄图以五根手指来测试一台计算机的运算潜力。坚持严格因果关系的人,依然在否认现实存在的关联,但这种关联并不因此而减少一丝一毫。仅仅由于科学家没有为个别的损害找出任何单一的原因,这不会让空气和食品中的污染水平下降,也不会让烟雾引发的呼吸道水肿得到缓解,更不会让死亡率下降——一旦二氧化硫浓度达到300微克/立方米以上,它就与死亡率的上升显著相关了。

关于因果证据的有效性,其他国家采用了颇为不同的规范。当然,这些规范的建立往往经历了社会冲突。在日本,鉴于现代化风险在世界范围内的犬牙交错,那里的法官决定不再就严格因果证据的不可能作出解释,以免伤害受害者乃至殃及所有人。只要污染水平和特定疾病间存在着统计上的相关,他们就会认定因果关联的存在。于是,排放这类污染物的企业需要负起法律责任,并被处以相应的罚款。在一系列备受关注的环境案件中,大量的日本企业被责成向受害方支付巨额赔偿。但对德国的受害者来说,从因果上否认他们所遭受的伤害和疾病,就像是纯粹的嘲弄。受害者搜集和提出的论据遭到了阻截,他们因而体会到,在科学的理性和实践中,现实已经沦丧。因为科学总是对自己制造的风险和危险视而不见,并表现出陌生感。

骗人的把戏:极限值

风险科学家还控制着另一道"认知毒害的闸门"。他们手握大魔法,口中念叨着咒语;某些地区还会庄重地举行"酸雨舞"——用直白的话来讲,他们在确立极限值或规定最大值。这些数值都是"毫无头绪"的代名词。既然科学家从来不会一无所知,他们便为自己的"毫无头绪"冠上了许多称呼、许多方法、许多数字。那个用以代替"我也不知道"的主要术语就是"极限值"。让我们来详细地解释一下。

极限值是指空气、水和食品中"允许"的微量污染物和有毒物。它对风险分配的重要性就像财富分配中的效率原则。极限值允许有限制地排放毒物,并使之合法化。谁为污染设定限制,谁就是在赞成污染。不管危害有多大,社会总是有机会定义成"无害"。极限值固然阻止了最坏状况的发生,但同时它也是一种"开脱证明",以便稍稍毒害自然与人类。"稍稍"是多少成了这里的关键。动植物和人类是否可以稍稍承受一丁点儿份额或稍大份额的毒物,这里的"稍稍"是多大,"承受"指什么。这些迷人的恐怖问题是确立极限值的关键所在,它们源自发达文明的制毒或反毒工厂。

"数值"曾经一度是伦理问题,而不是化学问题;这一点同样适用于极限值。但我们并不想讨论这个问题。我们在处理的是——换成蹩脚的公文体——"关于粮食和烟草制品中农药、杀虫剂等化学药剂的最高含量规定",亦即发达工业文明的残余生命伦理。但这种说法表现出怪异的消极特征。它只是表达了原先不证自明的公设:人不应当相互毒害。或者更准确地说,完全不能毒害。稍具讽刺意味的是,这个规定许可少量毒物。这一点不仅充满争议,也可谓臭名昭著。由此看来,规定的主旨不是阻止毒害,而是在允许的范围内加以毒害。按照这一规定的说法,允许毒害早已不是一个问题。在这个意义上,极限值成了文明的退路,因为文明储备了过剩的污染物和有毒物。但真正容易理解的无毒害请求,却因被看作乌托邦而遭到驳回。与此同时,"稍稍"有点毒害被确定下来,成为常规,并消失在极限值的背后。极限值促成了拥有集体标准的长期毒害配给量。他们宣称已经发生的毒害是没有危险的,以此挽回自己许可了毒害这件事。如果有人遵循极限值的规定,那么不管他生产的食品中究竟含有多少毒物,在这个意义上,他并没有毒害任何人。由此表明,有毒物质的生产不只是哪个产业的问题,它也涉及极限值的确定。因而,这也是横跨制度和系统边界的协作生产的问题,无论是政治、科层还是产业的边界。

完全无毒的假设本身并非完全荒谬。如果人们同意这一点,那么这里就不存在任何问题了。我们也不再需要"最大值规定"了。因此,问题就在于这步后撤,在于双重的道德标准,在于"最大值规定"的是与非。在这种情况下,人们不再关心伦理问题,而是关注人类共处的那个最简规则——勿相互毒害——能在多大程度上受到损害。最终,这可以归结为:多久之后毒害可以不被称为毒害,而从何时开始它又可以被称作毒害。这无疑是一个沉重的问题,一个太过沉重的问题,以至于需要留待毒物专家去解答。地球上的生命取决于此,这并不是一个玩笑话。一旦人们滑落至"允许毒害"的境地,那么,"允许"多少毒害

第二章 风险社会的知识政治

的问题就开始变得重要起来，其重要程度恰如青年哈姆雷特曾经——不无悲怆——面对的那个抉择：生存还是毁灭？答案就藏在那个"最大值规定"里，它堪称我们这个时代特有的文献记录。对此，这里不作讨论。我们希望转而讨论极限值确立本身的依据，探究其合乎逻辑或不合逻辑之处。换言之，我们想要追问，它究竟是否知道它假装知道的东西。

如果人们无论如何也要许可毒害，那么他们就需要一项极限值规定。就此而言，那些不在规定之内的东西，会比规定包含的内容更加重要。因为不在规定之内的东西完全不受规定覆盖，它也不会被看成毒物，因而可以不受约束地自由流通。沉默和"空白点"恰恰是极限值规定的最危险陈述。它不予讨论的内容才是我们最大的威胁。围绕杀虫剂和"非杀虫剂类毒物"的界定，依靠最大值规定而成为摆在我们面前的第一个岔道，在这条道路上，自然和人类将遭受长期且持久的毒害。无论界定之争看起来多么有望在学院内部得到解决，它多多少少都会对所有人产生有害的影响。

那些因不够清楚或太过复杂而不适合概念归类的现象，那些因跨越既有概念图式而有待研究的现象——它们全都是界定性分类诉求的涵盖对象，但因未被述及而被免除了毒物嫌疑。由此可见，"最大值规定"依赖的基础是这样一个高度可疑且危险的技术统治的错误结论：（还）没有列入或不能列入名单的现象是无毒的。或者换一种表达方式：若有怀疑，请保护毒物不受人类的危险接触。

让人意外的是，即便和其他工业国家相比，德国的最大值规定也显示出巨大的漏洞。某些毒物族类甚至没有出现在规定中，因为法律认定它们并不是"杀虫剂"。无论在内容上还是时间上，修订污染物名单的工作远远落后于化学品的生产和使用，这让人感到绝望。美国环境质量委员会在多年前就曾警告，相比于数不尽的其他化学物质，我们不应该过高估计已知污染物的参数。这是因为我们不知道其他物质的毒性，没有测量过它们的浓度，更不可能靠哪个规章去减弱它们潜在的污染效应。可供参考的化合物已经多达四百万种，这个数字还在不断增长。"至于这些新化合物对健康的可能影响，我们知之甚少……但光是依据化合物的数量……化合物的广泛应用，以及其中某些物质表现出来的负面作用，我们就已经可以知道，周遭环境中的化学污染物已经成为人类的健康和预期寿命的重要决定因素。"①

如果要对一种新的化合物有所认识，相应的评估通常长达三四年。总之，在那段时间内，可能具有毒性的物质可以不受约束地使用。

我们还可以继续深入探索这个沉默的洞穴。如何为单一物质设立极限值，这仍然是极限值设计师的秘密。认为极限值同人和自然的耐受力有关，这也不完全是凭空捏造的想法。人和自然是收集器，汇聚了空气、水、土壤、食品、家具中的各种污染物和有毒物。任何人在确定耐受力的极限值时，都必须考虑到这种积累过程。然而，那些为单种有毒物设定极限值的人，不是完全错在了假设，就是从思考和研究的一开始就错失了机会。说错在假设，是因为他认为人类只摄取某种特定的有毒物；说错失机会，是因为他没有从人的角度去讨论极限值。进入流通的污染物越多，针对单一污染物的极限值就设立得越多；极限值的设立越是自由，整个把戏就显得越荒唐而愚蠢，因为民众面对的有毒物威胁总体上增加了。试想这样一个简单的等式：各种有毒物的总和意味着更强的总体毒性。

至于多种有毒物的协同作用，我们可以用类似的方式来讨论。如果我不确定多种有毒物的协同作用激发了什么化学反应，我怎么能知道这种或那种有毒物在这种或那种浓度下是否有害呢？来自医学内科的知识告诉我们，各种药物的药效可以彼此加强或减弱。许可极限值

---

① *Environmental Quality*, 1975, 6th report of the CEQU, Washington, 326；转引自扬尼克（Jänicke, 1979: 60）。

范围内的各种局部毒效大概也是同样的情况。这样的推测并不完全是误导。极限值规定依旧没有解答这一核心问题。

如果有人走上"可能的局部毒效"这条邪路，他就会发现上述两类逻辑缺陷的出现并不是巧合，而是源于系统产生的问题。一方面，人们设立极限值，进而允许某种程度的毒害；另一方面，他们却不付出任何智识上的努力，去探究积累起来的有毒物会在协同作用下带来什么影响。这即使不是恶意取笑，也是犬儒主义的体现。由此让人联想到这样的情景：一伙投毒犯，站在受害者面前，装着一副无辜相向法官保证，他们每个人的下毒量都远在极限值规定以下，所以应当宣告无罪。

很多人现在会说：好主意！但那行不通啊，根本不可取。我们只具备针对单一污染物的专门知识。即便如此，和工业上成倍增长的化合物及材料相比，这点知识也远远落在后面。我们人手紧张，缺乏研究能力，等等。但人们是否知道他们究竟在说些什么？极限值的知识供给毫无改善。数千种有害物质还在排放，而人们却对其协同效应缄默不语。如果是这样，那么为单一污染物设立极限值仍不过是痴人说梦！

要是确实没有其他办法，这不过意味着，过度专业化的职业及其正式组织的系统，在面对由工业发展引发的风险时已经完全束手无策。这套系统也许适合发展生产力，但不适合用来限制危险。在文明的风险处境中，人类不得不面临整体性威胁，这种威胁并非源自单一的污染物。用针对单一污染物的极限值表来回应人类被迫面对的整体性威胁问题，这无异于某种集体嘲弄，其后果是毒物的致命属性开始发作。在普遍信仰进步的时代，犯这样的错尚可理解。但在今天，面对广泛的抗议，面对疾病和死亡的统计证据，倘若人们还想在科学的"极限值理性"的合法翼护下固执己见，那就不只是信仰危机的问题，而是需要提起诉讼了。

不过，我们暂且把这些放在一边，先来看看极限值的科学建构问题——纯粹是从逻辑的角度。简单说来，每一项极限值的确定，至少都 67

是以下述两个错误结论作为基础的。

首先，相关的人体反应结论都是由动物实验错误推断而来的。这里可以举有毒物质TCDD的例子，它曾在塞韦索酿出了大祸（Umweltbundesamt, 1985; Urban, 1985）。TCDD被用于生产大量化工产品，如木材防腐剂、除草剂和消毒剂。TCDD同样产生于垃圾焚烧，焚化温度越低，产生TCDD的量就越大。TCDD的致癌作用在两种动物身上得到了证实。这些动物曾被喂食了相关物质。因而，我们可以从文明这口毒锅中抽取出方法上的关键议题：人对毒物的耐受力是多少？小动物的反应已经呈现出巨大的差异：豚鼠比老鼠敏感10—20倍，比仓鼠敏感3000—5000倍。狮子身上的结果还没出来，大象已被选为实验对象……

如何由上述结果得出人对毒物的耐受力的结论，这仍旧是玩"极限值"杂耍的人未曾公开的秘密。让我们假定谈论"那些人"是可能的。让我们把婴孩、儿童、养老金领取者、癫痫病患者、店主、孕妇、临近或者远离烟囱生活的人、阿尔卑斯山区的村民、柏林市民等，一概装进叫作"那些人"的大灰袋子里。让我们假定实验鼠和教堂里的老鼠的反应是一样的。但问题依旧存在。我们如何从甲推论到乙，从极为多样的动物反应推论到完全未知的人体反应？人体反应从来就不是可以从动物反应推论出来的。

简单地说，只有参照彩票模型，我们才能作出这样的推论——打叉选中数字，然后等待。和玩彩票一样，人们确实有自己的"方法"。在极限值彩票中，这个方法被称作安全因素。什么是"安全因素"呢？只有通过"实践"才知道（参见"最大值"，《自然》，1985年第4期，第46—51页）。也就是说，人们不只是打叉，也需要等待。但人们本可以选择不等待。人们本来也没必要为此而去折磨动物。重申一次：在任何情况下，动物实验都只能解答人为条件下受到限制的那些问题，我们可以观察到的各种反应也是极其不稳定的；恐怕只有拥有预见能力的人才

第二章　风险社会的知识政治

能从动物实验的结果得出"人"可以"忍受"的毒物剂量。极限值的设定者都是预言家，拥有"第三只眼"的本事。他们是工业时代晚期的化学巫师，用实验序列和系数不断唠叨。不管看起来多么尽心尽责，整个事情仍旧是在用极端复杂、堆满辞藻和数字的方式表达"我们也不知道"。等待吧，实践会告诉我们一切。就此，我们触及了第二个错误结论。

毫无疑问，极限值填补了在符号层面上消除毒害的功能。针对越来越多的毒物报道，极限值成了某种象征的定心丸，它表明某些人正在努力并时刻关注着相关问题。在事实层面，极限值抬高了在人身上进行试验的阈值。只有在有毒物进入流通之后，我们才能知道它的确切影响，并没有其他方法——这恰恰是第二个错误的所在。实际上，这完全不是错误的结论，而是一桩丑闻。

只有在人身上才能可靠地研究人受到的影响。社会变成了实验室。再说一次，我们不想讨论伦理问题，只想限制在实验逻辑之内。有毒物质经由各种可以想见的渠道而散布在人群中，譬如空气、水、食物链、产品链等。那又怎样？错误的结论在哪里呢？错误就在这里：什么也没有发生。人身上的实验既可以说有，也可以说没有。更精确一点，要说有实验，是因为人体就像实验动物那样被喂入了小剂量的有毒物质。要说没有实验，是因为人群的反应没有得到系统地调查和记录。有毒物质在实验动物身上的作用方式不同于人体，但这些内容仍然被小心翼翼地记录下来并建立关联。为了慎重起见，人体的反应甚至未受注意，除非有人报告并证明，确实是某种有毒物伤害了他。人身上的实验确实在进行，只是看不见，未经科学检验，没有调查，没有统计，没有相关分析，所有这一切也都发生在受害者不知情的状况下。倘若受害者碰巧检测到了什么，他们也就担上了颠倒的举证责任。

我们并非不能知道一定量的毒物是如何个别地或整体地影响人的，我们只是不想知道。人们被期望自己去寻找答案。可以说，一场持久的实验正在进行。人被当成实验动物,他处在一场自我救助的运动当中——面对专家的挑剔和皱眉,他不得不去搜集和报告有关自身中毒症状的数据。但在极限值巫师的眼中,就算是已发表的诸如疾病和森林退化之类的数据,显然也不具有足够的说服力。

就此而言,我们关注的是一场旷日持久的大型实验。这场实验借助高门槛、颠倒的举证责任,要求非志愿的实验人群报告他们自身积累起来的中毒症状。但实验人群的论证无须理会,因为只要存在极限值,总归是可以遵守的!实际上,只有借助人体的反应,我们才能确立极限值。人们吹捧这样的极限值,是为了击退受波及的实验人群的恐惧和疾病!所有这一切都是以"科学理性"的名义操作的!那些极限值杂要演员如果也一无所知,这并不构成问题;坦承"也不知道",还能让人舒服一点。他们明明不知道却假装知道,即便在早该了解得更透彻的地方,他们还在继续就其不可能有的"知识"而固执己见:这才是让人恼怒并感到危险的事情。

断裂的科学理性

风险意识在高度工业化文明中的起源,在(自然)科学史上实在不占有多么光彩的一页。风险意识出现在科学连珠炮似的否定声中,并且至今仍受其压制。直到今天,多数科学家还站在风险意识的对立面。科学守卫着人和自然所遭受的全球性污染。不夸张地说,从科学在诸多领域中处置文明风险的方式来看,它一直在肆意挥霍着它的历史声誉——理性。所谓"一直"是说,直到科学家意识到他们处置风险时的错误和缺陷的理论和制度根源,直到他们以自我批评和实事求是的态度吸取教训,并接受由此带来的后果(参见第七章)。

生产力的增长和日益细致的分工嫁接在一起。与之相反,风险却展现出它统摄一切的关联性。风险使空间、时间和内容上分离的东西建立了

第二章 风险社会的知识政治

直接而危险的关联。风险穿过了过度专业化的筛子，它处在各种专业化之间。处置风险要求人们具备全局观和协作精神，这种协作越过了一切精心设置和维护的边界。风险跨越了理论和实践的区分，跨越了专业和学科的边界，跨越了各种专业职权和制度责任，跨越了事实和价值的二分（并因此跨越了科学和伦理的二分），跨越了表面上由制度分割的政治领域、公共领域、科学领域和经济领域。就此而言，子系统和功能领域经历了去分化过程，各行专家再度联结成网络，旨在降低风险的劳动实现了一体化：它们已经成为风险社会的系统理论和系统组织的主要问题。

与此同时，不受约束的风险生产由内而外地侵蚀着生产力理想，这种理想一度是科学理性的指引。

传统的环境政策抨击征兆、关注事实，但长期来看，这既不能满足生态的要求，也不能满足经济的要求。在生态方面，这种政策总是落后于生产过程，后者大踏步前进却让环境不堪重负。在经济方面，相比于不断下降的生态成效，不断上涨的清理费用开始成了问题。这种双重无效率的原因在哪里呢？

其中的一个重要原因无疑在此：传统的环境政策总是针对生产过程的末端下手，而不处理起始端，即技术、场地、原料、辅料、燃料或预期产品等的选择……这是利用末端治理来对环境破坏进行事后清理：保留已有的破坏环境的技术，在一定程度上避免积累的污染物和废弃物向周遭环境扩散；在生产过程的末端采用净化技术，使潜在的污染排放限制在工厂内部并集中处理。在这方面，典型的例子是过滤装置。过滤装置可在污染物进入外界大气之前将其捕获，如脱硫装置和脱氮装置，也包括垃圾清理装置和污水处理设备，乃至目前正在热议的用于汽车尾气的催化转化器技术……

如今，（几乎）所有的环境保护领域都面临着同样的问题——清理费用（限制和收集污染物的费用）的上升同清理程度的提高不

70

成比例。需要指出的是，作为生产流程的回收利用技术亦受此困扰。从整体经济的视角来看，这意味着在经济持续增长的同时，国民经济资源中有一个不断增加的部分必须转而去确保某种不至于从根本上改变生产和技术结构的污染排放水平，这部分资源将无法用于消费目的。在此，工业系统的发展在整体上面临着事与愿违的危险。(Leipert and Simonis, 1985)

愈发清楚的是，技术科学已经站在历史的转折点上。它可以继续走19世纪的老路，并因此而混淆风险社会与经典工业社会的问题。它也可以直面挑战，接手真正的、预防性的风险管控。因此，技术科学必须重新审视自己的理性观、认知观与实践观，思考这些观念得以运转的制度结构，并做出相应的改变（参见第七章）。

公众的风险意识：二手的非经验

就批判科学的文明意识而言，情形需要颠倒过来。换言之，人们最终必须诉诸他们所驳斥的科学理性来实现自我辩护。他们很快就会撞见这条严厉的法则：只要科学没有承认，风险就不"存在"——至少它不存在于法律、医学、技术和社会等层面，因而无须预防、处置或补偿。再多的集体牢骚也不能改变这一点，只有科学可以。科学的裁决垄断了事实真相，因此受害者需要动用各种各样的科学分析手段，才能实现自己的诉求。不过，这些分析同时也有待修正。他们致力于推动科学理性的去神秘化，但其中的意义对工业主义的批判者来说高度晦涩。

一方面，科学的认知诉求不断弱化，这是它获得表达空间的必要条件。人们开始逐渐熟悉科学论证的转辙操纵杆，知道列车有时候开向淡化风险的方向，有时候开向重视风险的方向。另一方面，科学的判断变得越来越不确定，未识别的可疑风险的灰色地带开始扩大。要是无论如何也不可能建立明确的因果关联，要是科学仅仅装扮成有待废止的错误，要是"怎样都行"，那么，人们哪来的理由只"相信"某些风险，而不"相信"另一些？正是这一科学权威的危机使风险蒙上了一层烟幕。就风险是否得到承认的问题来说，批判科学也会适得其反。

与此相应，受害者的风险意识大多表现为两种形式：要么批判科学，要么信仰科学。这种意识也表现在形形色色的环境运动，以及对工业、专家和文明的各种批判中。吊诡的是，执着地信仰科学这个语境也是现代化批判的基本配置之一。因此，风险意识既不是传统意识，也不是普通人的意识，相反，它主要由科学决定，并以科学为指引。为了让风险能被感知为风险，使之成为人们思考和行动的参照点，从原则上说，他们必须相信在事物、时间和空间等方面悬殊的各个条件之间存在着不可见的因果联系，他们必须相信那些多少带有推测性质的预期，他们也必须对不断涌现的反对意见表现出免疫力。但这意味着，在文明的危机意识的条件下，那个不可见之物，或者说那个原则上脱离感官的东西，那个只能在理论上进行关联和计算的东西，已经成为个体思考、感知和体验过程中不成问题的存在。可以说，日常思维的"经验逻辑"仿佛颠倒了。人们不再由个人经验上升到一般判断，相反，剥离个人经验的一般知识成了个人经验的核心决定项。就算有人想要奋起反抗风险，相应的化学方程式和化学反应、不可见的污染物含量、生物学意义上的循环和反应链等必然会支配他的所思和所见。在这种意义上，当我们谈论风险意识的时候，我们着手处理的不是"二手经验"，而是"二手的非经验"。再者，只要"知道"是指有意识地经验到，那么最终就没有人能够知道风险。

推测的时代

风险意识这一基本的理论特性有着重要的人类学意义。文明的威胁催生了新的"冥府"，它藏匿在可见世界的背后，威胁地上人的生活，简直堪比古代的鬼怪。今天的人们不再与驻留在事物中的"幽灵"有所往来,却暴露在"辐射"之下,摄取"有毒成分",为"核毁灭"而焦虑得夜不能寐。拟人论对自然和环境的解释被现代文明的风险意识所取代。在这种意识的影响下,潜在的因果关系虽不可感知,却又无所不在。有些物质表面无害,实际上却是危险而不利于健康的。一切都要以双重视角来看待,并且只有借助这种双重性,我们才能获得正确的理解和评判。我们必须探寻可见的世界,把它相对化,并给出评估,但这个过程需要参照那个隐蔽起来且只存在于思想的第二现实。评估的标准取决于这第二现实,而不是那个可见的世界。

有些人只是单纯享用,并不刻意追究;他们呼吸、进食,但不会去探究背后的有毒现实。这样的人不仅幼稚,而且误解了他们面临的危险,从而毫无保护地暴露在这类危险之下。放纵、直接的享受和单纯的得过且过全都破产了。污染物和有毒物犹如中世纪的魔鬼,一边狞笑,一边玩弄着它的把戏。人们几乎不可避免地和这个魔鬼捆绑在一起。呼吸、饮食、居住、穿着,一切都为它所渗透。无论是出门旅行还是吃穆兹利*,最终一样鲜有帮助。危险就等在旅行的目的地,危险也潜伏在谷物中。就像龟兔赛跑中等在终点的乌龟,危险一直就在那里。危险的不可见并不能证明它的不存在;相反,既然危险的现实效力运作于不可见的领域,这倒为它可疑的胡作非为提供了近乎无限的空间。

随着文明批判的风险意识的增长,在所有的日常生活领域里,一种由理论限定的现实意识登上了世界历史的舞台。受污染折磨的当代人就像驱魔师一样,把目光转向了不可见之物。风险社会标志着日常感知和思考的推测时代的来临。在这样一个时代,人们总是就相互矛盾的现实解释而争论不休。随着哲学和科学理论的不断进展,现实也频

---

* 一种源于瑞士的食物,由燕麦、水果、坚果等混合制成,常搭配牛奶作为早餐食用。——中译注

频被拖入到理论解释之中。

不过,今天的情形也在悄然变化。在柏拉图的"洞穴隐喻"中,可见世界仅仅是真理的影子和反射,而真理原则上脱离了我们可以认知的范围。借此,可见世界的价值在整体上被贬低了,但它仍不失为一个参照点。康德的洞见与此类似,他认为"物自体"原则上处在我们的知识范围之外。这些说法的矛头指向了"朴素实在论",后者把个体的感知复制为"世界本身"。不过,这并没有改变这样的事实:世界仍以这样或者那样的方式呈现在我们面前。我手中的苹果即便仅仅作为对我而言的物,也仍然是红的、圆的、有毒的、多汁的等等。

直到迈入文明的风险意识,我们的日常思考和想象才从对可见世界的依靠中撤了出来。在围绕现代化风险的争论中,我们不再关心感知呈现给我们的内容所体现的认识论价值。相反,争论主题变成了那些日常意识既看不到也感知不到的内容的现实意涵,如放射性物质、污染物和未来的威胁。由于这种剥离了个体经验的理论联系,围绕文明风险的争论总是显得基础不稳。借助(反)科学分析的工具,它甚至有演变成某种"现代驱魔会"的危险。

幽灵的角色将被不可见而又无处不在的污染物与有毒物取代。每个人都会和特定的毒物建立起私人的敌对关系,每个人都会有自己的逃避仪式和符咒,自己的直觉、疑虑和确信。不可见之物一旦被引入,很快就不只是污染物幽灵了,它还将决定人们的思考和生活。一切都还可以争论,形成对立的派别或者相互联合。新的共同体和替代性共同体正在形成,这些共同体的世界观、规范及其自明之理都将围绕不可见威胁的中心而组织起来。

生命体的团结

这个中心就是恐惧。何种恐惧?恐惧以什么方式促进群体构建?

恐惧又起始于什么样的世界图景？情感与道德、理性与责任在风险意识的形成过程中有时得到培养，有时又遭受损害。我们已经无法重回市民社会或工业社会，从市场利益交织的角度去理解这一切。这里所表达的不是以竞争为取向的个体利益——经由市场这只"看不见的手"（亚当·斯密），这些利益能够确保所有人的共同福祉。这种惊恐及其政治表达形式，并没有建立在功利计算的基础之上。还有人草率地认为，我们或许可以从中发现理性对于自身的不言自明的兴趣。这种兴趣在自然和人类的基础所遭受的损害中获得了直接而新颖的表达。

普遍的受害意识在社会和政治层面获得了广泛表达，这体现为环境运动、和平运动以及对工业系统的生态批判。在这个过程中，其他层面的经验也会成为我们谈论的话题。如果森林被毁、动物灭绝，在某种意义上，人类也会感到自身受到了伤害。文明发展对生命的威胁激发了有机生命体的共同经验，从而把人类和动植物的生命需求连接在了一起。面对森林的退化，人类体会到了自己身上的担子，因为他是"有道德诉求的自然造物"，是众多物体中可运动而又脆弱的一员，是受威胁的自然整体的天然一分子。人类自然意识的各个层面因受伤害而被唤醒，这瓦解了身心二元论抑或自然与人类的二分法。身处威胁之中，人类感受到自己像植物一样呼吸，像鱼一样依赖水而生活。毒害的威胁使他们感受到其身体正是物的一部分——所谓"有意识、讲道德的新陈代谢"——因而会像石块和树木一样，遭受酸雨的腐蚀。由大地、植物、动物和人类构成的共同体变得清晰可见，这是一种"生命体的团结"，它平等地令一切都处在威胁之中（Schütz, 1984）。

"替罪羊社会"

遭受危害并不一定导致相关意识的形成，它甚至可能引发相反的结果：因恐惧而否认。就压制受害的可能性来说，财富分配与风险分配既有区别，又有重合。饥饿不能由否认来消除，但危险总是可以被解释得无影无踪（只要还没有发生）。以物质贫困的经验为例，实际的痛苦并不能脱离主观的体验或苦难。这一点不同于风险，因为风险的特征正好相反：痛苦可能造成意识的缺乏——否认或淡化危险的可能性随危险程度的加深而变大。

事情之所以如此总是有理由的。风险毕竟是在知识中生成的，因而它也会在知识中得到放大、缩小，乃至完全被排除在意识的画面之外。清除风险或令它消失在解释之中，这对风险意识构成的意义犹如食物之于饥饿。但前者具有的重要性，不是后者（个人）所能获得的。风险意识的形成过程随时可以逆转。在动荡不安的时代和世代之后，新的接替者面临的是这样的局面：经过一番解释，恐惧成了人们驯服的思考和体验的基本元素。囚禁在知识牢笼里的危险维持着它（一直不稳定的）"不存在"的状态，在这个意义上，人们纷纷以后来者的姿态，取笑"老一代人"到底因哪些问题而感到惊扰不安。核武器的威胁不曾改变，它依然有着不堪设想的破坏力，但人们对核武器的感知却经历了剧烈的摇摆。几十年来的说法是："和炸弹一起生活。"但随后，核武器又重新驱使数以百万计的公众走上街头。引发不安与平静的可以是同一个原因。危险不堪设想，人们却不得不与它一道生活。

不同于饥饿和贫困，就风险这方面来讲，借助解释来绕过人们被激发的不安和恐惧要容易得多。此地发生的事情不必在此地解决，而是可以往各处转移；与此同时，人们也要搜寻克服恐惧的象征性地点、人物或对象。在风险意识中，用于顶替的思想和行动、用于顶替的社会冲突变得唾手可得，广受欢迎。在这个意义上，当危险因政治的不作为而增长的时候，风险社会就表现出了成为"替罪羊社会"的固有倾向：倏忽之间，不是危险而是那些指出危险的人造成了普遍的不安。可见的财富难道不需要经常面对不可见的风险吗？整件事难道不是一种理智的幻想，一个由知识分子——编排风险，扰乱人心——在书桌上制造的

085

谣言？最终的幕后策划者难道不是东德间谍、共产主义分子、犹太人、阿拉伯人、女人、男人、土耳其人或政治避难者？威胁还在增长，人们在威胁面前却感到不可思议和无能为力，正是这一点助长了极端而狂热的反动与政治潮流。这同样让社会的刻板印象和它波及的群体成了人们近在咫尺的"出气筒"；不可见的危险反倒安全无恙，因为人们无法直接向它发起行动。

应对不安：人生和政策层面的关键技能资格

人的能力是在传统工业社会中生存的关键，因为它可以用来抗击物质贫困，规避社会萧条。由此，人们一方面把自己的思考和行动指向了教育和职业规划的个体目标，另一方面则指向了"阶级团结"的集体目标。但在风险社会中，其他额外能力变得不可或缺。在此变得极其重要的是预见和承受风险，并在人生和政策层面加以处理的能力。从前，我们多少已经学会应对阶级意识、经济地位下降带来的恐惧或向上流动的期望，如今则出现了其他取而代之的核心问题：我们应该如何应对被指派的危险宿命和其中的恐惧不安？如果我们不能处置恐惧的起因，我们又如何战胜这恐惧？如果我们不能有意识地忘记恐惧的火山，不能把它扑灭——而不仅仅是盖住它冒出的水汽——我们又如何能够生活在文明的火山上？

在应对恐惧和不安方面，传统制度模式日益失去其重要性，包括家庭、婚姻、性别角色、阶级意识以及与此相关的政党和机构。同样地，个体也被要求去应对恐惧和焦虑。依靠自身解决不安的压力日渐增大，因而在教育、医疗和政治方面，围绕社会制度的新要求不久就会涌现（参见第二部分）。所以说，在风险社会中，从人生和政策层面应对恐惧与不安已经成为文明时代的关键技能资格，相关技能的培训则成了教育制度的主要任务。

第二章 风险社会的知识政治

得到承认的现代化风险之政治动力

一开始是森林的退化让我们看到了这一点：一旦现代化风险成功地通过社会认知（承认）*的程序，即便最初并没有引发什么行动，世界秩序也将为之一变。专业职责的限制消失了，公众在技术细节方面获得了参与机会。在安逸的市场经济的默认下，企业因税赋上的贡献和慷慨提供的就业岗位而长期受到纵容。但突然之间，它就发现自己坐上了被告席，确切地说，被绑上了公开的刑柱并接受各种审问——从前，这些问题只是用来拷问当场被捕的投毒者。

仅限于此？实际上，一同发生的还有市场崩溃、支付期满、禁令和审判隐现，要求彻底更新技术生产系统的压力陡增，最后，选民流失，不知所终。突然间，在人们能够确信的地方，如技术、经济和法律的细节方面，每个人都想要干涉。最终，他们的依据不是相近或可比的准则，而是完全不同的参照系：从新的生态道德的角度阐明经济和技术的各项细节。反污染运动的发起人必定会拿起"生态道德"的放大镜，仔细审视工业企业。在这个过程中，首当其冲的是企业的监管人，或者更准确地说，是那些应当监管企业的人，其次是那些系统性差错的受益者。

一旦现代化风险得到"承认"，它就能制造出空前的政治动力。"承认"的过程牵涉到很多东西，不仅有围绕风险的知识，更有相应的集体知识和信念，以及由相关因果链带来的政治启迪。现代化风险被解除了潜伏性、必然性和具有安抚性质的"副作用结构"。突然之间，各种问题平白无故地出现在那里，成了纯粹而具有爆发力的行动诉求。人们从各种条件和客观限制中迈了出来。"原因"转变成倡议者，进而发表声明。"副作用"开始发声，它组织起来，提起诉讼，发出请求，不愿再

---

* 原文"(An-) Erkennung"借词形用了双关。——中译注

遭推脱。就像前面说的,世界已经为之一变。这就是制造了风险意识和风险冲突的自反性政治化的动力。它并不会自动帮助反抗危险,但会开启原本封闭的行动领域和行动机会。它还制造了工业秩序的熔点,从此以后,原本不可想象、不可实现的事情成了短时间内的可预期目标。

毫无疑问,这些进展也会因人们拒绝承认风险而受到阻碍。这再一次清楚表明,什么才是现代化风险的承认过程中真正至关重要的因素。这些决定性因素不是或至少不仅仅是健康后果,即动植物和人类的生命受到的影响。相反,它们是各种副作用为社会、经济和政治带来的次生影响:市场崩溃,资本贬值,剥夺加剧,责任突现,市场转移,政治施压,企业决策受监督,补偿诉求获承认,成本高涨,诉讼不断,颜面尽失。

人们大概也可以把生态健康后果看成假设,从而为其辩护、淡化或粉饰,这恰好满足了他们的心愿。也有人真的相信这些后果,但那是因为它们同样引发了社会、经济、政治和法律的后果。对此,我们也可以这么概括:只要人们把风险当成真的去体验,风险就是真实的。如果风险的真实性是在这个意义上成立的话,那么这就彻底打乱了社会、政治和经济的职责结构。于是,在不断积聚的危险压力之下,一种奇特的政治爆炸物随现代化风险的承认过程而形成了。昨天还允许的事情,今天却突然受到限制:如果有人现在还在淡化森林退化的问题,他必定会被公开指责为犬儒主义。"可接受的暴露量"变成了"不可忍受的危险源"。不久前还不可能被政策干预的事情,如今已处在政治的影响范围之内。极限值和政策触及不到的变量的相对性开始凸显。政治与非政治,必然性与可能性,既定之物与可塑之物:它们各自的权重和边界得到了重新划定。坚不可摧的技术-经济"常量",如污染排放、核能的"不可或缺"等,被重铸成具有政策可塑性的"变量"。

在此,我们不再仅仅关心既往的全部政治手段,如经济政策中的市

第二章　风险社会的知识政治

场调控、收入再分配和社会保障，而且关注那些非政治的方面——在现代化本身的进程中清除危险源头——是如何具有政治属性的。那些企业管理领域的独立问题，例如产品设计、生产流程、能源种类、废弃物处置等，都不再只是企业管理的问题，相反，它们成了政府制定政策过程中的"棘手难题"，其难处理的程度甚至堪比选民眼中的大规模失业问题。威胁令原先对轻重缓急的考量烟消云散，与此相应，例外状态下的统制政治不断发展。面对危局，这种政治扩大了自己的干预机会和职权范围。一旦危险成为常态，这种政治便具有了永久的制度形态。就此而言，现代化风险为局部的权力再分配预留了场地，它有时选择保留传统的正式职责，有时又明确地改变这些职责。

现代化进程中的危险越是加剧，公众的核心价值越是受到显著威胁，所有人对此的意识越是清晰，经济、政治和公共领域间基于分工习惯的权力与职权结构也就越加受到撼动。同时，出现下述情形的可能性也就越大：在日益临近的危险的笼罩下，责任得到重新界定，行动权限开始集中，现代化进程的一切细枝末节都被科层化的控制和规划所掌握。现代化风险得到承认，其中包含的危险与日俱增，这导致系统本身也出现了某些变化。在形式上，这当然不是一场公开的革命，而是一场"悄无声息的革命"，这场革命源于每个人意识的转变。它也是一场颠覆活动，但其中既没有臣民，也缺少精英的勾结，同时还保留了旧秩序。

在不受约束的文明发展过程中，准革命的局面似乎是注定的。这种局面以现代化制约下的"文明宿命"的形式出现。因而，它一方面披着正常状态的外衣，另一方面又携带着灾难的授权。随着危险的增长，这份授权足以达到并超出革命的政治塑造范围。在这个意义上，风险社会并不是革命社会，而是远甚于此的灾难社会。在这样的社会里，例外状态恐怕也要变成正常状态了。

78

20世纪的德国历史已经再清楚不过地告诉我们，实际或潜在的灾难不会是民主的教导者。无意间，"环境专家"的报告（环境顾问理事会,1985)也已经清晰地表明,这形成中的爆炸物是多么模棱两可、富有争议。该报告描绘了动植物和人类所遭遇的环境威胁的紧迫性,这种紧迫性让那些体现出生态道德式良知的专家显得极为"正当"。他们的发言充斥着诸如"控制""官方批准""官方监督"等用语。比较典型的情形是官方依据环境损害的严重程度,要求逐步取得广泛的干预、规划或控制的机会和权力(45)。该报告还提到了"扩大'农业'信息监控系统"(45),并生动地描绘了利用"群落生境调查"和"区域保护计划"进行"综合景观规划"所面临的挑战,这依赖于"把精确的科学调查延伸至每一小块土地上""在相互竞争的土地利用请求权下贯彻执行"(48 f.)。为了实现其"退耕还林"(51)政策,理事会建议"让那些重点区域的……土地所有人彻底放弃其开垦意向"(49)。农民"必须得到补偿和鼓励,因为他们放弃了某些用益权或采取了必要的保护措施"(49)。专家还讨论了"官方批准的施肥许可"和"有法律约束力的施肥计划——具体规定了施肥的类型、用量和时机"(53)。这种"按计划施肥"(59)和其他"保护措施"一样,都要求建立差异化的"环境监测"系统,从企业、地方到全国(61),也要求"调整和完善一般法律法规"(64)。简言之,一幅科学和科层制威权主义的全景就这样被勾勒出来了。

几个世纪以来,农民总被看作"务农的群体",他们努力从大地收获"果实",所有人的生存繁衍都有赖于此。但这一图景渐渐遭到颠覆。新的观点认为,农业变成了有毒物质的集散点,对动植物和人的生命构成了威胁。在农业生产力高度发达的阶段,为了避开日益临近的危险,人们要求在科学的护佑下进行土地征用和(或)深入细节的规划与控制。令人不安的并不只是这些要求(抑或宣布这些要求时那副理所当然的样子),而是这些要求置身其中的危险防御逻辑。在危险的独裁之下,我们必须阻止某些情况的出现。但鉴于危险的迫近,想要揭示真正能够阻止这些情况的政治可选项却不是一件容易的事情。

伴随着危险的增长，风险社会中出现的情况构成了对民主的全新挑战。风险社会趋向于成为一种具有"正当性"的危险防御型极权主义。这种极权主义有权阻止最糟糕情况的出现，同时却制造了更为恶劣的局面——多么似曾相识。文明的"副作用"在政治层面展现出它的"次生效应"，这对民主政治体制的延续构成了威胁。令人不悦的两难境地出现了：是因系统出现的危险而承认民主的失败，还是借威权主义的、秩序国家的"支持力量"抛弃基本民主原则。在风险社会的前景中，突破这种非此即彼的选择是人们的民主思考和行动的主要任务（参见第八章）。

展望：20世纪末的自然与社会

工业化强行瓦解了生命的生态基础和自然基础，同时也释放了史无前例且令人难解的社会政治的发展动力，这最终促使我们重新思考自然与社会之间的关系。这一论点要求进行理论解释。在此，我们会指出少许路标和指示牌，以便使人们有勇气进入那尚无定论的未来。

前面的讨论可以概括为自然和社会对立的结束。这意味着，我们既无法在社会之外理解自然，也无法在自然之外理解社会。19世纪的各种社会理论（及其在20世纪的修订版）认为自然是已经给定、指明且要加以征服的对象，因而，自然总是社会的对立面和异己物，是非社会的。这些假设已经遭到工业化进程的否定，仿佛被历史证伪了。在20世纪末的今天，自然既不是给定的，也不是指明的，它是历史的产物；即使其再生产的天然条件遭到了威胁和破坏，自然依然是文明世界的内部陈设。换句话说，由于自然破坏构成了工业生产普遍循环的一个部分，破坏自然也就不只是"纯粹"的破坏，而是变成了社会、政治和经济动力的必要组成部分。自然的社会化带来的隐性后果是自然遭受的威胁和破坏的社会化，即它们向经济、社会、政治的对立与冲突的转化。

对生命的自然条件的侵犯，转变为全球性的医疗、社会和经济威胁，这为高度工业化的世界社会的社会政治制度带来了全新的挑战。

文明对自然的威胁，变成了社会、经济和政治系统面临的威胁，正是这一过程构成了当前和未来的现实挑战。这再次证明了风险社会概念的恰当。经典工业社会的概念依赖于（19世纪意义上的）自然和社会的对立，（工业化的）风险社会的概念则以卷入文明的"自然"为出发点，并在社会子系统中追溯自然受损的演变过程。以工业化的第二自然为前提，所谓的"损害"需要经受科学、反科学和社会的界定——正如前文所描述的。想要追溯这些争论，我们必须以现代化风险的起源和相关意识的形成为指引。换言之，"现代化风险"是一种概念安排和范畴设定。在这种设定之下，我们需要从社会层面去理解内在于文明的自然所遭受的损害和破坏，我们也需要依据风险的有效性和紧迫性而作出决策，并指定压制和（或）处理风险的方式。现代化风险是经历科学化之后的"第二道德"。在这种道德的指引下，被工业消耗的非原生自然不断遭受损害，围绕这一点的磋商则以具有社会"正当性"的方式进行，即人们可以提出积极补救的要求。

这引发了一些重要后果。在发达的现代性中，包含经济、政治、文化、家庭等子系统的社会不能再被看作"独立于自然"。环境问题不再是我们周遭环境的问题；就其起源和结果来看，环境问题完全是社会问题、人的问题——人的历史，人的生活条件，人同世界和现实的关联，人的经济、文化和政治处境。我们完全有必要把经历工业化的文明世界的"内在自然"理解为典型的"非环境"或内在环境。面对这样的环境，我们精心构筑起来的疏远和排除自然的可能手段全都失效了。在20世纪行将结束的时候，自然就是社会，社会（也）是"自然"。谁还在说自然与社会无关，谁就是在用另一个世纪的词汇说话，而这无助于我们把握现实。

我们今天随处可见的自然是一件精心雕琢的工艺品，亦即人造的

第二章 风险社会的知识政治

"自然"。如果"天然的"这个词指的是不干涉自然,那么这件工艺品的一丝一线都不是"天然的"。当科学家以职业的耐心研究"自然"这一工艺品时,他心中亦非只有纯粹的科学。科学家通过其行为和认知向我们表明,他是支配自然这一普遍社会诉求的执行人。当科学家独自一人或在大型实验室里屈身面对实验材料的时候,所有人在某种意义上都在观看。科学家移动他的手臂,那是制度之手,因此也是我们所有人的手。科学家当作"自然"加以处理的材料,其实是内在的、卷入文明进程的"第二自然"。这种"自然"担负的系统功能和意涵越来越不那么"自然",这令它不堪重负。在这样的条件下,科学家的日常活动,无论是假设、提问,还是测量、检验,都会给健康、经济利益、财产权、责任和权限等领域带来推动或阻碍。换句话说,因为这个自然是在系统内部运转利用的,所以即使在客观的(自然)科学家的手中,它也具有了政治的属性。我们不能在测量结果之上附加任何评价性词汇,就算增添一个毫不起眼的感叹号也不行;我们要以最实事求是的客观精神让测量结果运行在数字的荒漠中:这大概是最让马克斯·韦伯感到欣喜的事情。但同样的测量结果也可能蕴藏了政治炸药,这是社会科学家、哲学家或伦理学家最具末日色彩的措辞都不可比拟的。

由于研究对象"承载"了这样的社会要素,自然科学家的工作便在政治、经济和文化的强力磁场中展开。科学家注意到这一点并作出了回应,这体现在发展测量程序、确定耐受阈限、探寻因果假设等工作中。这个磁场发出的磁力线有时甚至会引导他们的书写。这使问题的解决进入了一条显而易见又不缺乏实质理由的轨道。这个磁场可能也构成了某种能量源,有助于人们克服在特定的论证路线设定上遭遇职业生涯警示。所有这一切不过表明,就"社会化的自然"这方面来说,自然科学和工程科学尽管维持着表面上的客观性,实际上却早已变成披着数字装束的政治、伦理、经济和司法的分支(参见第七章)。

因此,就历史来看,自然科学的工作和经验已经陷入了上述局面,社会科学则因其"研究对象"本来就有的政治特性而早已见怪不怪。统一科学的趋同仿佛就要来临。但颇为反讽的是，这里的趋同源自研究主题的政治化，而不是因为人们原先猜测的理由——社会科学的半科学特征趋近于自然科学的超我。未来一切科学的角色都将受益于这样一种洞见：人们需要一种受制度强化和保障的道德—政治支柱，以便能够体面地完成研究工作。然而，研究工作同样不得不自觉接受并传递其中的政治意涵。也许有一天，科学工作能够以某种方式调和其实质品质与政治意涵。但这首先就意味着：一方面，研究的禁区因政治敏感问题而不断扩大；另一方面，制度条件下的某种意愿也在相应地增长，这种带有迫切认知诉求的意愿，试图以无所顾忌、足以胜任的精神突破上述禁区。这将清楚地揭示那些试图掩饰文明风险的惯例和仪式，它们铭刻在制度之中并以科学为中介。

在这种条件下，自然科学记录了现代化进程——由经济和技术塑造并驾驭——中持久存在的威胁，并使社会批判带上了新的属性。随政治化过程形成的禁区受到了轻视，现代化的威胁不断抬头，日益凸显。为了达成批判性社会分析的目标，化学、生物、物理、医学等自然科学的危险方程在暗中改变了自己的"客观价值预设"。这就引发了下述问题：风险批判与社会学的文化批判如何共处？*

"社会文化"视角的现代性批判必须坚持同（社会学的）陈词滥调作斗争，后一种观点认为传统规范会在现代性进程中遭到损害。传统规范和社会发展之间的矛盾是最寻常的日常生活的内核。就此而言，社会科学文化批判的锋芒从一开始就因自身而受挫。如果有人总是借现代性的阴暗面来推崇自己的乐观主张，那么他必定是一位糟糕的社会学家。众所周知，这种乐观看法曾在理性之合理性的说法中达至顶峰。

---

* 本段文字未见于英译本，这里按德文本补译。——中译注

第二章 风险社会的知识政治

这种看法并不受社会学证据的支持——社会团体遭到忽视，社会不平等日益加剧，经济危机接二连三。从有组织的职业律师群体可以看出，这些社会学证据蕴藏着巨大的爆炸威力。尽管如此，这里也存在着相似之处，这种相似把社会学的思考方式和前文提到的内容联系在一起，但又让它与自然科学的风险记录有所区别：价值的损害不仅是选择性的，而且也可以变成持久的制度。同样的结论也适用于社会不平等，却无法应用于威胁人类存续的现代化后果。现代化后果的基本特征是普遍主义和平等主义。现代化后果的制度化——这当然是可行的，正如我们所经历的——会给所有人的健康带来不可逆转的影响。"健康"无疑也是受文化珍视的价值，但除此以外，它更是生命（存续）的先决条件。普遍化的健康威胁创造了随时随地的生存险境，这种局面如今正以毫不妥协的姿态向政治和经济系统发起渗透。

因此，这里受到损害的不只是文化和社会的预设，因为人们终究可以接受这一点，就像洒满泪水的现代性之路向我们展示的。毋宁说，这里受到损害的还有某些深层次维度，毕竟下面这个问题是在这些维度上浮现的：针对濒危动植物的红色名录什么时候会超出动物和植物的有限范围？或许我们正处在某个适应过程的历史开端。或许我们的子女和孙辈会对新生儿畸形图片——就像今天广泛流传的患有肿瘤的鱼类或鸟类图片——完全无动于衷，一如我们今天面对各种问题时习以为常的态度，如受损的价值、新的贫困和持续的大规模失业。这已经不是标准第一次因受损而失效了。但也有一种不乏理由的猜测认为，这样的情况并不会发生。相反，只要自然还在经历工业化过程，自然破坏就会作为工业的自我威胁而变得普遍化，并为人们所察觉。（就算是为了批判的职业化的缘故，我们也绝不可对此感到欢呼雀跃。）

对不熟悉科学方程的社会学家来说，这可能显得有点吊诡。但诉诸化学—生物—医学的风险方程，极有可能会为社会科学的分析带来具有批判性和规范性的前提，无论这些方程建立在（反）科学抑或其他基础之上。反过来说,只有在这些前提的隐含内容系统地延伸到社会和政治领域之后,我们才能对它加以辨识。这自然意味着,在现代化风险的蔓延过程中,社会科学家同普通人一样,只能依赖于其他专业人士掌控的"二手的非经验"——这给社会科学家脆弱的专业自主性理想带来了伤害。就此而言,社会科学家凭一己之力所能提供的东西难免相形见绌。①

---

① 进一步的讨论参见贝克(Beck,1988:Part II)。——英译注

第二部分

社会不平等的个体化:
工业社会生活方式的去传统化

正如之前的章节所阐明的，现代化风险的分配逻辑是风险社会的主要维度，但也仅仅只是其中的一个维度。由此形成的全球风险处境是新颖而惹人注目的，包括其中所包含的发展和冲突的社会政治动力。不过，它们也和社会、人生及文化层面的风险与不安重叠在一起。在发达现代性中，风险和不安脱离并重塑了工业社会的内在社会结构，以及根植于其中的对于生活样式的基本确定性。这些内在结构包括社会阶级、家庭模式、性别地位、婚姻、亲子关系、职业等。

从现在开始，这第二个方面将成为我们关注的中心。两方的携手，亦即风险和不安感的汇总，它们的相互加强或抵消，共同构成了工业社会的社会政治动力。由这两个视角出发，我们的理论推测可作如下概述：在迈向21世纪的转折点上，启动后的现代化进程不仅超越了自然和社会的对立假设，而且也瓦解了工业社会的内在坐标系——首先是指工业社会对科学和技术的理解，其次是指人们生活中的家庭和职业轴线，最后则是政治（经民主途径获取正当性）和亚政治（指经济、技术、科学）的分配与分离。

矛盾心态：个体从发达劳动力市场获得解放*

本章的核心内容是这样一种评估：我们是现代性内部社会转型的见证人，这一转型过程把人从工业社会的社会形式中解放了出来，如阶级、阶层、家庭和性别地位，这就像宗教改革把人从教会的世俗统治里"释放"出来进入社会一样。下面的论证可以概括为七大论题。

（1）第二次世界大战以后，在富裕的西方工业国，特别是德国，以福利国家为模式的现代化催生了社会性的个体化浪潮。迄今为止，我们

---

* 除了"解放""释放"这一层含义，原文"Freisetzung"同时还有"解雇"的意思。——中译注

对这一浪潮的影响范围和推进动力所知甚少（这一浪潮发生在广泛而持续的不平等条件之下）。换言之，以相对较高的物质生活标准和发达的社会保障为背景，人们经历了历史连续性中的断裂。人们脱离了传统的阶级纽带和家庭扶持，逐渐开始关注自身，关注其个人的劳动力市场命运。同时，人们也面临着各种风险、机遇和矛盾。

个体化进程原先大多只发生在不断施展力量的资产阶级身上；但后来，在福利国家的大众民主条件下，它以不同的形式成了现代资本主义中"自由的雇佣劳动者"的标志，成了劳动力市场过程的动力标志。对人们来说，进入劳动力市场总是意味着和新的解放联系在一起——相对于家庭、邻里、职业，抑或地方性文化与景观的束缚。这种个体化浪潮和劳动力市场中的集体命运经验（大规模失业、去技能化过程等）构成了竞争。但一如德国的发展所显示的，在福利国家的框架条件下，个体化带来了个体的解放，使人既脱离了社会阶级的束缚，也摆脱了男女的性别地位。

（2）在对社会不平等的解释方面，我们面临着一个矛盾局面：马克思主义的阶级理论家和其他阶层研究者一致认为，现实并没有什么多少变化。雇佣劳动的收入等级和基本规定维持着稳定的间距。但对人的行动而言，社会阶级的束缚却开始退居幕后。打下等级制烙印的社会环境和围绕阶级文化的生活方式逐渐失去了光彩。个体化的生存形式和生存处境成了某种趋势。受此推动，人们为了生存而把自身作为规划和引导生活的中心。渐渐地，每个人不得不在各种选项间作出选择，包括自己想要认同的群体或亚文化。事实上，人们也要去选择或改变自己的社会认同，为此他们甘冒风险。在这个意义上，个体化的推进意味着扬弃原先生活世界的思考基础，因为这种思考诞生于大群体社会的传统范畴，例如阶级、等级或阶层。

马克思主义理论认为，阶级的对立永远和工业资本主义的"本质"联系在一起。我们可以把这种对历史经验的坚定思考概括为工业社会发展的排中律。具体而言，要么在"革命的大爆炸"中，资本主义经由唯一向其敞开的大门，即不断加剧的阶级斗争而退出世界历史的舞台，随后它又通过转变所有权关系并化身为社会主义社会，经由后门重返舞台；要么阶级斗争就要无穷无尽地延续下去。在此，个体化命题坚决维护那被排除的第三者——以福利国家为后盾的劳动力市场动力不仅削弱，也瓦解了资本主义的社会阶级。用马克思主义的话来说，我们逐渐面对的（尚难以掌握）现象，是一种没有阶级的资本主义及其所附带的社会不平等的结构与问题。

（3）这种社会不平等的"无阶级"趋势，典型地体现在大规模失业的分布上。一方面，长时间没有工作的失业人口的比例一直在上升，同样在上升的还有那些离开劳动力市场或压根就没进入过这一市场的人口比例。另一方面，失业人数的稳定绝不等同于失业登记数和波及人口的稳定。从1974年到1983年，大约有1250万德国人，或者说，每三个拿着薪水的德国就业人口中就有一人至少失业过一次。同时，在登记的失业和未登记的失业（家庭主妇、青年和提前退休者）、就业和未充分就业（弹性的工作时长和灵活的就业形式）之间，有一个灰色地带正在不断扩大。那种多少都算临时失业的现象正在大幅扩散，这和长期失业数的增长是一致的；此外，介于就业和失业之间的新型杂合现象的增多同样与此相符。但这里并不存在对应的阶级文化的生活背景。社会不平等的加剧和个体化环环相扣。最终，系统问题在政策层面不断收缩，并转化成了个人的失败。去传统化的生活模式令个体和社会处在新的紧迫性之下，也就是危机和疾病的紧迫性。这里的意思是说，社会危机体现在个体身上，并且只有在间接和非常有限的意义上，人们才能感知到它的社会性。

（4）两种来源不同的解放相互交叠在一起，其中一种解放摆脱了打下等级制烙印的社会阶级，另一种解放则脱离了性别地位——这主要体现在女性地位的变化上。最新的资料已经清楚表明，使女性落入"新贫困"的活板门的缘由,既不是教育的缺乏,也不是社会的出身,而是婚姻的破裂。"新贫困"表达了女性脱离婚姻扶持和家务劳动的程度,但这一过程很难去核实。在这个意义上,个体化螺旋开始在家庭内部扎根。包括劳动力市场、教育、流动等在内的一切因而具有了双重性或三重性。家庭成为持续应对多种歧异目标的现场,如职业上的要求、教育上的约束、抚养孩子的责任和单调乏味的家务劳动。于是,所谓的"临时协议家庭"应运而生。在这样的家庭中,维持独立地位的个体为了调节情感交流,会暂时形成一个充满矛盾的利益联盟。

（5）从社会理论的角度来看,私人领域的"关系问题"表达了现代性的矛盾,因为这种现代性在工业社会的蓝图中遭到了切分。现代性那些不可划分的原则——生来的个体自由与平等——总是会受到分割,换言之,人们只把这些原则分派给其中的一类性别,而忽视另一类性别。历史上的工业社会从未以纯粹工业社会的形态存在过,它总是呈现为半工业社会、半等级社会。其中作为等级社会的那一半并非传统的残遗物,而是工业社会自己的产物和基础。就此而言,工业社会在大获全胜之后,总是推动着下述事物的解体:家庭道德,性别命运,围绕婚姻、双亲和性的禁忌,乃至家务劳动和雇佣劳动的再结合。

（6）这清楚地凸显了今日个体化浪潮的特殊性质(对比文艺复兴或早期工业化时代那些相似而又不同的过程)。个体化的新颖之处在于最后的结果。以图式化的方式来说,取代世袭等级的不再是社会阶级,而取代社会阶级的也不再是稳定的家庭参照框。作为个体的他或她成了社会范畴在生活世界中的再生产单位。或者换句话说,个体在家庭内外成了自己的代理人,无论是通过市场谋求生存保障,还是规划和组织人生。

在发达的劳动力市场社会中,个体处境虽然分化出来了,但这并不等同于一场成功的解救。在这个意义上,个体化并不意味着因个体的复兴而启动了世界的自我创造过程。相反,个体化毋宁说带来了一种趋势,即生活处境的制度化和标准化。获得解放的个体日益依赖于劳动力市场,进而依赖于教育、消费、社会法的调节或扶持、交通规则和商品供给,依赖于医疗、心理、教育的咨询和关怀等各种可能性与模式。所有这一切都指向一种特殊的控制结构,它针对"具有制度依赖性的个体处境",并有待政治来(暗中)形塑和掌控。

(7)相应地,个体化在这里可以理解为社会化过程的历史对立面。形成中的个体化生存处境的集体性和标准性固然让人难以捉摸。然而,恰恰是由于这种矛盾性的涌现及其深入人心的过程,新的社会文化共同体才可能被创建出来。或许,市民团体和社会运动的形成是由现代化的风险及危险处境引发的;或许,在个体化的进程中,人们会系统地期待"一段属于自己的生活"(物质、时间、空间以及塑造社会关系的角度)——即便它的展开过程难免遭遇社会政治层面的阻挡或抵抗。于是,新的搜寻运动一波接着一波,其中一部分人尝试让社会关系以及自己的生命和肉体,在各种各样的另类亚文化或青年亚文化中经受考验。借助类似的抗议形式或经验,共同体形成了。为了对抗行政和工业力量对私人领域、"属于自己的生活"的侵犯,共同体也培育了自己的攻击力。在这个意义上,一方面,新的社会运动(环境运动、和平运动、女权运动)表现了风险社会下新的危险处境和两性间爆发的矛盾;另一方面,在个体化和去传统化的生活世界中,这些运动的政治化形式和稳定性问题,也在社会认同的构建过程中不断显现。

90

第三章

超越地位与阶级？

发达社会还是阶级社会吗？在搜寻这个问题的答案时，我们马上就遭遇了显而易见的矛盾。从社会和历史的角度来看，发达国家的社会不平等结构展现出了惊人的稳定性。相关研究清楚地表明，尽管存在各种技术和经济的转型，以及过去二三十年致力于变革的种种努力，但主要社会群体间的不平等（特别是在德国）并没有出现任何可观的变化，其中仅有一些相对较小的变动或重新配置。①

不管怎样，正是在这一时期，不平等主题近乎彻底消失在日常生活、政治和学术的议程中。但在经济停滞、失业率居高不下乃至仍在上涨的条件下，不平等问题很可能会再次成为引爆社会的议题。在过去的二十年里，不平等极大地失去了其作为议题的重要意义，这足以令人感到惊奇。不平等问题时而也会浮现在其他情境或新的对抗形式中（如女权斗争、反核电的草根动议、代际不平等，乃至地区和宗教冲突）。

---

① 本章文字并不等同于德文版第三章，其底本参见贝克（Beck, 1983；1984），由沃尔克·梅亚和格尔德·施罗德译成英文（Mejia et al., 1987: 340—353）。——英译注（英译本选用的这个文本更像是原书第三章的缩略版。另一个文字上相近的版本，可参考乌尔里希·贝克和贝克-格恩斯海姆：《个体化》，李荣山、范譞、张惠强译，北京大学出版社2011年版，第35—46页。——中译注）

第三章　超越地位与阶级？

如果公共政治讨论能够准确反映实际的社会形势，那么我们就可以轻易得出一个结论：在西方国家，特别是德国，我们已经超越阶级社会。阶级社会的概念只有被当作记录过去的图像才是有用的。这个概念还能存活至今，只是因为我们还没有找到其他更合适的替代。[1]

因此，接下来的分析旨在阐明一种悖谬的事态。我的论题是，社会不平等模式在德国历史上保持了相对的稳定。与此同时，人们的生活条件却发生了翻天覆地的变化，这主要是由收入和教育的改善以及其他的社会变迁带来的。大量社会学研究已经留意到相关的变化，但这些变化本身并未得到系统分析，或从重要的社会结构发展的角度加以说明。因此，我试图展示生活标准变动带来的结果：亚文化阶级认同开始瓦解，基于地位的阶级区隔失去了传统的支撑，而生活风格和生活方式的"多样化"与个体化过程也已经启动。因而，阶级和分层的等级制模式逐渐遭到颠覆。这一模式已经与现实不符（Weber, 1972）。

在过去的三十年间，不平等的社会意涵已经发生变化，但这不曾引起社会分层研究的注意。所有富裕的西方工业国都经历了个体化进程。虽然这一过程还在进行，但持久的不平等却把它隐藏了起来。准确地说，某些特定的历史发展催生了个体化。这些发展打断了历史的

---

[1] 这里我指的是德国阶级结构发展的特殊性，这一点不同于英国或法国。在英国，阶级成员资格显见于日常生活，并一直是自觉的可识别对象。这清楚地显示在说话（如腔调、用语、词汇等）、严格按阶级划分的居民区（"住宅阶级"）、教育类型、衣着，乃至"生活方式"名下的一切事物上。参见戈登·史密斯（Gordon Smith, 1982），以及韦勒（Wehler, 1979）一书中的三篇论文：霍布斯鲍姆（Eric J. Hobsbawm），《英格兰的社会不平等与阶级结构：工人阶级》(*Soziale Ungleichheit und Klassenstruktur in England: Die Arbeiterklasse*)；波拉德（Sidney Pollard），《英格兰的社会不平等与阶级结构：中上阶级》(*Soziale Ungleichheit und Klassenstruktur in England: Mittel- und Oberklasse*)；豪普特（Heinz-Gerhard Haupt），《19世纪中叶以来法国的社会不平等与阶级结构》(*Soziale Ungleichheit und Klassenstruktur in Frankreich seit Mitte des 19. Jahrhunderts*)。同样参见皮埃尔·布迪厄（Pierre Bourdieu, 1979）。

连续性体验；人们因此而失去了传统的支持网络，不得不依靠自身、依靠自己的个体（劳动力市场）命运，包括其中附带的风险、机会与矛盾（Berger et al., 1975; Touraine, 1983）。

个体化进程是不断变动的，这使我们对社会结构的解释难免具有暧昧性。经验取向的分层研究或马克思主义的阶级分析可能察觉不到其中的显著变化，毕竟收入不平等、分工结构、雇佣劳动的基本决定要素等方面鲜有变化。与此同时，人们对（韦伯意义上的）"社会阶级"的依附却减弱了。阶级现在已经很难再影响人们的行动。人们也在培育趋向于个体化的生活方式。为了在经济上求生存，如今个体不得不让自己成为规划和引导生活的中心。

作为个体化"原动力"的劳动力市场

"社会不平等的个体化"——这难道不是说所有我们了解的重要内容都在被遗忘、误解乃至彻底抛弃，如社会的阶级特征，它的系统本质，大众社会和资本的集中，意识形态的扭曲和异化，不变的人性品质和社会历史现实的复杂性？个体化概念难道不也过早地宣告了社会学的终结，敲响了它的丧钟吗？

这方面还需要更加准确的论证。大量定性访谈和研究已经从经验上证实了个体化的存在。这些研究全都指向了一个核心关注点，即人们要求控制自己的财富、时间、生活空间和身体。换言之，人们要求拥有培育自己的生活视野的权利，并据此行动。无论这些诉求显得多么虚幻或带有意识形态色彩，它都是不可忽略的现实。就像过去三十年的发展所显示的，它们源于德国的真实生活状况（Mooser, 1983; Fuchs, 1983）。

但在今天，我们也日益清楚地看到，个体化进程是十分脆弱的。尽管有福利国家提供的保障，一旦有群体遭遇或面临失业，他们就不得不去面对生活方式的急剧变化,这恰恰是发生在他们身上的个体化带来的结果。

个体化进程的负面影响包括:个体脱离传统的支持网络(如家庭或邻里),补充性收入来源消失(如工作之余的务农活动),以及所有生活领域都日益依赖于薪水和消费。在这种新的生活条件下,不管有没有社会保障,只要人们失去主要的收入保障亦即稳定的职业,他就会有如临深渊的感觉。美国传来的消息已经如此令人不安:1200万以上人口失业,3000万以上人口生活在贫困线以下。就德国来说,在领取救济者和所谓的"流动人口"中也出现了值得警觉的变动。女性在未来可能面临更多威胁。一方面,由于个体化进程的影响,女性脱离了家庭提供的传统支持网络,新的离婚法也迫使她们立足于经济独立;但另一方面,女性在劳动力市场中的处境很不确定,女性的失业率即便被高度低估,也远在男性之上(Beck-Gernsheim, 1983;亦可参见本书第四章)。

那么,怎样才能把这些发展同18世纪和19世纪兴起的资产阶级的个体主义区别开来?资产阶级的个体化进程主要源自资本的占有和积累。资产阶级在同封建主义的支配及权威结构斗争的过程中,培育了自己的社会与政治认同。与此相对,晚期现代性的个体化是劳动力市场的产物,并体现为各式劳动技能的获取、供给和运用。这一论点可以由劳动力市场的三个维度来阐明——教育、流动和竞争。

教　育

学校教育意味着选择和规划自己的教育生涯。受过教育的人是他或她自己的劳动处境的创造者,因而也是他或她的社会人生的创造者。随着教育年限的增长,传统取向、思考路径和生活方式得到了重塑,并被学习与教授、知识与语言的普遍主义模式所取代。至少在一定程度上,教育实现了人的自我发现和反思,这取决于教育年限和教育内容的差异。受过教育的人吸纳了有关现代性状况及其前景的自反性知识，并因此而成为自反性现代化的行动者。举例来说，这意味着等级化的分工模式再也难以维系。人们也逐渐认识到浪费物质资源的意涵及其社会后果。除此之外，教育也和选拔联系在一起，进而要求个体具有向上流动的期望；即便在经由教育实现向上流动成为幻想的情况下，这些期望也发挥着作用，因为教育仍然可以阻止向下流动（这种现象在某种程度上出现在教育机会的扩张期）。毕竟只有成功地通过功课、考试和答辩，个体才可能完成正规教育。反过来说，一般学校或大学的正规教育则为个体提供资格证书，并引导他们在劳动力市场中获取个体化职业机会。

流　动

一旦进入劳动力市场，人们就会体验到流动性。他们脱离了传统的生活模式和安排，除非准备遭受经济上的毁灭，否则他们就要被迫去掌管自己的生活。劳动力市场是人们的生活实现个体化的背后驱动力，这体现在职业流动、居住或工作场所、就业类型以及社会地位变动等方面。人们开始变得相对独立，不再依赖于继承或新建立的纽带（如家庭、邻里、朋友、伙伴）。劳动力市场要求的流动和传统的社会纽带间存在着隐蔽的矛盾。就像齐美尔在讨论货币问题时说的，这将导致本地网络的松散化和非本地网络的构建。脱离传统纽带之后，人们的生活将呈现出独立性，这使人第一次体会到个体的命运（Kaelble, 1983b; Goldthorpe, 1980）。

竞　争

竞争的基础是可替换的资格，这促使人们不断推销自身工作或技能的个性及唯一性。竞争压力的加大在条件均等者之间引发了个体化，换言之，这恰巧发生在以共享背景为特征的互动和行为领域（相似的教育、经历和知识）。只要存在这种共享背景，社群就会溶解在竞争的酸性溶池里。在这个意义上，竞争削弱了平等者的平等，却没有清除这种平等。竞争导致个体孤立在同质的社会群体中。

然而，教育、流动和竞争绝不是彼此独立的。它们相互补充、彼此巩固，并且正是这种巩固引发了个体化进程。

在个体化进程中，其他的发展趋势也起了重要作用。首先，在过去的四十年间，德国出现了居民集体向上流动，生活标准和收入不断提高的局面。与此同时，不同收入群体间的差距得以维持。这无论如何都能表明，此前独占性的消费类型和生活方式变得民主化了，如私人汽车、假日旅行等。个体化效应还可以借妇女运动的例子来说明。如今女性自己挣钱，换言之，她们不再依赖丈夫的收入，因此可以构建属于她们自己的家庭生活或家庭之外的生活。

第二个例子是劳动关系的司法化。劳动法作为专门的立法分化了出来，从而引发了利益的个体化——利益不需要借助高度集中的利益集团（如组织和政党）就可以获得人们的承认。于是，当事个体可以在法庭上直接捍卫自己（极力想要捍卫）的权利。

个体化与阶级形成：马克思和韦伯

只有在考察马克思和韦伯关于社会不平等的理论之后，我们才能更准确地理解福利国家向个体化的快速推进。人们很可能认为，马克思是极为坚定的"个体化"理论家。因为他总是强调，工业资本主义的发展开启了史无前例的解放进程。在他看来，脱离封建关系的解放是确立资本主义生产关系的先决条件。即使在资本主义内部，人们也一波接着一波被连根拔除,脱离了传统、家庭、邻里、职业和文化。

马克思从未深究个体化进程中阶级社会所发生的这种变化。对他来说,这种资本主义的孤立和"连根拔除"的过程,总是被贫困化的集体经验和随之而来的阶级斗争所抵消。马克思认为,在资本主义条件下,正是解放和连根拔除的过程以及工人生活条件的恶化,推动工人阶级从"自在阶级"向"自为阶级"转化。他指出,既然资本主义系统拔除了无产者的生活之根,那么,个体无产者是如何以市场交易主体身份形成稳固的团结纽带这类问题便是无关紧要的。马克思总是把个体化进程等同于阶级形成。时至今日,这仍是许多阶级理论家的基本立场。

社会不平等的个体化命题或许是马克思主义立场的绝佳写照。如我所描述的,只有当马克思所预言的阶级形成的条件,即物质的贫困化被克服的时候,个体化进程才能牢固地确立起来。个体化趋势依赖于复杂的结构性条件,迄今只有少数国家具备这样的条件,但这也仅仅是最近的福利国家发展阶段才有的事情。

现在我要完善我的论证,转向社会不平等的另一位重要理论家——韦伯。一方面,众所周知,韦伯比马克思更为关注大范围的现代生活方式;另一方面,他忽视了市场社会内部潜在的个体化趋势。事实上,虽然韦伯并不赞同马克思关于贫困化导致阶级形成的观点,但他认为个体化没有可能实现。依照韦伯的看法,等级制下的传统和亚文化的连续性与权威性阻碍了个体化趋势。韦伯指出,工业资本主义中"依托等级身份"的传统态度,在结合专门技能和市场机会之后,形成了大为分化的"社会阶级处境"。就此而言,韦伯的著作已经包含20世纪60年代末马克思主义劳工史家所详细论证的主要观点(Thompson, 1963; Giddens, 1973)。这批历史学家和社会学家认为,在工业资本主义的扩张期,支配生活世界、价值取向、生活方式的独特规范,与其说是"阶级结构"和"阶级形成"(如马克思所言)的产物,不如说是前资本主义和前工业的传统残遗物。因此,"资本主义文化"并不像惯常认为的那样,是土生土长的创造。相反,"资本主义文化"拥有前资本主义源头。随后,工业资本主义把这个源头同化,使之现代化,重塑它,消耗它。因此,尽管韦伯承认传统生活方式日渐"祛魅"和"去神秘化",但他仍然认为,身份群体组织容纳并缓冲了动态的个体化进程——这些组织本身则借助市场而与社会阶级处境联系在一起。很多社会不平等研究仍旧沿着韦伯的这一思路展开。

已有的历史研究表明,这一思路确实适用于20世纪50年代早期,但我并不认为它仍旧适用于战后德国或瑞典、芬兰等其他欧洲国家的发展现实。所谓的共同生活经历以市场为中介,并受身份地位的塑造——韦伯曾用社会阶级的概念来形容——但这个不稳定的统一体在这个时点开始分裂了,其中的不同要素(如基于特定市场机会的物质条件,传统和前资本主义生活方式的影响效果,共同纽带意识、流动障碍意识和交际网络等)也缓慢地分解了。这些要素不断变化,以致难以辨认,这是因为生活标准在不断提高,对教育的依赖在日益增长,流动、竞争和劳动关系的司法化也在逐渐加强。

自20世纪50年代以来,传统意义上的内部分化和社会环境逐渐消融——对德意志帝国和魏玛共和国的产业工人来说,这种环境一度是极为真切的体验。与此同时,劳动力内部和城乡人口之间的差别也被抹除了。教育改革本身总是夹杂着对教育的仰仗。越来越多的群体热衷于获得教育证书,因而出现了新的内部分化。新的分化或许仍对应着传统的群际差异,但教育的影响使这种分化和传统分化有了根本性区别。在此,我们可以援引巴兹尔·伯恩斯坦(Bernstein, 1971)的区分:新一代人的言语符码必然会从"限制型"转向"精致型"。一方面,向上或向下流动出现了新的模式,本地劳动力的流动日益增多;但另一方面,新的内在于社会阶级的等级制和分化也不断发展。这里的前提是服务业的扩张和新职业的涌现。大量外籍劳工拥入德国也有助于形成这一条件,因为这些劳工占据了社会阶梯的最底部。我们难以把新的等级制轻易纳入既有的研究范畴,因而它对人们的生活观的重要意义还有待观察。

同样是在这一时期,新型城镇住宅规划正在快速取代传统的居住方式。这些变化也带来了新的个体化形式。人们的互动模式依赖于居住和生活格局,因而深受这种变化的影响。现代化的大都市和小城镇取代了传统的居住模式。各种文化背景的人相互混居,邻里关系变得更为松散。家庭之上的传统社区模式逐渐消失。家庭成员常常独立选择自己的社会关系,生活在自己的社交网络之中。这不一定意味着社会孤立的增长,或相对私密的家庭生活成为主流——虽然并不能排除这种可能性。不过,它的确表明,既有的(依照先赋条件组织起来的)邻人社会破裂了,一同破裂的还有它为社会控制带来的限制或机会。新形成的社会关系和社会网络如今都是个人的选择;社会纽带具有了自反性,需要由个体来建立、维持并不断更新。

拿一个极端的例子来说,这或许意味着互动的消失。换言之,社会隔离和社会孤独有可能成为人际关系的主流模式,这时常发生在老年人身上。不过,这或许也意味着,以自我选择和自我构建为特征的层级划分形式有可能扩展至各种交往关系,例如熟人、邻居或朋友。这种关系首先并不取决于"物理"距离的远近。无论是否超越本地范围,这种关系的基础在于个人的兴趣、抱负和投入,其中的个体自视为所属交际圈的组织者。于是,这又可能产生新的居住模式,其中包含了对邻里生活以及互帮互助生活格局的重新发掘。这就为生活方式和社会关系的试验留下了空间(Badura, 1981: 20—38)。但是,并不是每个人天生都具备选择并维持个人社会关系的能力。研究阶级的社会学家都知道,这是一种后天习得的能力,有赖于特殊的社会和家庭背景。自反性的生活引导方式,亦即对自己人生与社会关系的规划,引发了新的不平等——应对不安和自反性方面的不平等。

然而,所有这一切证明新的历史可能性正在浮现,无论是个体的

第三章 超越地位与阶级？

自我形成,还是私人领域在社会保障条件下的发展,抑或传统权威的衰落。复杂的新型关系同样体现在政治领域,如政治私人主义。这里我指的是下述事物的扩张:施加于私人领域的社会和法律限制,同新的个人自由形式极为一致的各类社会实验(这些实验常常不合惯例乃至有违公德),以及对传统认定的可接受行为的各种挑战。因此,文化与反文化之间、社会与另类群体之间的各种对立出现了。这些新式的文化和社会认同往往具有政治煽动效应。在过去的二十年里,我们时常领教到它的威力。

所有这些发展演变可以让我们得出结论,共同体和市场社会这一不稳定的联合已经在战后的发展过程中发生部分转变,甚至早已瓦解。当韦伯谈论社会阶级时,他所想到的也就是这一联合。但无论怎样,人们已经无法理解这一点,遑论体验。新的生活模式为社会关系的重组开启了种种充满活力的可能性。倘若仅仅追随马克思或韦伯,我们不可能充分理解这一点。

因而,下面这些问题变得至关重要:在历史发展的过程中,以生活世界为立足点的社会阶级认同究竟是如何变得烟消云散的?雇佣劳动的条件和风险是在什么时候变得普遍化的?阶级又是在什么时候失去其亚文化基础,从而无法再被经验到的?我们能够相信,阶级认同已经不受身份地位的塑造了吗?个体化条件下持久存在的不平等是否可以通过阶级概念来理解,抑或需要借助更为宽泛的社会不平等的等级制模式?所有这些等级制模式在范畴上都依赖于传统的身份地位依附,有什么解释能够取代这些模式?当然,个体化进程也可能会陷入矛盾,进而出现新的社会分组和社会冲突。那么,个体化进程是如何走向它的反面的?如何发现新的社会认同?如何培育新的生活方式?风险的社会感知和风险社会的政治动力会在地位或阶级之外成为社会冲突和社会认同的中轴吗?或者相反,风险社会会因个体化而缺少政治反抗吗?我们可以设想三种并不互斥的后果,确切地说,它们也可能是重叠的。

第一,阶级不会只因传统生活方式的衰微就消失。相反,社会阶级从地域和特殊主义的束缚与限制中解放了出来。阶级史的新篇章开启了,其历史动力仍有待我们去理解。但无论怎样,我们再也不能想当然地认为,这一历史还是阶级团结的形成史。

第二,在上文描述的发展过程中,企业和工厂失去了它们作为冲突和认同的形成场所的重要意义。社会纽带形成和社会冲突发展的新源头逐渐浮现:首先是先赋属性上的差异和不平等,如种族、族群、国籍、性别、年龄等;其次是一些不断变动的新分化,这些分化来自私人社会关系、私人生活方式和私人认同模式等方面的自反性。因而,在持续存在的社会不平等内部开始萌生新的社会生活方式和群体认同。

第三,阶级社会的结束不是什么革命大爆炸。这个过程包含了后传统社会下的个体化和原子化进程,它既是永不停息的前进过程,也是可被集体经历的过程。吊诡的是,人们在这样的社会中日益感到自身的不足(参见第七章)。同时,在所有社会领域,风险、风险感知和风险管控成了社会形成与冲突的新源头(参见第三部分)。

个体化雇员社会的来临

人们纷纷尝试,力图创造新的社会形态;但无论这些尝试引发了多么剧烈的动荡,它们都被下述事实所抵消,即这些尝试本身也逐渐被日新月异的个体化浪潮席卷。个体化动力势头正盛,因而我们甚至完全不清楚如何去创造新颖而持久的社会安排,并让这种安排具备社会阶级般的渗透能力。相比之下,社会和技术的变革作为应对失业与经济危机的方法,极有可能在不远的将来启动。鉴于劳动力市场关系日趋灵活,鉴于工作时间得到了调整,这样的变革过程会为个体化进程打开新的局面。这个结论同样适用于沟通方式。技术和社会的革命无论尚

第三章　超越地位与阶级？

在酝酿还是正值高潮，都将引发具有深远意味的生活方式的个体化。

如果这一评估是正确的，社会结构的变动就会显得更加重要，这是马克思和韦伯都没有预测到的。与个体化的雇员社会相比，阶级社会就会显得微不足道。如今，个体化社会的典型特征以及其中蕴藏的危险变得愈发明朗。界定阶级社会的主要是传统和文化，而界定雇员社会的必定是劳动法和社会政治范畴。日益加剧的传统不平等和去传统化、个体化的后阶级社会（与马克思的无阶级社会完全不一样）的某些要素并驾齐驱，它们共同构成一个特殊的过渡阶段。这个过渡社会的独特性体现于各种典型的结构与变化。

首先，个体化进程从人们的社会认同中剥离了阶级属性。社会群体在自我理解以及与他群的关系上都失去了其独特性。社会群体失去了成为塑造性政治力量的机会，它也不再认同于此。作为这一发展的结果，社会流动（指个体在不同地位的阶级间的上下迁移）观念开始失去影响力。相比之下，在20世纪非常晚近的时期，这个观念曾经是社会认同形成方面一个非常重要的社会和政治主题。

其次，不平等绝没有消失。不平等以社会风险的个体化的名义得到了重新界定。于是，人们逐渐从心理倾向的角度来理解社会问题：个人无能、内疚感、焦虑、冲突以及神经。吊诡的是，在个体和社会之间出现了一种新的直观性，亦即危机和疾病的直接关联。社会危机以个体危机的面貌示人，这些危机再也不能（或极为间接地）以它扎根于社会领域的状况来理解。这或许可以用来说明当今心理学的复兴。个体获致取向因此变得重要起来。我们现在就可以预测，围绕获致型社会以及社会不平等在其中不断实现（伪）正当化的各种问题不久之后就会浮现。

再次，为应对社会问题，人们被迫结成各种政治和社会联盟，但这种联盟并不需要遵循如阶级模式般的单一模型。各种各样的社会政治事件和发展会打破私人生活的孤立状态（免受其他私人生活的侵犯）。

于是，各种临时联盟在不同群体和不同阵营之间时而形成、时而解散，这完全取决于眼下的特定议题或特定形势。在这个意义上，风险和风险冲突只要被人亲身经历过，就会变成一个重要议题。举例来说，人们可以一边支援本地居民抗议机场的噪声，一边加入金属加工业联合会，另一边却因即将来临的经济危机而把选票投给保守党派——人们大概很乐意接受看似矛盾的不同理由。这种联合表现了个体在争取生存的斗争中的实用主义联盟，并且出现在各种各样的社会战场上。冲突领域急剧增多，日益显眼。个体化社会为新的多重面向的冲突、意识形态和联盟提供了活动空间，这超出了一切既有图式。这些联盟一般着眼于单个议题，针对特定的形势和人物，因而具有一定的同质性。由此形成的所谓"结构"易受新近社会潮流（议题和冲突）的影响。在大众媒介的推动下，这些社会潮流主宰了公众的意识，一如每个季度的流行时尚。

最后，持续不断的冲突易于针对先赋特征而起。今天，这毫无疑问是和歧视联系在一起的。种族、肤色、性别、族群、年龄、同性恋和残疾，这些就是主要的先赋特征。在发达的个体化条件下，这类准自然的社会不平等会引发特定的组织化效应，其目标是获取政治力量。因而人们会关注社会不平等的必然性、持久性及其同获致原则的矛盾，人们也会关注不平等确凿与否以及下述问题，即由于这种直接的可见性，不平等也促成了社会和个体的独立认同过程。与此同时，个体命运逐渐以新的方式遭到经济趋势和历史必然性的裹挟——就像在过去，决定个体命运的是经济景气，受限制的入学许可或就职许可，同年龄人群的规模，等等。

我们有可能把方兴未艾的个体化进程的诉求、承诺及其致力于社会解放的冲动选作出发点，从而以新的方式（超越地位和阶级）团结个体与群体，使他们成为自己的社会政治事务的自觉主体吗？还是说，个体化进程会把社会和政治行动的最后堡垒扫荡一空？个体化社会是否会被冲突和病症撕裂，陷入某种政治冷漠，进而杜绝不了任何隐患，甚至包括新的潜伏的现代野蛮主义。

第四章

"我就是我"：性别空间与家庭内外的冲突

语言的晴雨表指向了一场风暴："家庭之战"（Berger and Berger，1983），"两性的战斗"（Ehrenreich, 1983），"亲密关系的恐怖"（Sennett, 1976）。写作者在描绘两性状况时，越来越频繁地诉诸不那么平和的辞藻。如果语言就是现实，那么我们就不得不相信，爱和亲密已经走向它的反面。以上描述固然采用了夸张用语，意在引起公众关注，但它仍然表明，在婚姻家庭（及其衍生事务）的日常现实中，男性和女性感受到了深层次的不安与伤害。

但愿这只是婚姻和家庭的问题。不过，如果我们只确认两性关系的表面现象（其主题包括性、感情、婚姻、亲子关系等），我们就不能认识到除此以外的其他方面，包括工作、职业、不平等、政治和经济。这一切的失衡交错（无论多么不一致）恰恰使这一议题颇为棘手。谈论家庭需要讨论工作和金钱，谈论婚姻也要讨论教育、职业和流动，继而讨论（广泛的）同等教育条件下的分配不平等。

在过去的一二十年里，德国男女两性的全方位不平等真的有所改观吗？数据展现了双重面貌。一方面，划时代的转变的确发生了，特别是在性、法律和教育方面。但整体而言，除了性，这些变化更多停留在意识和纸张之上。另一方面,男女的行为和处境维持了恒定(特别是在劳动力市场,但也包括社会保障领域)。这引发了看似矛盾的效应:平等的提高加深了对持续而加剧的不平等的自觉意识。①

这一历史性创造把新的意识和旧的处境混合在一起,从而体现出双重的爆炸威力。年轻女性享有更为平等的教育机会,但她也更清楚地意识到了自己的处境。她期待在职业和家庭生活中享有更多的平等与合作关系,但这种期待因劳动力市场和男性的行为表现而落了空。与此相反,男性对平等修辞驾轻就熟,但常常言行不一。对双方来说,幻觉日渐消退。虽然(教育和法律领域的)资格要件日益平等化,但男女的处境却变得更不平等,更容易被察觉,更缺乏正当性。女性期待平等,现实却是不平等;男性号召共同承担责任,却要保留旧的角色分派:这些矛盾变得日益尖锐,它们将以完全对立的形式表现在私人领域和政治领域,进而决定未来的发展。因此,面对这一切对立、机会和矛盾,我们正处在从"等级制"的性别分派中获得解放的那个开端。意识跑在了现实状况的前头,回拨意识的时钟似乎仍是一件不可能完成的任务。我们可以对长期冲突作出这样的诊断:两性的对立将会成为未来若干年的决定性因素。*

男女之间的主题和冲突,并不只是如其表面所显现的那个样子。在此,甚至就连私人领域的社会结构也会逐渐碎裂。"关系冲突"的表象也有一般社会理论的那一面,在此我会讨论三个主题。

(1)性别特征的分派是工业社会的基础,它并不是那种可以轻易抛弃的传统残遗物。没有男女角色的区分,就不会有传统的核心家庭;没有核心家庭,也不会有工业社会及其典型的工作与生活模式。市民工

---

① 有关这一概述的经验证据,参见贝克和贝克-格恩斯海姆(Beck and Beck-Gernsheim,1990),那里的讨论更加深入。——英译注

* 英译本在此之后有删节,对应德文本第162—174页。中译本遵照英译本做法,下同。——中译注

第四章 "我就是我"：性别空间与家庭内外的冲突

业社会的图景建立在人类劳动商品化的基础之上。这种商品化的过程是不完整的，或者更确切地说是遭到切分的。全面的工业化和商品化无疑同传统的家庭形式与角色构成了互斥。一方面，雇佣劳动以家务劳动为前提，依赖市场的工业生产也以核心家庭模式及其角色分派为预设。在这个意义上，工业社会依赖于男女地位的不平等。另一方面，这种不平等有悖于现代性原则，并且就现代化进程的连续性来看，它也是饱受纷争、颇成问题的。不过，在男女实际平等化的过程中，家庭的基础（婚姻、性、亲子关系等）开始动摇起来。这意味着在第二次世界大战后的现代化阶段，工业市场社会的实现和扬弃是同时发生的。这正是自反性现代化进程。市场的普世主义甚至没能识别出它自己划定的禁区，于是它破坏了"等级命运"对女性的束缚——这一命运由工业制造，包括分派家务劳动和婚姻扶持。因此，无论是生产和再生产在人生层面的协调，还是家庭内部的分工和规范，它们全都变得极度脆弱；女性欠缺社会保障的问题也开始浮现。男女之间的冲突在今天开始爆发，而我们也有必要澄清：工业社会的矛盾正在朝私人层面转化。经由现代化和个体化过程，工业社会同时摧毁了人类共同生活的现代基础和等级制基础。

（2）个体化动力使人脱离了阶级文化，但这种动力并没有在家庭的大门前停下脚步。人们借助一种力量摆脱了性别的框定，摆脱了等级制属性及其预设，或者说，人们在灵魂深处感受到了震撼。但人们无法理解这种力量，即使他自己就是这种力量的内在化身（无论它在降临时带来了多大的异己感）。这里的主宰法则是：我就是我，于是我是女人；我就是我，于是我是男人。在"我"和被期待的女人之间，在"我"和被期待的男人之间，世界撕开了一道口子。在此，个体化进程对两性关系的影响是十分矛盾的。一方面，男性和女性脱离了传统的模式及角色分派，开始追求"属于自己的生活"；另一方面，由于社会关系日益弱化，人们被逐入二人世界的模式，在其中搜寻自己的幸福伴侣。共享内心世界——如婚姻和两人结合的理想所表达的——并不是一种原始的需求。这种需求之所以增长，是因为作为反面可能性的个体化带来了损失。结果，引导人走出婚姻和家庭的直接路线，迟早都会绕回来——反之亦然。对另一方的失意和渴求不曾有过变化：相互的对立、依赖、亲密、冷漠、孤立、分享，或者所有这一切。

（3）男女共同生活的所有模式（从结婚之前到离婚之后）都可能引爆重大冲突。在这些模式中，冲突总是展现出其私下的、个人的那一面。家庭只是这些事件发生的场所，而不是原因。舞台总是可以变换，但剧目仍旧是同一个。在工作、亲子关系、爱情、职业、政治、发展和自我实现等各个层面，两性开始在相互扶持或相互对立之间摇摆。婚姻内外的冲突大多由选择机会引发（例如，配偶双方不同的职业流动，家务和子女照料上的分工，避孕方式和性生活）。在需要决策的时候，人们开始意识到男性和女性面临着不同的、相互矛盾的后果与风险，因而处在对立的处境之中。就子女照料的问题作出决策需要参考男女双方的职业生涯，因而，这个问题攸关两人今后的经济独立或经济依赖问题，其中的一切后果仍旧需要由他们自己来共同承担。这种决策的可能性既有个人的面向，也有制度的面向。换言之，缺乏制度性解决方案（如缺少幼儿园和弹性工作时间，社会保障不足）会加剧私人关系的冲突，反之，加大制度性供给将缓解两性的私下"争吵"。相应地，我们也必须把私人领域和政治领域的解决策略看作是相互关联的。

工业社会的"等级特征"、男女生活情境中的个体化趋势、经选择的机会和约束而认识到的冲突局面：接下来将对这三个基本论题作进一步阐发和解释。

工业社会是一个现代等级社会

通过阶级划分，我们可在理论上确定男女生活处境的对立性。大

第四章 "我就是我"：性别空间与家庭内外的冲突

部分劳动人口的物质贫困化造成了19世纪的阶级对立，这种对立得到了公开讨论。反之，传统家庭衰落后产生的对立则主要发生在私人关系内部，这种对立的争论场所是厨房、卧室和幼儿房。其中的主要内容是：持续不断的婚姻关系讨论或冷战，遁入或脱离单身，对突然变得难以理解的伴侣失去信任，离婚之痛，宠溺孩子，为那一小片自己的生活而斗争（虽然是从伴侣手中夺取的，但仍需分享），在日常生活的细枝末节中寻找压迫的踪迹——其实他自己就是压迫。对此，我们可以随便称呼："两性的持久战"、"回归主体"或"自恋时代"。这就是社会形式，亦即工业社会内在的等级结构引爆私人领域的方式。

随工业体系而产生的阶级对立在某种意义上是"现代固有"的，其基础在于工业化生产方式。两性的对立既不从属于现代阶级对立，也不单纯是传统的残遗物。两性的对立是第三种实体。就像劳动和资本的对立一样，两性的对立也是工业系统的产品与基础，这是因为家务劳动是雇佣劳动的前提。在19世纪，人们分别创建了家庭和生产各自的形式及领域，两者随即分离。但同时，男女各自的处境却都建立在出生时的先赋条件上。就此而言，两性的对立是一种奇怪的杂交，即"现代等级制"。于是，工业社会中的地位层级制得以在现代社会建立起来。这种层级制从工业社会内部的现代性与反现代性的矛盾中汲取了爆炸性力量与冲突逻辑。相应地，性别等级的分派与对立并不像阶级对立一样出现在工业现代化的早期，相反，它爆发于工业现代化晚期。此时，社会阶级脱离了传统，现代性也无所畏惧地侵入了家庭、婚姻、亲子关系和家务劳动。

在19世纪，工业社会大获全胜，核心家庭也逐步成形。今天，这样的核心家庭反过来又需要经历去传统化过程。家务劳动和生产从属于对立的组织原则（Rerrich, 1986）。在市场的规则和力量通行于生产的同时，日常的家务活动却是无偿的。在此，契约关系和婚姻家庭的集体共有形成了对照。生产领域要求个体的竞争和流动，家庭的需求则与此相反——为伴侣而牺牲，或者献身于家庭的集体计划。家庭的再生产形式和依赖市场的生产形式代表了两个不同的时代，即现代和现代的反现代。它们具有对立的组织原则和价值体系，同时又在工业社会的蓝图中实现了融合，不仅互为补充和条件，也互为矛盾。

家庭和生产的分离开创并指定了具有重大差异的生活处境。因此，我们既有以生产为基础的不平等体系，其中涉及不同的薪酬、职业以及与生产资料有关的地位等。我们也有另一种与之横向交叉的不平等体系，即在相对平等的"家庭环境"与多样化的生产环境之间存在的重大差别。生产劳动以市场为中介，以货币为回报。从事生产劳动使人能够自给自足，无论这种依附性工作带来了多大的束缚。因此，从事生产劳动的人是流动过程和相关规划的承载者。无偿的家务劳动是婚姻施加的天然妆奁。承担家务劳动意味着在原则上接受供养，因而缺乏独立。承担家务劳动的人——我们知道是谁——用"第二手"的金钱操持家计，并且只能通过婚姻这个环节来满足自己的生计。这些工作的分配由不得自己决定，它是由出生和性别实现分派的——这正是工业社会的封建基础。原则上，即便身处工业社会，一个人的命运在摇篮时期就已经被决定：终身的家务劳动，或者在劳动力市场中谋生。因为爱的存在，这种等级化的"性别命运"有可能会不断弱化或遭到撤销，也可能会不断加剧或受到掩盖。爱使人盲目。不管其中的痛苦有多深，既然爱是解脱一切自己造成的痛苦的出路，那么其中的不平等就不应当存在。然而，不平等的确存在，这就让爱显得平淡乏味，令人不寒而栗。

从社会理论和社会史的角度来看，被看作"亲密关系的恐怖"并因此而受到控诉的东西，正是在工业社会的蓝图中遭到切分的现代性矛盾。现代性原则承认，个体的自由与平等生来不受限制。但这些不可分割的原则总是在不同性别间遭到切分，它们只被分配给其中一类性别（由出生决定）。工业社会从来不是也不可能成为纯粹的工业社会，

第四章 "我就是我"：性别空间与家庭内外的冲突

它总是表现为一半的工业社会，一半的等级社会。工业社会的等级制侧面并不是传统留下的残遗物，相反，它是工业社会自己的基础和产物，并构成了工作与生活的制度架构。

第二次世界大战之后，福利国家的现代化展现出双重面貌。一方面，人们使依赖市场的标准人生的相关要求扩展到了女性的生活背景之中。这仅仅是让发达市场社会的原则越过了性别边界，根本不算什么新鲜事物。另一方面，在家庭内部和一般男女之间出现了全新的阵营，从而瓦解了工业社会的等级制生活基础。这是自反性现代化的专属特征。工业化市场社会的实现超越了性别划分，从而扬弃了这个社会的家庭道德、性别命运，有关婚姻、性和亲子关系的禁忌，乃至家务劳动和雇佣劳动的再结合。

工业社会的地位层级制是一座汇集了众多要素的大厦：家庭和生产划分了各自的劳动领域，形成了对立的组织；由出生分派的生活处境；由爱、婚姻和亲子关系提供情感承诺并化解孤寂，从而掩饰整体境况。回过头来看，这座大厦的建立必定克服了重重阻力。

因此，人们迄今看待现代化的视角过于片面。现代化实际上拥有双重面向。在19世纪工业社会形成的同时，现代的性别等级秩序也建立起来了。在这个意义上，19世纪的现代化同时也带来了反现代化。家庭和生产间的重大差别及对立不断得到确立，并被证明和美化为永恒之物。以男性为灵感的哲学、宗教和科学的联盟——既然做了，就要做到底——把女性的"本体"和男性的"本体"结成了一个整体。

因此，现代化不仅瓦解了农业社会的封建关系，而且也开创了新的封建关系。然而，这种新关系在今天又再次面临瓦解。在19世纪和20世纪末不同的总体条件下，同样的"现代化"带来了相反的结果：19世纪是家务劳动和雇佣劳动的分离，今天则是争取新形式的再结合；19世纪是女性因婚姻提供的扶持而受到束缚，今天的女性则拥向了劳动力市场；19世纪建立了刻板的男女角色，今天的人们已经从等级制赋予的性别角色中解放出来。

这就是今天现代性与反现代性相互渗透的标志，反现代性是由现代性安置在工业社会中的。生产和再生产的分离使两性紧密结合在一起，核心家庭的坚实传统也让两性形影不离——其中包含了紧密的共有关系、角色分派和情感。但这样的两性关系正在破裂。倏忽之间，一切都变得不确定了：共同生活的形式，工作的基本要素，对性、爱及其在婚姻家庭中的关系的看法，传统双亲角色分裂为母亲角色与父亲角色的对立；孩子以其天生具有但如今日益过时的强大黏合力，成为最后一位不曾出走的家庭伴侣。一场普遍化的奋斗和试验运动已经开启，这场运动旨在"再度结合"工作和生活、家务劳动和雇佣劳动。简言之，私人生活正变得具有政治性，这种情况也辐射到了其他领域。

但这只是预示了发展的方向。这些思考的要点在于：完善的市场社会中的问题，不可能在半市场社会的生活形式和制度结构中得到解决。当男性和女性想要并且不得不过一种经济独立的生活时，他们既不能借助传统核心家庭的角色分派，也不能依靠职业劳动、社会法、城市规划、学校教育等制度结构，因为这两个方面的传统预设图景是核心家庭及其性别等级基础。

两性关系的"重大冲突"显现在私下的归咎和失望上。这种冲突的基础在于，我们仍然（近乎）只想在不触及制度结构的情况下，由男女的私下对峙（甚至是在核心家庭的框架内）来摆脱性别的刻板印象。这相当于企图改变社会的面貌，却维持了家庭内部的社会结构。于是，最后只是交换了不平等。女性脱离家务劳动和婚姻扶持的过程，是男性退入"现代封建生活"的过程强加的，这种封建生活是女性所拒斥的。从历史的角度来看，这就像是让贵族成为农奴。不过，男性也不会比女性更愿意响应"回到厨房！"的号召（女性显然对此洞若观火）。这只是其中的一点。重要的是认识到：男女的平等化不能在预设了男女不平等的制度结构中来实现。新酒不能装在旧瓶里，这里是指工业社会中的劳动力市场、就业体系、城市建设、社会保障体系等。如果强行这样做，那么没有人会对下述情形感到惊讶：私下的两性关系变成冲突的舞台，"角色交换"或"角色融合"的男女拉锯战得不到完美"化解"。

从男女角色中获得解放

前文描述的看法与现有的经验资料构成了奇异的对照。这些资料以令人印象深刻的方式，记录了一股与性别地位层级制复苏截然相反的趋势。我们可以在什么意义上谈论"解放"？女性和男性在脱离刻板的"性别命运"时，他们的解放程度一致吗？促成或阻碍这种解放的分别是哪些条件？

如上文引用的资料所提到的，在过去的几十年里，某些重大转折进一步把女性从传统的女人特质式的分派中解放了出来。以下是五个重要的条件，虽然它们之间并不存在必然的因果联系。

第一，随着预期寿命的提高，生命历程的结构、生命阶段的继替也开始移动。如阿图尔·E.伊姆霍夫在其社会史研究中强调的，这导致了"人口统计学意义上的妇女解放"。在早前的若干世纪里，女性的一生——以统计学的术语来说——只够用来生育并抚养符合社会"期望"数值的成活子女，这种"母亲义务"大约会在45岁迎来终结。但如今，"为孩子而活"只是女性人生中的短暂篇章。在这之后，女性还有一段平均长达三十年的"空巢期"，这一时段传统上并不受人关注。"今天，仅就联邦德国来说，就有超过500万女性在其生命的'黄金岁月'过着后父母式的伴侣生活……经常……缺乏具体而有意义的活动。"（Imhof,1981:181）

第二，现代化（特别是第二次世界大战之后）重构了家务劳动。一方面，家务劳动造成的社会隔绝绝不是固有的结构性特征，它是历史演变即生活世界的去传统化的结果。个体化进程加剧了核心家庭的边界划定,"孤岛式生活"异军突起,这种生活方式克服各种现存纽带(阶级文化、邻里和朋友关系),实现了自立。只有在这种意义上,家庭主妇的生活才是真正的孤立劳动生活。另一方面,技术理性化的进程开始覆盖家务劳动。各种各样的器具、机械和消费品减轻了家庭内部的劳动负担,乃至完全取而代之。家务劳动夹在工业生产、有偿服务和拥有完善技术的家庭设备之间,成了虽然看不见但又无休无止的"遗留工作"。隔绝化和理性化协同作用,引发了"家务劳动的去技能化"(Offe, 1984)。这引导女性走出家庭,加入职业劳动,追求"充实"的生活。

第三,如果母亲身份依旧是传统女性角色最牢固的纽带,那么,避孕、生育调节以及合法终止妊娠的重要意义就会凸显出来。孩子和母亲(及其一切结果)都不再是"天命",原则上,这里只存在被期望的孩子和深思熟虑的母亲。当然,资料同样表明,想要在成为母亲的同时,又脱离对丈夫的经济依赖和对孩子的看护责任,这对很多人来说仍旧只是一个梦。但年轻一代的女性不像其母辈,她们可以(参与)决定是否生育孩子,什么时候生育以及生育多少。与此同时,女性的性体验也从"母亲的命运"下获得了解放,女性可以在不遵从男性规范的前提下,有意识地发掘自己的性体验。

第四,离婚率的上升表明婚姻与家庭扶持的脆弱之处。女性和贫困之间总是"只差一个丈夫"(Ehrenreich, 1983)。近乎70%的单身母亲,只能依靠每月不到1200马克的收入勉强维生(1985年)。单身母亲和领取救济金的女性是社会救助机构的常客。在这个意义上,女性被"解雇"了,换言之,她们通过丈夫获得的终身经济保障被切断了。统计数据表明,大量女性拥入了劳动力市场(有关20世纪90年代解决失业问题的预测大概全成了泡影),这证明很多女性吸取了历史教训,并从中得出了结论。

第五,教育机会的平等化同样运行在这一方向上,这无疑表现了年轻女性的强烈事业动机(参见前文)。

第四章 "我就是我":性别空间与家庭内外的冲突

人口统计学意义上的解放、家务劳动的去技能化、避孕、离婚、接受教育和投身职业,所有这一切代表了女性从现代性别等级命运解放出来的程度,这一命运曾经不容改变。自此之后,包括劳动力市场、教育、流动、职业规划等在内的个体化螺旋,开始给家庭带来双重乃至三重的影响。家庭成为持续上演杂耍的舞台,上面充斥着多样化的歧异抱负,诸如职业及其流动要求、教育的约束、相互冲突的孩子抚养义务,以及千篇一律的家务劳动。

但这些导向个体化的条件也需要面临其他相反条件,后者把女性重新带回了传统的角色分派。有效建立的劳动力市场社会能够一视同仁地为男性和女性提供独立的经济生活保障,但它也会放任本已引起众怒的失业数字不断飙升。这意味着,在大规模失业和人们遭到劳动力市场排挤的情况下,女性一方面从婚姻的扶持中解放了出来,另一方面却不能通过雇佣劳动来自由地获得独立的生活保障。也就是说,女性在很大程度上仍然需要依赖丈夫的经济保障,但这种保障早已一去不复返了。从实际的雇佣劳动行为来讲,这一介于"消极自由"和"积极自由"之间的中间阶段,因和母亲身份的再度绑定而得到了进一步强化。只要女性还在生育孩子、抚养孩子,为孩子尽心尽责,视其为自己生活的重要组成,那么孩子就会继续构成她职业竞争中的可预期"障碍",孩子也会诱导女性主动作出不利于经济独立和职业生涯的决定。

是从旧的角色分派中获得解放,还是回归这种角色分派,女性的生活在这一矛盾中来回摇摆。这一点同样反映在她们的意识和行为上。女性有可能从家务劳动逃入职业生活,或者反过来。这表明她们力图在人生的不同阶段,以完全不同的决策"在某种程度上"维系那些大相歧异的生活条件。环境的矛盾放大了女性自己的矛盾。例如,在离婚法庭上,她们必须忍受法官的质问:为什么忽视职业规划?在操持家计方面,她们必然会被质问:为什么没有尽到母亲的义务?女性常常因自己的事业心而被责难破坏了她丈夫原本就已困难重重的职业生活。

离婚法和离婚的现实、社会保障的缺乏、被劳动力市场拒之门外、承担主要的家务劳动：这些都体现了个体化进程给女性的生活处境带来的矛盾。

男性的处境则大为不同。一方面，女性因为需要经济保障，不得不摆脱"为他人而活"的旧式角色分派，进而开始寻求新的社会认同；但另一方面，对男性来说，独立的经济生活保障和旧的角色认同是一致的。在以"职业人"为典范的刻板男性角色中，经济的个体化和男性的角色行为是融合在一起的。对男性来说，由配偶（妻子）来供养在历史上是闻所未闻的；"自由"地凭工作谋生并养活家庭才是理所当然的事情。为此，后台工作传统上都由女性来承担。身为人父的快乐和责任，总是可以被当作适量的休闲活动来享受。父亲的身份并不会妨碍职业上的追求，反倒有驱使作用。换言之，把女性逐出传统角色的所有因素并没有在男性这边发挥同样的作用。在男性的生活背景中，父亲身份与事业、经济独立与家庭生活都不是矛盾，因而没必要通过对抗家庭和社会的现有条件而去争取或维系；相反，它们之间的关系与传统的男性角色是一致的，是预先指定并受到保护的。不过，这意味着个体化（指通过市场谋生）巩固了男性的角色行为。

如果男性有时也反对其先赋的性别角色，那也是出于不同的理由。矛盾同样出现在男性对事业的迷恋上。例如，为某些既无闲情、需求，也无能力加以享受的事物作出自我牺牲；无谓的竞争；为某些无法确认却不得不接受的职业或组织目标耗尽心力；由此而生的"冷漠"实际上并不是那么回事。无论怎样，脱离男性角色的主要动力并不是内在固有的，而是外部诱发的（经由发生在女性身上的变化）。这一点体现出双重意义。一方面，由于女性更大程度地参与了劳动，男性从单一家庭供养者的角色桎梏中解脱了出来。男性身上的束缚也开始松动，他不必再为妻子儿女而在工作中屈服于他人的意志和目标。因此，男性对事业和家庭的投入也会有所变化。另一方面，"家庭和睦"变得脆弱

第四章 "我就是我"：性别空间与家庭内外的冲突

了。男性生活中依赖女性的那一面开始失去平衡。男性此时开始认识到，他在日常事务上无法独立，在情感上也依赖于伴侣。以上这两个方面构成了男性试图脱离先赋的性别角色认同，尝试新的生活模式的主要动力。

使男女对立不断加剧的冲突开始逐渐显现。其中，主要的"催化主题"有两个：孩子和经济保障。在婚姻存续期间隐而不彰的冲突，在离婚之后就会公开爆发。在婚姻由传统模式向双职工模式转变的过程中，婚姻内部对负担和机会的分配会出现较为典型的变化。概括来讲，在婚姻扶持的模式中，女性在离婚之后有孩子无收入，反之，男性有收入却没有孩子。第二种模式乍看之下似乎变化不大，因为女性同时拥有孩子和收入（依照流行的司法判例）。然而，不平等关系的一个重要侧面却在此实现了反转。通过女性就业、离婚法的扶持性调节、养老保障等途径，男女之间的经济不平等程度得以缩小。无论在自然还是法律层面，父亲们开始意识到自己的不利局面。毫无疑问，挺着大肚子的女性在生物和法律双重意义上占有孩子。精子和卵子的所有权关系分裂了。孩子当中属于父亲的那部分，总是取决于母亲以及她的谨慎行事。这同样适用于有关终止妊娠的一切问题。随着男女角色的疏离程度不断扩大，钟摆也正在相应地往回摆。男性从自己的职业"宿命"中解脱了出来，开始愈益把关注的目光转向孩子，然而，他最后却只能回到一个空巢。越来越多的案例（特别是在美国）证明了这一点：在离婚之后，父亲们选择劫持了未判给自己的孩子。

个体化使男女的处境相互分离，但回过头来又让他们结合在了一起。传统日渐稀疏，伴侣关系的允诺却在增加。曾经遗失的一切，又在他处意外寻获。首先，上帝悄悄消失了（或者说是被我们挤走了）。曾经指"体验—拥有"的"信仰"一词，如今已带有"违背人的良好判断"这样的卑鄙论调。上帝消失了，人们也不用再找牧师；于是，负罪感不断抬升，让人难以摆脱。对与错的区分日益模糊，负罪感并不因尖锐的质问而减少一丝一毫,它只是变得不清楚、难以辨认了。阶级文化至少还知道去解释自己身上汇集的苦难,这样的阶级文化如今已从生活中蒸发,化成了言谈和数字。在交流和记忆中成长起来的邻里关系因为流动而消失了。朋友还可以结交,但人们大多围绕自己打转。社团还可以加入。交往接触的范围不断变大、加宽,色彩纷呈。但多样性也让这种关系转瞬即逝,易受表面现象的支配。人们互道好感,但也仅此而已。就连亲密关系中的交流也可以这般短暂,近乎握手致意。

一切皆可照此运转,各种"可能性"纷纷开启。但在认同形成方面,多样化的关系或许并不能代替稳定的初级关系。如研究所表明的,无论是各种各样的交往还是持久的亲密关系,两者都是必需的。婚姻幸福的家庭主妇受困于交往和社会隔绝问题。组建了交流群体的离异男人即使身处网络,也难以克服不断涌现的孤独。

现代爱情的理想化过程,再次映射了现代性的轨迹。现代性留下了失落,而颂扬是失落的倒影。没有上帝,没有牧师,没有阶级,没有邻人,但至少还有"你"。"你"越大,空虚就越小;没有"你",一切都将空虚。

这同样是说,维持婚姻和家庭的既不是物质基础,也不是爱情,而是对单身状态的恐惧。在所有的危机和冲突当中,站在婚姻和家庭的对立面并使人感到害怕或忧心的,或许正是那婚姻最稳固的基础:孤独。

经历过这一切之后,首先是有关家庭的争论在根本上经历了一个相对化过程。在高度工业化的西方民主国家里,资产阶级的核心家庭是两性共同生活的标准形式。这样的核心家庭要么被奉若神明,要么遭到恶毒诅咒。人们见证了一个又一个家庭危机,或者见证了家庭在属于它的危机光环中的复兴。所有这一切还要接受是否为虚假替代物的裁定。让家庭背负一切善恶的人实属目光短浅。家庭仅仅是悬浮的表面,它让男女之间的历史冲突情境暴露于日光之下。无论在家庭内还是家庭外,男女两性及其积累的矛盾总会有碰头的那一刻。

第四章 "我就是我"：性别空间与家庭内外的冲突

那么，我们可以在什么意义上谈论脱离家庭的解放？个体化动力不断向家庭扩展，共同生活的形式也开始急剧变化。个体人生与家庭的联系松动了。终身性的团结家庭日益罕见，这种家庭一度保留了在其中实现联合的父母辈的人生。反之，现在更常见的情形是，人们在不同的生命阶段流转于各种临时拼凑的家庭，乃至体验非家庭的共同生活形式。家庭责任沿时间轴中断于不同的生命阶段，因而也就无所谓责任了。家庭关系逐渐成为可替代的事物，在家庭内外，男性和女性的个体人生的独立性日益凸显。每个人都要多次经历与其特定生命阶段相绑定的片段式家庭生活，或者是与家庭无关的生活形式。因而，他们也就逐渐享有属于自己的生活。总之，只有人生的纵剖面——而不是某个横断时刻或家庭统计数字——才能表现家庭的个体化，亦即家庭和个体人生（在家庭内外）的优先次序的颠倒。从经验上看，个体脱离家庭的程度有赖于对各种数据进行生命历程视角的概览，从离婚、再婚，到婚前、婚后、婚外的共同生活形式。由于共同生活形式涉及赞成或反对家庭的问题，它依旧显得矛盾重重。由于夹在要不要家庭的两个极端之间，越来越多的人开始"决定"走第三条道路：一种充满矛盾的、多元主义的、处于激变之中的总体性生命历程。这种生活形式上的人生多元论，亦即各种家庭（混杂共同生活或单身生活的其他形式，或受其干扰）的更迭，已经成为个体化条件下男女合作或对抗的（颇为吊诡的）"规范"。

从完整的人生来看，多数人忍着疼痛和忧惧卷入了这个由历史指定的共同生活形式的试验阶段。迄今，我们还无法预知这个阶段何时结束，它会带来哪些结果。但是，再多的"错误"也无法阻止层出不穷的各种"尝试"。

不平等意识的形成：选择的机会与约束

男女处境的差异和对立并不是什么新生事物。然而，直到20世纪

60年代，绝大多数女性仍视这种状况为"理所当然"。这个问题在近二十年来获得了越来越多的关注。政治上的各种努力也旨在让女性获得同等权利。在最初的成功之后，人们的不平等意识加强了。但我们必须把实际的不平等及其条件和原因，同这种意识的形成区分开来。男女的对立可能具有两个相对独立的侧面：一边是处境的客观现实，另一边是这种处境日益丧失正当性并为人们意识到。如果我们对比不平等被接受或遭到质疑的时间长短，同时，如果我们看到，消除若干不平等反倒使人真的看清其面目，那么我们就不应低估意识的独立意义。现在，我们要去探究这些意识形成的条件。

伴随现代化的推进，行动领域的各种决策增加了。相应地，决策受到的限制也变多了。人们可以稍带夸张地说："怎样都行。"许多问题逐渐模糊起来：谁在什么时候洗碗，谁替吵闹的婴儿换尿布，谁负责购物，谁用吸尘器打扫房间；谁赚取每天的面包，谁决定是否搬家，为什么美妙的床笫之乐只应同经过婚姻登记的日常伴侣共享。婚姻可以和性分离，进而也可以和父母亲身份分离；父母亲的身份数量会因离婚而大量增加；整体情形又可以划分为同居或分居，并因住所的增多和随时可能出现的关系修复而不断扩大。经过这种数学运算，等式右侧会出现一个处于波动之中的大数字。这个数字会给人留下一些印象，它涉及那种直接多重嵌套的多样化影子生活。这样的生活在今天总是频繁地躲藏在"婚姻"和"家庭"这类不变的规矩用词的背后。

在人生的所有维度上都出现了选择的机会和约束。我们需要一整套原则上可以撤销的规划和协商，而其中包含的不平等负担也有赖于正当化论证。由选择引发的讨论、协商、错误、冲突，使男性和女性面临着不同的风险与后果，这一点变得日益明确。系统来看，把预先给定的事物转变成决策具有双重含义。不作决策的可能性越来越小。首先，决策的机会具有强制性，没有人能全身而退。人们需要接受磨炼，在不同的后果之间建立关联，通盘思考，并借此实现平衡。其次，这也意味

第四章 "我就是我"：性别空间与家庭内外的冲突

着审慎的决策转变成了意识生成器，即让人意识到决策中显现的不平等、点燃的冲突以及化解的努力。

这一点已经在有关职业流动的传统决策上成了现实。劳动力市场要求流动，它不会顾及个人状况；婚姻和家庭的要求则相反。极端来讲，现代性的市场模式假想了那种没有家庭或孩子的社会。每一个人都必须是独立的，他听从市场的指令，以便确保自己的生计。最终，市场的主体是单一的个体，他不受伴侣、婚姻或家庭的"妨碍"。相应地，终极的市场社会也是没有孩子的社会，除非孩子跟随流动的单身爸爸或单身妈妈长大。

对女性而言，婚姻可能意味着放弃事业，意味着家庭责任，意味着跟随丈夫的职业前景而"流动"。只要这种看法还被视作理所当然，伴侣关系的要求和劳动力市场的需求之间的矛盾就不会显现。一旦配偶双方都必须或想要自由地以雇佣劳动来保障生计，上述矛盾就会公开爆发。对于这一家庭和劳动力市场间的矛盾，我们不难联想到若干制度性解决方案或缓解措施（例如，全体公民的最低收入保障，或同职业脱钩的社会保障；为夫妻双方的共同就业消除障碍；"合乎情理"的相关"标准"；等等）。然而，目前尚无这类措施，未来也难以寄予厚望。因此，夫妻俩必须寻求私下的解决办法。在可选择的范围内，这成了夫妻之间的内部风险分配。问题在于：谁会放弃经济上的独立和保障？众所周知，它是在现代社会过日子的前提。毕竟，随配偶流动的人就算事实上没有被彻底抛出职业轨道，也必然（多数情况下）会在事业上面临相当不利的局面。冲突的程度也会因此而不断加剧。在婚姻、家庭和伴侣关系领域，彻底现代化的市场社会的矛盾日益转向个人层面，以致难以补救。

除了职业流动这个关键，其他问题同样棘手：生育孩子的时机、数量以及抚养问题，永远不公平的日常家务分配，"单方面"避孕措施，梦魇般的堕胎，在性生活方式和频度上的差异，更不要说那令人心烦的社

116

会态度——就算在奶油广告中都能感受到的性别偏见。男女共同生活中这些引发冲突的重要问题让我们意识到了两性处境的分裂，例如，成为父母的时机在男女的生活背景中有着完全不同的前提和障碍。

如果婚姻最终走到了需要"撤销"的地步，即所谓"适合离婚"（如充斥市场的婚姻咨询手册所要求的，其中的协议规定涵盖了从财产分割到婚外性行为等一切细枝末节），那么，本当避免的分手也就成了完全可预期的情形。裁决和规定里面包含的一切不平等后果，也就愈加暴露于日光之下。禁忌越来越少，新技术带来的可能性越来越多。例如，塑造孩子的可能性（由心理学和教育学证明），由外科手术干预妊娠过程的可能性，更不要提仿佛科幻小说情节的人类遗传学了。这些困扰家庭的事物把曾经团结的局面一点点撕裂了：妻子反对丈夫，母亲反对孩子，孩子反对父亲。传统的家庭团结因难以应对各种决策要求而破裂了。虽然人们认为是自己把问题带进了家庭，并因此而自责，但问题的关键不在这里。几乎所有的冲突事项都有它制度的那一面（比如孩子的问题，主要就是因为制度完美地切断了在孩子看护和职业投入上取得协调的任何可能性）。但这一洞见本身当然不会帮助抚养孩子！由外部冲击家庭的一切事物——劳动力市场、就业体系、法律等——都不可避免会在个人层面扭曲变形或受到压缩。有一种受系统制约的错觉出现在家庭（及其所有替代物）里，这种错觉认为家庭包含了改变两性不平等这一重大命运的线索和杠杆，这种不平等体现为具体的两人关系。

父母亲角色曾经是家庭的核心，但即便是这一圣坛，也开始分裂成母亲角色和父亲角色。如果对比美国或瑞典，今天的德国"仅有"十分之一的孩子是在单亲爸爸或单亲妈妈的看护下长大的。单亲家庭的数量在上升，双亲家庭的数量在下降。成为单亲妈妈不再单纯意味着"被抛弃"，它已经成为一种选择。鉴于和父亲（事实上，妻子仅仅是要求他做好一位父亲，别无其他）的冲突，许多女性视单亲生活为抚养孩子的

第四章 "我就是我"：性别空间与家庭内外的冲突

唯一出路。这一欲求如今显得愈发强烈。

贝克-格恩斯海姆(Beck-Gernsheim, 1988)和雷里希(Rerrich, 1986)指出，一个人的社会关系以及他(她)同孩子的亲密度，也会随家庭内部的个体化进程而发生变化。一方面，孩子被看成个体化进程的障碍。孩子耗费钱财和精力，前途难料，束缚人，让仔细绘制的日常计划和生命规划陷于无望的混乱。孩子一出生便练就了"贫乏的独裁"，不断加以完善，他们用赤裸的声带和闪耀的微笑，把自己天然的生命节律强加在父母身上。但另一方面，也正是这一点让孩子变得无可替代。

孩子是初级关系最后驻留的源头，不可撤销，不可交换。伴侣可以来来往往，而孩子始终是孩子。伴侣关系中一切无法实现的渴望都被指向了孩子。由于两性关系的不断弱化，孩子独占了实际的陪伴和情感释放。除此之外，这种生命层次上的来往日益罕见并广受质疑。亲子关系颂扬并培育了一种时代错置的社会体验。这种体验因个体化进程而变得越来越难以获得，因而受到了人们的渴望。有关的征兆表现为：溺爱孩子，为其"谋划童年时代"——这受宠溺的可怜的小家伙——以及离婚前后对孩子的丑陋争夺战。在爱情日益消隐的背景下，孩子逐渐成为对抗孤独的最终选择。这是私人类型的复魅，它因祛魅而兴盛，并从中获取自身的意义。出生率在下降，孩子的重要性在上升。通常只要一个孩子就足够了，因为更多的孩子只会令花销难以承受。但那些认为(经济)成本抑制了父母生育的人，完全是陷入了"成本—收益"思维的偏见。

工业社会不仅保留也在生产一些属于中世纪的东西，但如今它变得烟消云散了。人们逐渐脱离了曾被美化成天然之物的性别等级的外壳。由于这种社会史意义上的变革是以私人冲突的形式发生的，因而我们尤其需要从历史的维度去加以认识。心理学(和心理治疗)大批量承担了对痛苦的解释，这门学科往往把痛苦追溯到幼儿社会化阶段的个人史，但这种解释已经行不通了。如果人们因被指定的生活形式而遭遇冲突，如果人们的共同生活失去了榜样，那么我们就不能把他们的痛苦归因为个体生命历程中的疏忽或选择。在男男女女从现代等级制的性别命运中获得解放的情况下，性、婚姻、情欲、亲子关系等，就会和下述事物存在莫大的关联：不平等、职业、劳动力市场、政治、家庭，乃至嵌入其中的那种毫无前景的生活方式。心理学常常把人们遭遇到的问题当作原因，并借此成了个体化进程的受益者。如果心理学不想受个体化表象的蒙骗，它就有必要让自己的思维方式更具历史性，或接受社会史的修正。

未来的可能场景

根本性冲突不断积累，但在政治和私人层面"化解"这些冲突的方案很大程度上还悬而未决。由前文提及的客观解放契机，我们并不能推断男性和女性的意识与行为。类似的结论取决于个体状况，取决于包含在家庭和亲密关系中的个人塑造的可能性。但除此之外，这主要有赖于政治发展和制度可能提供的支持或补偿。因此，我们将把在历史中浮现出来的可能性划分为三种（绝不互斥的）变体：回归传统家庭；以男性为模板的平等化；尝试超越男女角色的新生活方式。

回归核心家庭

人们总是从错误的前提开始追问"家庭"的未来。为人熟知的核心家庭常被大家看作某种"没有家庭"的含糊状态的对立面，或者假设核心家庭正被另一种家庭类型取代。如果这种素描式分析是正确的，那么更有可能的情况，不是一种家庭类型取代另一种家庭类型，而是各种家庭和家庭之外的共同生活模式在很大的变动范围内先后形成、彼此共存。较为典型的情况是，各种生活方式将构成总体生命历程中的

第四章 "我就是我"：性别空间与家庭内外的冲突

不同阶段，例如单身生活、婚前婚后的共同生活、合租、离婚一两次之后的多重父母身份等等。

这种生活方式的分化和多元化是现代化进程的"天然"后果。很多人认为，它会威胁现代世界的文化价值和生活基础，因而对它加以谴责。也有不少人相信，脱离婚姻和家庭是个人主义的泛滥，因而需要通过政策和制度层面的针对性措施加以制止，以便声援家庭。在这当中，女性首当其冲。她们在私人和政治层面的努力不断遭到威胁、怀疑或抵制，因为她们想要摆脱家务劳动和婚姻扶持中的角色分派，并竭力争取"属于自己的生活"。于是，拯救"家庭"的措施指向了共同生活的统一标准——赚取面包的丈夫，涂抹面包的妻子，外加三两个孩子。大体上，这个标准直到19世纪才随工业社会而首度诞生。个体化趋势和解放趋势的存在毋庸置疑，尽管如此，某些条件和发展依然在社会层面强化了"回到厨房"的号召。

绝大多数女性的一生均同经济独立或职业保障无缘。这甚至反映在女性参与劳动的数字上。在15岁至65岁有劳动能力的全部德国女性（要么从事有薪水的工作，要么被官方登记为失业）中，参加工作者的数字在1984年6月刚刚过半（51.7%），只是略有增长（1983年为50.7%）。相比之下，同年龄段男性的数字则在八成以上（1983年为82%，1984年为81.4%）。换言之，这意味着很大一部分女性的生活仍旧依赖于婚姻和丈夫的扶持。持续的大规模失业和有限的劳动力市场容量（很可能还在缩减中）总体上确保了男女的传统角色与责任，并使之趋于稳定。不少女性有生育的意向，这强化了她们脱离雇佣劳动，重回婚姻扶持的趋势。如果年轻女性缺乏教育，或者再度错过职业培训，传统女性角色的两大稳定器——失业和生育意愿——就会显得特别奏效。这导致年轻一代女性的生命历程沿教育层次出现了两极化发展。

如果有人仅仅因为劳动力市场大门紧闭就以为家庭获得了拯救，那么他肯定忽略了另外一些男性或女性，这些人被预期或者愿意在这样的条件下共同生活。我们并不完全清楚,这些年轻女性会如何应对随之而来的失落(原本曾坚定表达过工作意愿)以及由此产生的对丈夫的依赖。我们也不能确定,是否会有同样多的年轻男性准备(或者有能力——依据自己的事业状况)重新套上养家糊口的角色枷锁。无论如何,在女性的系统性平等预期和工作、家庭中的不平等现实之间存在着巨大差距。这种差距已经被转移到婚姻和家庭内外的私人领域。不难预见,这就相当于因外部诱导而扩大了私人关系中的冲突。最终,劳动力市场的藩篱只是在表面上稳定了核心家庭。然而事实恰恰相反,离婚法庭的过道,或者婚姻咨询和心理治疗的等候室早已被挤得水泄不通。

  与此同时,女性的新贫困也就成了注定之事。在离婚数字不断上升的情况下,在迫使女性离开劳动力市场并重回厨房之时,人们至少也应该了解,这种做法就相当于为社会上的一大群人预备了社会安全网窟窿。

  这表明,在试图恢复男女在家庭和工作中的旧有关系的时候,某些理论和实践存在着根本缺陷。首先,在一个民主宪政的现代社会中,这与法律确立的基本原则公然相悖。根据这一原则,社会中的不平等地位不能由出生状况来指定,相反,社会地位是后天的劳动投入和成就(开放给所有人)得来的。其次,这些理论和实践把家庭内部和两性之间的变化全都简化为私人现象或私人问题,却没有认识到这些变化和社会文化的现代化之间的关联。

  类似的缺陷也反映在不断被宣传的建议上,这些建议针对的问题是如何重新串联已经失去和谐的家庭。一些人相信特殊的"家庭培育课程"可以提供补救;另一些人则把择偶的职业化看作疗治家庭的主要手段;还有一些人始终坚信,只要我们有足够多的婚姻咨询和心理治疗机构,问题就能得到完美解决。从色情作品、合法堕胎到女权主义,一切都被看作对"家庭危机"负有责任,因而亟须相应的反制措施。在

第四章 "我就是我"：性别空间与家庭内外的冲突

此，茫然和无助影响了解释，而冲突之所以产生的历史发展和社会背景仍旧处在我们的视野之外。

但是，借用韦伯的一个比喻，现代化不是一辆出租马车，只要稍不称心，便可随意下车。如果有人真想恢复20世纪50年代的那种核心家庭，他就必须回拨现代化的时钟。也就是说，他不需要偷偷摸摸（例如，借助产妇津贴，或者维护家务劳动的形象），而只需公开地把女性排挤出劳动力市场，并且不仅要离开劳动力市场，也要离开教育领域。男女的薪酬差距必定会不断拉大；法律上的平等地位最终也要取消——我们有必要检视，是否这一不幸在实现普选权的时刻就已经启动；流动、市场、新的媒体和信息技术必定会受到限制或遭到禁绝。简言之，不可分割的现代性原则势必会遭到切分，人们只会理所当然地把这一原则分派给其中的一类性别，而对另一性别弃之不顾。这做法真是一劳永逸。

男女平等

作为一种相反的诉求，让女性在所有社会领域享有平等地位的主张也在不断涌现。只有当各个领域向父权制的一刀切做法提出控诉之时，现代性原则才能建立起自己的普遍有效性，从家务劳动、议会政府、到工厂和管理层，等等。在探讨女权运动时，平等诉求大多和改变"男性职场"的要求联系在一起。斗争是为了争取女性的经济保障、影响力和共同决策权，也是为了给社会生活注入另类的"女性"取向、价值和行为举止。单独抽取出来的"平等"究竟所指为何，这仍然有待解释。因此，这里的讨论对象是某种特定解释的（多为不可见的）后果。如果在全面的劳动力市场社会的意义上解释和使用"平等"，那么最终，地位的平等无疑会创造一个全面流动的单身者社会。

最终来看，全面发展的现代性的基本形象就是孤身一人的他或她。

但凡满足了市场需求,就会忽视家庭、婚姻、亲子关系、伴侣关系的要求。有些人需要劳动力市场意义上的流动,但他从不顾忌私人领域的利益。这样的人谋求解散家庭,这恰在他们作为市场信徒的能力范围之内。只要婚姻对女性来说还等同于负起家庭责任,放弃职业或流动,那么,劳动力市场和家庭(或一般意义上的伴侣关系)之间的矛盾就会处于隐匿状态。这种矛盾之所以在今天爆发,是因为家务劳动和职业劳动的分离已经属于(夫妻)双方的决策。对平等诉求的这类市场主义解释,使个体化螺旋更为彻底地席卷了两性关系。通过国际比较可以发现,单身家庭以及单亲妈妈或单亲爸爸的数量已经呈现出跳跃式增长的态势,这证明了上述结论绝非只是一种思想实验。同样,这还可以从人们在这种条件下所要求的生活方式上看出来。

尽管存在各种各样的社会取向或多样化选择,但在那种不得已或义务性的单身生活中,人们必须采取若干预防措施,确保此类过日子的方式不受其固有危害的影响。譬如,利用各种时机建立并维护必要的交际圈,这要求人们心甘情愿分担他人的重负。紧密的友谊网络仍不可或缺,这也是单身生活的乐趣所在。美好光景就算短暂,也依旧魅力无穷。所有这些都有一个前提,一个尽可能得到保障的职位。职位既是收入来源,也代表着自我确证和社会经验,因此需要用心维护。由此形成的"属于自己的生活世界"是依靠"我"这个中心来实现裁剪和平衡的,包括"我"的敏感、"我"前途、"我"的坚强与虚弱。

个体化生活模式只要获得成功,就会对仍被看重的伴侣关系(婚姻、家庭)构成不可逾越的障碍,这种危险一直在增加。对他人的渴望在单身生活中不断被放大,但把他人纳入"自己的生活"的希望却日益渺茫,因为这种生活如今已经真的只属于自己。"属于自己的生活"之所以令人心满意足,恰恰是因为他人的不在场;眼下也并没有多余的空间留给他(她)了。单身生活中的许多事物都散发出对抗孤独的气息:多样化的社会关系,为这些关系设置的法律,居住习惯,日程安排,从关系中撤退的方式（为克服深层次的痛苦）。其中的平衡受到了小心细致地调试，但它仍免不了受预期中的伴侣关系的威胁。人们设想独立，却身陷孤独的囚牢。个体化的圆圈封闭了。"属于自己的生活"必定要好好保护，但本欲防范痛苦的围墙却制造了痛苦，这堵围墙也只会越砌越高。

单身生活并非现代性的歧路，而是全面的劳动力市场社会的原型。在市场逻辑中生效的社会纽带的否定面，也会在它最发达之时逐渐瓦解持久伴侣关系的前提。因而，这是一种吊诡的社会化——曾经取得突破的高度社会属性再也没有显现出来。正如这里表明的，这一思考至今只具有"理想型"特征。然而资料显示，它的确越来越适用于现实。此外，这种思考可能也是未受注意的、意图之外的后果，它来自当前制度条件下的两性平等诉求。就像大部分女权运动一样，谁都有权利拓展现代性启动时的传统，谁都有权利主张和追求符合市场要求的男女平等。但我们也应当看到，这条路的尽头极有可能不是平等权利下的和睦，而是在路线和处境相互背离情况下的孤立。在共同生活的外表之下，很多迹象早已在今天显现。

超越男女角色

上述这两种极端变体均误解了处在中心位置的基本事态。家庭和劳动力市场之间爆发的矛盾并没有在保存家庭或泛化劳动力市场的模式中得到解决。人们依旧没有认识到，男女间的不平等不是一个浅层问题，不能在家庭和职业领域的结构与形式之内得到纠正。毋宁说，这种破天荒的不平等是工业社会基本图式的组成部分，包括其生产与再生产、家务劳动与雇佣劳动的关系。在工业社会内部，现代性与反现代性之间的矛盾随这些关系而爆发。同样地，这种矛盾也不会因为提倡家庭和职业间的"选择自由"而自行消除。男女的平等不可能在现有

123 的制度结构内实现,这种结构在设计层面就与不平等关联在一起。只有通盘思考并改变发达工业社会的整个制度结构,进而揭示家庭和伴侣关系的必要前提之后,超越男女角色的新型平等才可能一步步实现。"再度家庭化"或"全面市场化"是一种虚假的非此即彼,它在这里遇到了第三条道路的挑战,即限制和缓解市场关系的冲击,与此联系在一起的是有针对地为社会性生活方式创造条件。接下来,我们主要通过举例来说明这种基本观点。

以上原则可以理解为下述理论解释的精确镜像:随着家庭的个体化,生产和再生产的分离在家庭内部开启了所谓第二个历史阶段。如果想要克服由此造成的矛盾,除非我们能够在工作和生活已经分离的基础上,为工作和生活的再度统一提供制度可能性或创造相应的条件。在这个过程中,我们也需要借助各奔前程的市场人生的所有构件。

让我们从劳动力市场要求的流动开始。首先可以理解的是,我们需要缓解流动本身带来的个体化效应。到目前为止,职业流动无疑等同于个体的流动。家庭,包括家里的妻子,要随丈夫而流动。由此就会出现一个选项,它以私人问题的形式被抛给了夫妻双方:妻子放弃事业(包括各种长期影响)或者"家庭出现裂缝"(迈向离婚的第一步)。与此相对,人们还可以尝试另一种劳动力市场流动的合伙模式,并把它制度化。这个模式的格言是:如果你要雇用一个人,你就需要为其配偶提供工作机会。就业机构需要为家庭组织就业咨询会和就业推荐会。企业(和政府)不仅要倡导"家庭价值",也要通过合伙就业模式(有可能包含多个企业)来维护这种价值。同时,我们也要考虑是否减少某些领域存在的流动障碍(如兼职性质的学术就业市场)。在这同一个方向上,社会和法律层面对非流动的认可,理由恰恰在于家庭的合伙性质。在评估工作变动的"合理性"时,人们也必须考虑到它对家庭的危害。

当然,鉴于持续的大规模失业人口在200人万以上,减少整体流动性的要求显得不切实际。不过,我们也可以借助其他角度来取得类似

第四章 "我就是我"：性别空间与家庭内外的冲突

的效果，例如，在整体上放宽生活保障对于劳动力市场的依赖。或许我们可以通过为全体公民设立最低收入，从而提高社会救助的水准；或许我们可以让医疗和养老保险脱离正式的工作；等等。劳动力市场螺丝的松动并非没有传统（福利国家保障、工作时间减少等）。此外还有一种在大规模失业中表现出来的相反发展趋势：在劳动量因生产力提高而不断减少的同时，女性渴望进入劳动力市场（参见第六章）。这一事项无论如何都会被提上社会的议事日程。

即使以"偏好家庭"的方式限制劳动力市场活力，这也不过是解决问题的一个方面。人们的社会性共同生活必须获得重生。核心家庭的社会关系常常会受到削弱，这是惊人的劳动密集化的体现。多个家庭的协作（更）容易完成某些事情，如果让单个家庭独自面对这些事，长久以后它便会不堪重负。为人父母的责任和照料就是这方面最好的例证。但这种多个家庭互帮互助、共同生活的情境，往往被居住条件挡在门外。职业流动和单身趋势已然成为现实。住房越来越小，其中的设计完全符合单个家庭的流动搬迁。公寓、住宅以及居住区的规划，排除了多个家庭集中居住、共同迁移的可能性。这仅仅是其中的一个例子。以个体化为出发点，进而把社会性生活排除在外的，可不仅仅是建筑或城市规划。其他的各种具体变动也完全超出了我们的想象。例如，为了减轻抚养孩子的压力，我们不仅需要邻里之间的互帮互助，也需要新的职业（保姆）或教育体系，而目前的教育体系尚未把家长的辅导作为"隐性课程"的重要组成部分，等等。

关于这一"乌托邦"的可操作性及其经费来源问题，当然还有很多可说。然而，这不是我们的课题。在此，我们关注的主要是理论上的论争，特别是打破家庭守旧论和市场适应论之间那种虚伪的非此即彼。毫无疑问，各种各样的制度变革仅仅是想创造并维护某种可能性空间。人们必须在男女角色的等级制分派之外，创造并试验新的共同生活形式。

一度饱受非议的所谓"隐私和内心的庇护所"因此具有了重要意义。人们一眼就可以看出，20世纪70年代的社会运动毁于"主观的自我吹嘘"。每个人或多或少也都能看到，在生活方式可能变得毫无前景的重担之下，人们需要为婚姻和家庭内外的日常关系与纽带投入艰苦卓绝的努力。各种变革的累积即将完成，我们必须打消把它看作私人现象的念头。日益成为自反性规划的人生，在某种程度上甚至拥有革命性潜力。在这里汇聚起来的是生活共同体中的各类敏感实践，改变两性关系的反复尝试，以及因为分担重压而再度复苏的团结。对社会而言，这一切的汇聚甚至可能在根源上就不同于"系统性变革策略"，而后者仅仅停留在其理论的高度上（Muschg，1976：31）。[①]有很多原因可能会引发前进中的倒退，其中肯定少不了对立性制度条件施加的重压。男性和女性在今天为了各种原因相互争吵，但其中有很多事情并不是他们个人的责任。如果这一观点能被接受，我们将从中受益，乃至赢取变革所需的政治能量。

[①] 里尔克十分熟悉这里逐渐泛化的谬误，他在20世纪之初（1904年）就已经在盼望："少女和妇女，在她们自己新近的发展中，只暂时成为男人好坏习性的模仿者，男人职业的重演者。经过这样不稳定的过程后，事实会告诉我们，女性只是从那（常常很可笑的）乔装的丰富与变化中走过，以便把她们自己的天性从男性歪曲的影响中洗净……如果妇女将来把这'只是女性'的习俗在她们外在状态的转变中脱去，随后那从痛苦与压迫里产生出的妇女的'人性'就要见诸天日了。这是男人们现在还没有感到的，到那时他们将从中受到惊奇和打击。有一天（现在北欧的国家里已经有确切的证明）新的少女来到，并且所谓妇女这个名词，也不只是当作男人的对立体来讲，而是含有些独主的意义，使我们不再想到'补充'与'界限'，只想到生命与生存——女性的人。这个进步会改变（违背落伍的男人们的意志）现在还充满谬误的爱的体验，从根本上更改，形成一种人对于人，不是男人对于女人的关系。并且这更人性的爱（无限体贴而温柔地，良好而明晰地在结合与解脱中实现），就像那种我们苦心经营的爱，它存在于这样的情况里：两种寂寞相守护，相倚靠，相敬重。"（Rilke，1980：79f.）（此信写于1904年5月14日，中译引自里尔克：《给青年诗人的信》，冯至译，上海译文出版社2011年版，第44—45页，译文略有改动。）

第五章

个体化、制度化与标准化：生活处境和人生模式

"个体化"是一个意义重大、易遭误解的概念，它甚至可能代表着某种缺乏理解的状况。但这个概念确实指向了某些重要内容。迄今，人们尝试从重要而现实的方面对它进行探究。在这一过程中，人们多少已经把这个概念的语义纠缠放在了一边。现在，我将通过两个步骤的讨论来澄清一些概念和理论。首先，我将描绘一般化的、分析性的、非历史的个体化模式。这会涉及许多经典论述，从马克思经韦伯到涂尔干和齐美尔，或许我们还能从中发现一些重大误解。其次，在对这一"模式"加以补充和澄清之后，我们有望超越迄今有关战后德国现状的各种讨论。在此，我们可以把个体化理论浓缩成这样一个核心论点：过去二十年发生在德国（或许还包括其他西方工业国）身上的事情已经脱离既有的概念框架，它不能再被理解为人的意识与处境的转变；相反（但愿大家能原谅我使用怪词），我们必须把这些现象看成新的社会化模式的开启，一种个体与社会关系的"形态转变"或"范畴转移"。[1]

---

[1] 当科利和罗伯特（Kohli and Robert, 1984）说到"作为一种（史无前例的）社会化形式的个体性"时，他们脑中想的大概就是与此类似的东西。

个体化的分析维度

"个体化"并不是20世纪下半叶才出现或被创造的现象。类似的"个体化"生活方式和生活处境早已随处可见,譬如文艺复兴(布克哈特)、中世纪宫廷文化(埃利亚斯)、新教的入世苦行(韦伯),以及农奴脱离等级制依附的解放过程(马克思),此外还包括19世纪至20世纪早期家庭代际纽带的松动(伊姆霍夫)和社会流动过程——农村人口向城市迁移,城市急剧扩张(莱德雷尔和科卡)等。在这种一般意义上,"个体化"指的是(埃利亚斯所说的)文明化进程中某种特定的主观—人生的侧面,特别是在该进程最近的现代化和工业化阶段(内容上可参见贝克-格恩斯海姆,方法上可参见博尔特)。现代化不仅导致集权化国家的形成、资本的集中、分工和市场关系的紧密编织、社会流动、大众消费等,它也引发了——这里我们得出的一般模式——三个层面的"个体化":在支配、扶持等传统背景方面,脱离由历史赋予的社会形式与社会义务("解放的维度");在实践知识、信仰和指导规范方面,丧失传统的安全感("祛魅的维度");以及——相反的字面含义——一种新的社会约束("控制或再整合的维度")。

脱离(或解放),稳定性的丧失,再约束:这三个因素本身就可能引发大量误解。它们构成了一般化的、非历史的个体化模式。但对我来说,重要的是把个体化的这一维度同它的第二个维度区分开来。具体而言,就是区分(客观的)生活处境与(主观的)意识(认同和人格形成)。如下表所示:

第五章　生活处境和人生模式

个　体　化

	客观的生活处境	主观的意识／认同
解放		
丧失稳定性		
控制类型		

对"个体化"概念的主要误解是把它等同于右上方单元格的内容。很多人把"个体化"与个性形成（＝人格形成＝独特性＝解放）联系在一起。这或许有道理，但相反的论断可能同样正确。到目前为止，本书很少针对右半边表格进行讨论，乃至完全没有涉及。这个问题本身就够写一本书的了。因此，我们的讨论基本上限制在表格的左半边，即客观的那一面。换言之，我们需要把个体化理解成一种历史—社会学范畴，一种社会史范畴。个体化范畴立足于生活处境和生命历程研究的传统，这一传统假定，我们很容易就能在人们遭遇的事情与他们在行为及意识中对这件事的处理之间找到区分的办法。[①]与主要关注意识、认同、社会化和解放的研究不同，本章的主要问题是：如何才能把个体化理解为生活处境和人生模式的变迁？在发达的劳动力市场条件下，哪种生活处境、哪类人生模式广为流行？

---

① 表格的右半边基本上是文化批判的核心主题——"个体的终结"，参见阿多诺（Adorno, 1982）和兰德曼（Landmann, 1971）的著作。类似的设问也以不同的方式成为社会化理论与研究的对象，相关总结，参见戈伊伦（Geulen, 1977）。我自己感觉，卢曼（Luhmann, 1985）近来就"意识的自我生成"所作的反思同样属于这一阵营，参见温克勒（Nunner-Winkler, 1985）的总结。

德国个体化浪潮的特点

如何使这个针对战后德国发展的一般化模式落实到具体层面？换言之，人们究竟从哪些社会形式和扶持保障中获得了解放？推动这一过程的条件与媒介是什么？这引发了何种新的控制与社会化形式？

我们首先会讨论与这类解放相关的两个要点，不久之后还会讨论另外两点（那是下一章的主题）。第一点，我们关注的是脱离等级化的社会阶级。这一过程恰好可追溯至20世纪初，但它在今日的德国获得了新的含义。在再生产领域，这种解放与社会和文化层面的阶级义务联系在一起。当然，这一过程是和生产领域的某些变化携手并进的。比如，虽然维持着基本的社会不平等关系，但我们依然可以看到教育水平和可支配收入的普遍提高、劳动关系的司法化、社会构成方面的变化等（Bolte and Hradil, 1984; Schäfers, 1985）。这一过程也可以描述为家庭结构、住房条件、区位分布、邻里关系、休闲活动、俱乐部成员资格等方面的变化（参见 Herkommer, 1983）。从整体的社会结构来看，这种"无产阶级环境的消融"（Mooser, 1983）反映了阶级和阶层研究面临的特殊困难。由于存在分化与多元化趋势，他们的模型难以作出充满经验意义的解释。这些困难会引发各种后果，其一，研究者在确立分层边界时，常常在方法上表现出因循守旧的色彩（Bolte, 1958）；其二，这会导致研究的退步，即重新诉诸非历史的、先验的阶级对立。

有关解放的第二个要点涉及女性处境的变化。女性脱离了婚姻的扶持，这种扶持原本是传统家庭主妇存在的物质基础。于是，整个家庭的纽带结构与支持结构也就需要面临个体化的压力。在这种情况下，出现了所谓的临时协议家庭。只要人们不是一开始就抱定家庭以外的生活方式，那么，以教育、劳动力市场和就业为取向的个体处境就会催生出一种独特且充满矛盾的利益联盟，该联盟的目标是有序实现定期的情感交流。①

除了阶级文化和家庭关系结构,还有另外两个与解放相关的要点。这两个要点不再涉及再生产领域,而是来自生产领域,即有关职业和企业方面的解放。在此,我们特指工作时间的弹性化和工作场所的去中心化(电子化居家办公是其中的一个特殊例子)。在这种意义上,新的灵活而多元的未充分就业形式(参见第六章)出现了。这种未充分就业形式还带来了(社会法意义上的)支持问题,同时也催生了新的生活处境和人生发展模式。

相关论点的总结暂时到此为止。我们现在需要转向更富有建设意义的问题:同形成中的个体处境相连的是哪种再整合与控制模式? 首先,我提出三点:

(1)发生在德国的个体化浪潮的主要特点体现在它的结果上,即再生产领域的社会参考单位已经无助于理解这种个体化。以图式化的方式来说,取代身份等级的不再是社会阶级,取代社会阶级纽带的也不再是稳定的家庭参考框架。作为个体的他或她将成为生活世界中社会范畴的再生产单位。或者换句话说,虽然家庭曾经是不同世代及性别的生活处境和生命历程相互交叠的综合体,但这个"仅存的硕果"也在此刻破裂了;在家庭的内外,行动起来的个体不仅需要通过市场保障生计,也要规划和组织自己的人生。

(2)"个体处境"不仅分化出来了,同时还经历了高等级的标准化过程。确切地说,推动个体化的同一种媒介也带来了标准化。这种标准化以各种方式作用于市场、货币、法律、流动、教育等领域。因此,形成中的个体处境彻底依赖于(劳动力)市场。可以说,个体处境使市场

---

① "壳牌青年研究"已经证实,这一状况不仅适用于父母,也适用于青少年。除此之外,罗森迈尔(Rosenmayr, 1985)、霍恩施泰因(Hornstein, 1985)和贝特格(Baethge, 1985)等新著进一步从更为透彻的理论视角证明了这一点。有关少女和青年女工的专门问题,特别参见迪辛格和比尔登(Diezinger and Bilden, 1982)。

依赖延伸到了(维持)生计的方方面面；个体处境也是福利国家阶段之后迟来的市场效应。个体处境诞生于已经完善建立的市场社会或劳动力市场，这样的社会早已抛弃或全然不知传统的支持体系。齐美尔(Simmel, 1958a)早已形象地指出，货币同时具有个体化和标准化效应。这一结论不仅适用于依赖货币的大众消费和"劳动力市场的解雇行为"，也适用于通过训练、司法化、科学化等方式脱离市场社会或与其重建关联的过程。

（3）个体化、制度化和标准化的同时出场仍然不足以描绘形成中的个体处境，因为它展现出了新的特征。个体处境跨越了相互分离的私人领域和形形色色的公共领域。个体处境绝不仅仅是私人境况，个体处境也总是代表着制度处境。因此，个体处境拥有矛盾的两面，即所谓依赖制度的个体处境。制度的面子，成了个体人生的里子。人生处境之所以能够跨越制度边界，恰恰是因为它的制度依赖性（最宽泛意义上的）。被解放的个体愈发依赖于劳动力市场，继而也依赖于教育、消费、社会法的调节和支持、交通规划、消费供给，依赖于医学、心理、教育等方面的咨询或照顾的种种可能性及风潮。对个体处境来说，这一切都指向依赖于制度的控制结构。个体化已经成为依赖于市场、法律、教育的最发达社会化形式。

人生模式的制度化

在个体化进程中，阶级差异和家庭背景并没有真正消失。相较于新近形成的人生规划的"中心"，它们只是退入了后台。人生同样具有了自反性。同一收入线上的人，或者用旧式说法，同一"阶级"的人，可以甚至必须在不同的生活方式、亚文化、社会纽带与认同之间作出选择。认清一个人的"阶级"地位已不足以确认其观点、关系、家庭地位、社会政治观或认同。与此同时，新的依赖产生了。这些依赖都指向了

第五章 生活处境和人生模式

个体化进程的内在矛盾。在发达的现代性中，个体化的实现处在社会化进程的一般条件之下，这种状况日益阻碍了个体自主性的形成。个体确实脱离了传统的纽带和支持关系，但取而代之的是来自劳动力市场、消费谋生以及其中包含的标准化与控制的约束。传统的纽带和社会形式（社会阶级、核心家庭）被继发性机构与制度所取代，这为个体的人生打上了烙印，使他们依赖于流行风潮、社会状况、经济趋势及市场行情。这一切与人们意识中建立的个体控制的图景构成了矛盾。

个体化的私人生活愈发严重而明显地依赖于社会状况。这样的生活彻底脱离了人们的亲自掌控。与此同时，各类冲突情境、风险情境、问题情境纷纷形成；从它们的起源和布局来看，这些情境根本不可能由个体来独自应对。众所周知，这差不多包括一切在政治和社会层面得到热议的事项：从所谓的"社会安全网漏洞"到工资和劳动条件谈判，再到避免科层制泛滥、提供教育机会、解决交通问题、防止环境破坏，等等。这样的一般社会条件恰恰构成了个体化运行的前提，这使个体想要自主引导生活的想法日渐成了泡影。

制度性生命历程模式叠加在了等级的、阶级文化的或家庭的人生节律之上，乃至取代了这种节律。这种新的模式体现为进入或退出教育体系，加入或退出雇佣劳动，通过社会政策确定退休年龄，等等；这一切不仅贯穿了纵向的生命历程（童年、青春期、成年、退休和晚年），也体现为日常的节奏和家庭时间规划（协调家庭、教育和事业）。女性的"标准人生"尤为清楚地体现了这一新旧重叠的区域。男性的一生很少受家庭事件的影响，而女性却常常在家庭和制度之间过着矛盾的双重生活。家庭的节律一如既往地施加在她们身上，教育和事业的节律多数情况下也会叠加上去；互不相容的要求不断涌现，从而导致冲突日益加剧。

个体化意味着引导生活的方方面面都对市场产生了依赖。形成中的生存形式展现为孤立的、缺乏自我意识的大众市场和大众消费——

统一设计的住房、家具陈设、日用器物,以及通过大众媒介散发或接收的意见、习惯、态度和生活方式。换言之,个体化使人们处在外部的控制和标准化之下。对等级制或家庭的亚文化来说,这种情形是完全陌生的。

制度为生命历程打下烙印的过程,也就是教育体系(如受教育时间)、职业体系(日常工作时间或整个职业生涯的工作时间)、社会保障体系的各项规章直接与生命历程的各个阶段耦合的过程。同时,制度的决定和干预也(隐晦地)成了生命历程中的决定和干预。例如,幼儿园的入园年龄提高之后,女性想要同时履行母亲义务和职业义务就会变得困难重重,乃至完全不可能(即女性被赶出了劳动力市场)。退休年龄降低之后,整整一代人的"社会老龄期"就延长了(附带相关的机会和问题)。与此同时,紧随而至的年轻一代的劳动参与也不得不被重新调整。正是在这个意义上,个体化意味着生命历程和人生处境的制度化,即为它们打上制度的烙印,从而也就是指它们的政治可塑性。但实际的塑造过程通常是"看不见"的,因为这是决策产生的"潜在副作用"。这些决策明显属于组织的内部事项(如教育体系、劳动力市场、雇佣劳动等)。"电视"这个极具画面感的例子,可以证明这种关联性。

电视具有孤立化和标准化的作用。一方面,电视使人脱离了传统的对话、体验、生活等背景,它们原本具有塑造和束缚的作用。另一方面,所有人都处在相似的情境之中:从檀香山、莫斯科到新加坡,人们都在消费制度化生产的电视节目。与个体化——确切地说,脱离传统的生活背景——一同出现的是生存形式的一致化和标准化。即便和家人共处,每个人也都各看各的电视。在这个意义上,这里出现了个体化观众的社会结构图景,或者说得更直接一点,一种标准化的集体存在,即孤立化的大众型隐士(Anders,1980)。

132　　这种现象既跨过了文化的边界,也越过了国界。可以说,每到夜晚,全世界的人都会聚集在电视的乡村广场上,一同消费新闻。在这种

第五章 生活处境和人生模式

意义上,我们甚至无法确信个体处境会在制度上依赖于民族国家。这些个体已经是全球标准化媒介网络的组成部分,不仅如此,在某种意义上,制度和国家的边界早已名存实亡。在各类媒介的帮助下,我们过着空间和社会意义上的双重生活。我们既在此地,也在别处;我们孤身一人,但享受着纽约爱乐乐团的同一场音乐会;或者,我们在这里独自享用美餐,却见证了千里之外黎巴嫩内战的恐怖场景。人们或许也可以这样说,经由"两地性",这类新出现的生活处境揭示出一种个体—制度的精神分裂症结构。然而,想要看透这一点,内外的机会并不对称,所谓"当局者迷,旁观者清"。与此同时,内外之间的界限既可以说存在,也可以说不存在。

与此相关的是新的政治控制和政治影响的机会。考虑到大部分阶层的收视习惯(如果忽视这一点,人们就会体会到电视脱瘾症的痛苦),电视节目都是依照一周或一天的家庭日程安排而制定的。

私人领域看似是与外部环境隔绝的独立领域,实则不然。私人领域是外部的状况和决策向私人层面转化及延伸的结果。这些状况和决策可能来自电视台、教育体系、企业、劳动力市场、交通体系等,因而它几乎不会顾及私人生活所遭受的后果。忽视这一点就会误解发达现代性阶段社会生活形式的基本特征,亦即,形成中的个体化私人生活与表面上被制度分割的领域及生产部门(教育、消费、交通、生产、劳动力市场等)重叠并交织在一起。

当这种制度依赖不断扩大的时候,形成中的个体处境也就极容易陷入危机。制度依赖的优先性并不体现在一般层面上,它是有所特指的。谋生的关键在于劳动力市场,而适应劳动力市场需要教育。缺乏教育或无法进入劳动力市场的人将面临社会意义上的破产。没有接受良好的训练同虽有训练却无对口工作一样,都是极其糟糕的。唯有在这样的条件下,那些被职业培训体系排除在外的人才会落入社会深渊。因此,是否具有学徒训练经历的问题变成了年轻人能否进入社会的问题。同时，经济趋势或人口统计学意义上的"上升或下滑"也可能造成整整一代人落入社会边缘。换句话说，由于经济趋势或劳动力市场的周期动荡，具有制度依赖性的个体处境会对某个特定世代造成"同辈群体生存环境"的起伏。无论如何，这种影响也总是政府机构缺少救助和扶持的体现，这会使他们感到压力重重。于是，政府便通过法律条例和福利国家再分配的手段，努力预防某个世代、人生阶段或年龄组的所有人群遭遇制度意义上的机会匮乏，或对此给予补偿。

制度运行在由法律确定的"标准人生"的范畴内，同现实渐行渐远。标准人生的支柱是标准的劳动关系。因而，社会保障体系需要不断调整，以适应雇佣劳动。与此同时，也有一些人，他们虽然有着良好的预期，却无法进入雇佣体系，或者需要付出极大的努力才能进入雇佣体系。这样的人群也在不断扩大。鉴于大规模失业的持续存在，以标准正态分布为基础的社会保险越来越难以执行，也日渐脱离了家庭和男女之间的现实生活状况。"家庭顶梁柱"概念早已被抛在一边。在取而代之的家庭中，依照不同的阶段或决策，挣钱养家和照管教育孩子的角色得到了夫妻双方的分担或轮换。"完整"家庭也已经被多样化的"破碎"家庭所取代。单亲爸爸的群体不断扩大，然而他们不得不面对离婚法的歧视，因为这部法案确立了母亲对于孩子的独占权。

一个沿工业社会生活方式的轴线（社会阶级、核心家庭、性别和职业）发展出来的社会，如今需要面对由服务、行政、政治等制度组成的系统，虽然工业时代正在消逝，但这些制度逐渐接过了那个时代的总督职能。一旦生活"偏离"了官方的标准，他们就会按例介入，加以教育，施以惩戒。他们召唤并捍卫从前那种确定性，但愿意相信的人却越来越少。于是，在拟定于制度和见效于社会的两种"标准"之间，对立愈发尖锐，工业社会的大厦面临着滑向规范法条主义的危险。

由于制度依赖，个体化社会也变得异常脆弱，无力应对跨越传统阶级边界的各类冲突、联合或结盟。劳资双方的对立已不再是明确的对

第五章　生活处境和人生模式

立了，如今占据舞台中心的各种形式缤纷多彩：遭到排挤的社会范畴以制造冲突的方式不断在私人生活领域显现。最后的结果可能是，规划中的高速公路过于靠近自家后院，校园环境不利于孩子成长，或者，附近的核废料堆场使人们意识到了某种"集体命运"。

然而，决定性的问题是，在个体化社会中，打下制度烙印的集体命运如何展现在人们的生活背景中，它是如何被感知、被处置的。如果要用比喻来表达，我们可以说，虽然阶级意识的凹面镜碎裂了，但它并没有分解，虽然镜面上密密麻麻的裂纹导致它无法映射出一整幅完好图像，但每一块碎片依然拥有自己的整全视野。处在个体化浪潮中的人脱离了社会纽带，实现了私人化，此时便会出现一种双重效应。首先，感知形式成了私有的，同时若从时间轴的角度来理解，感知形式也成了非历史的。孩子不再熟悉父母的生活环境，更不要说他们的祖父母了。换言之，生活感知中的时间视野变得越来越狭隘，直至最终在极端条件下，历史收缩成（永恒的）现在，个人的自我与生活成了万事万物的中心。其次，能够感染个人生活的那种共同行动的领域在逐步缩小，而迫使个人自行塑造生命历程的压力却在变大，甚至于在某些地方，个人的生命历程完全沦为制度条件的产物。

在这种意义上，个体化意味着个体的人生脱离了既有设定，这样的人生保持开放，依赖决策，就像是每个人的行动使命。就比例而言，原则上无须决策的生活的可能性在减少，而依赖决策并由个人建构的人生在增多。因此，生活处境和生命历程的个体化意味着人生具有了"自反性"，社会先赋型人生转化成了持续自我生产的人生。在教育、职业、工作、居住地、配偶、孩子的数量等议题上，人们不只是作出决策，而是必须作出决策，包括其中隐含的附属性决策。即便有时候由于缺乏意识或没有其他可选项，"决策"一词不免大而无当，但个体也要为不作决策而"付出代价"。这表明，结合人生可能性的成套组件已经借助制度和生命历程的规定而形成了。在"从标准人生向选择性人生"（Ley，

1984）转变的过程中，出现了一种史无前例的充满冲突的"组装型人生"（Gtoss, 1985）。在人生处境或冲突情境中是否占尽优势的问题，随着人生特定阶段的问题积累（如年轻一代需要在婚姻、孩子、配偶职业等问题上面临决策）而变得相对化了，因为后者需要私人层面和制度层面的规划与协调。

在个体化社会中，个体必须清楚自己是行动的中心，是自身生命历程、劳动技能、价值取向、伴侣关系的规划室，否则他将永远处于不利。以制造的生命历程为前提，"社会"必须被单独操作化，成为一个"变量"。教育机会稀缺的问题无疑影响到每一个人，但这对铸造我自己的命运（需要亲力亲为）有什么影响？为了以中等成绩报考医学专业，我能做什么，我必须做什么？总之，我们必须把影响个人生活的社会决定因素理解成"环境变量"。但通过适合自己行动范围的"创意方案"，同时借助自己生活空间中交往和活动机会的"内部分化"，我们可以减弱、破坏这个变量，乃至使它停止运转。

在此，我们需要一个有活力的日常行动模型。这个模型把自我置于中心，并为它开辟和指派行动的机会。由此，自我才能以充满意义的方式实现塑造和决策的机会，这些正在浮现的机会无一不与个体的生命历程相关。这也表明，在思想上佯攻的外表之下，我们必须为了生存而培育一种以自我为中心的世界图景。这一世界图景可谓逆转了自我与世界的关系；为了个体生命历程的塑造，我们也有必要理解和利用这种关系。

于是，风险和矛盾的主观化与个体化这个大闸被打开了。这些风险和矛盾源自制度与社会。对个体来说，那些具有决定作用的制度条件不纯粹是偶然碰到的事件和状况，它们至少也是个体自己的决策造成的后果。个体必须接受这样的看法。这一点同样得到了如下事实的支持，即那些个体被甩出社会轨道的典型事件在特征上有了一种令人惊异的变化。原先人们的各种遭遇被认为是一种"厄运"，它来自神或自然，典型如战争、自然灾害、配偶死亡。简言之，这些都是他们无须负责的事件。但在今天，这种遭遇更像是"个人的失败"，并体现为考核不合格、失业或离婚。人们甚至需要选择自己的社会认同和群体成员资格，并在这个过程中掌控自我，改变形象。在个体化社会中，风险不只是单纯在量上有所增加，同时在质的方面，新型的个人风险也在不断生成，即选择并改变个人认同的风险。人们也因此有了额外的负担，也就是新的"罪责追究"形式。人们被迫自己加工人生，自己规划人生，自己生产人生，不久之后，这就会对教育、照看、治疗、政治等领域提出新的需求。

总之，我还要指出最后一种截然相反的基本特征：个体化的人生不仅在结构上实现了与自我塑造的重新关联，它也近乎有着无限的可能性。在系统理论视角下显示为分离的任何事物，都成了个体人生的整体组成部分：家庭与雇佣劳动，培训与就业，行政与交通，消费，医疗，教育，等等。子系统边界只生效于子系统，它不适用于依赖制度的个体处境中的人。用哈贝马斯的话来说，个体处境跨越了系统与生活世界的分别。子系统边界在个体处境中来回穿梭，而个体处境大概就是制度分隔在人生层面的体现。就此而言，我们需要关注个体化的制度情境。这种制度情境的相互关联或破裂并不会在系统层面引起关注，但它为个体的人生，或在诸个体人生之间，持续制造着摩擦、不和及矛盾。

在这种情况下，生活的前行之路就是在人生层面化解系统矛盾（如培训与就业之间，或法定的标准人生与实际的标准人生之间的矛盾）。[①] 按照卢曼的说法，人生是子系统理性的总和，而绝非其环境。这里仅

---

① 这也会对研究实践产生影响。假如生平研究只是走家庭研究或分层研究已经走过的老路，它就会越来越成问题。因此，如果有人试图研究个体处境的标准化及其（隐含的）政治可塑性问题，他就必须同样熟知职业培训、就业条件、产业劳动、大众消费、社会法、交通事业及城市规划。至少从相关要求来看，这种意义上的生平研究将成为以主体为视角的跨学科社会研究，它也将穿越既有的分支社会学的划分图式。

举几个例子：在街角买杯咖啡或许就已经在协助剥削南美的种植园劳工；由于杀虫剂的泛滥，(反)化学基础课将成为生存的前提；从教育到医疗，从社会法到交通规划，活跃的"会思考的个体"——说得多漂亮——都是其中的先决条件，这样的个体必须依靠他们的洞察力，在丛林般的无常结局中找到自己的出路。各类专家把其中的矛盾和冲突丢给个人，并好意邀请他们用自己的观念去评断。传统不断瓦解，全球性媒介网络逐渐形成，人生也慢慢脱离了直接的生活圈。与此同时，它也越过国界，跨过专家，开始接受远程道德的影响。这可能使个体处在一个不得不持久表态的位置上。当个体不断沉沦，日益变得无足轻重的时候，他也被抬上了世界塑造者的虚假宝座。当政府(还在)以民族国家的结构运转的时候，人生却早已向世界社会敞开。更重要的是，尽管人生需要以置若罔闻、删繁就简或麻木不仁的应对方式来忍受世界社会的持续苛求，但世界社会终究已经成为人生的组成部分。

第六章

劳动的去标准化

　　劳动在工业社会中占有的重要性是史无前例的。在古希腊城邦时代，奴隶被指派从事生存所必需的生产劳动。他们日复一日地满足日常生活的需求，仅仅以维持生计为目标。相比之下，自由的公民则投身于政治活动和文化创造。中世纪劳动以手工业为主，即便如此，劳动的分工也体现出不同于以往的意义。贵族认为劳动是可耻的，那是下层人干的事情。如果有贵族家庭的男性后裔选择从事一项"平民工作"，例如，被迫屈身成为医生或律师，那么，这无疑就是一个最确凿的标志，证明了中世纪世界的衰微。如果那个时代的人有幸听闻近来关于雇佣劳动正在衰落乃至消亡的传言，他肯定无法理解其中的讯息，或人们的激动情绪。

　　对生活在工业社会中的人来说，雇佣劳动的意义不在劳动本身——至少这不是根本性的。毫无疑问，雇佣劳动的意义最初源自这一事实：劳动力的投入是谋生（尤其是引导个体化生活）的基础。但即便如此，这也只能部分解释由劳动社会衰退的消息所引发的震惊。在工业时代，雇佣劳动和职业已经成为引导生活的轴线。它和家庭一同构成了一个双极坐标系，从而使这个时代的生活趋于稳定。我们可以从纯粹的工业世界中找出一个理想类型式的人生纵剖面来进行阐述。

虽然童年时代完全附着于家庭，但孩子们早已通过他们的父亲了解到，职业是走向世界的关键。随后，他们不同阶段的教育都会和不在场的"他者"即职业维持着联系。成年人的经验则完全受雇佣劳动左右，这是因为：一方面，工作本身会定时定点提出要求；另一方面，人们甚至要把工作之外的时间花在对工作的消化和筹划之中。最后，就连"老年"一词也是由"没有职业"来界定的。当人离开了工作，他就步入了老年，无论他自己服不服老。

在工业世界中，雇佣劳动对人们生活的意义或许最为清晰地展现在下述情景中。两个陌生人相遇会互相提问："您是哪位？"回答的一方不会用爱好来答复——"养鸽人"，不会用宗教信仰来答复——"天主教徒"，也不会诉诸美的理念——"嗯，您也瞧见了，红头发，大胸脯。"相反，他们肯定会答上自己的职业——"西门子公司的技工"。如果我们知道交谈对象的职业，我们就会认为自己已经知道他（她）是谁。职业在这里就是相互识别的模板。通过一个人"拥有"的职业，我们可以评估他（她）的需求、他（她）的能力以及社会经济地位。把一个人等同于他（她）拥有的职业，这的确有点古怪。但职业把社会生活串在了一起，因而，它的确含有某些关键信息：收入、地位、语言能力、可能的兴趣爱好、社交圈等。①

迟至20世纪60年代中期，赫尔穆特·舍尔斯基（Schelsky, 1972）仍旧在这样谈论家庭和职业，即认为它们是现代人保留的两种重要的保障形式。家庭和职业为生活提供了"内在的稳定"。职业为个体打开了进入社会的通道。甚至可以这样说，穿过工作的针眼，"拥有职业的人"凭借他微小的力量，变成了"世界的共同塑造者"。就此而言，职业（像另一边的家庭一样）确保了一个人的基本社会经验。职业是一个

---

① 详细的论述请参见贝克等（Beck et al., 1980）。

场所，我们可以通过参与而体验到所谓第一手的社会现实。①

我们暂且不管这一图景是否准确反映了20世纪60年代的状况，但在今天和不远的将来，它肯定会在许多就业领域失去效力。就像另一边的家庭一样，职业失去了原先的保障和庇护功能。在这种条件下，人们失去了形成于工业时代的内在生活支柱。雇佣劳动的各种问题和规定在整个社会中辐射开来。即便从生活蓝图、悲欢离合、成功理念、对不平等的辩护、社会法、权力制衡、政治、文化等工作之外的角度来看，工业社会也是一个彻头彻尾的雇佣劳动社会。如果我们面对的是雇佣劳动的系统变迁，那么我们也就见证了社会的变迁。

从标准化的充分就业体系到灵活而多元的未充分就业体系

人们还在用旧的问题框架和范畴讨论西方工业国的大规模失业。几乎在所有的政治和经济阵营中都流传着这样的期望，即在20世纪90年代经济持续复苏的背景下，我们可以迎来充分就业的新起点。我们正站在反抗工业的理性化进程的起点上，在这个过程中，原有的就业体系原则（不只是职业与技能结构的重组）前途难料。但迄今，无论理论还是政治上的系统思考都不曾衡量过这种可能性。

尽管不无争议，专家们至少在一点上达成了共识：就算经济增长率维持在2%到4%之间，德国也很难在20世纪90年代之前消除高达200万以上的失业人口。*只有在那之后，"劳动人口"的暴增潜力才会因生

---

① "对我们来说，生活的持续性与职业的持续性密切相关。相较之下，我们也更能欣然接受社会环境或地域环境的转换。今天，只要人们能在变动中保住职业机会和职业成就，他就可以相对容易地更换住地，乃至迁徙到其他国家或社会，他不会因此而感到'无依无靠'。"（Schelsky, 1972: 32）

* 本书出版于1986年，作者是以未来的视角看待20世纪90年代的。——中译注

育低潮一代的到来而下降,同时,就业需求也会降低至80年代初的水平之下。这一连串数字游戏夹杂着很多我们不了解的内容。例如,女性的劳动参与率多年来持续提高。或者,虽然信息技术和自动化生产的快速应用提高了销售,但它最终能在多大程度上对由此减少的工作岗位作出补偿(估算数字大概在1比2至1比6之间摇摆)。最后,由于全职工作大批量转变为各种兼职岗位,这会在多大程度上令原先依赖于全职工作的所有计算也发生转变,因为这类计算主要测量全职岗位的劳动量。

类似的计算充满了不确定性,但我们不应当忽视其中的重要政治意义。对发展的现有评估表明,漫长的经济低潮还将延续至20世纪90年代。劳动力市场在经历这段"歉岁"之后,又可以再次期待"丰年"的到来。这引发了一个重要结果,人们开始(直接或间接地)提倡"无政策越冬"。这种观点让决策者如释重负,因为现在只需采取若干"过渡措施",改善"受影响的中间一代人"的处境就可以了。我们不仅不需要在经济、教育、劳动力市场等基本政策方针上来回尝试,而且说到底,最好也别这样做。

无论在学术圈还是政界,这样的解释近年来广为流行。这一解释之所以能够立足,是因为它假设之前的就业体系及其各类支柱具有连续性,包括企业、岗位、职业、雇佣劳动等。在此,我们需要对这个假设提出系统的疑问。上述解释排除了就业体系在现代化浪潮中进行某种"体制变革"的可能。这里的现代化不仅是信息技术的现代化,也是社会和法律意义上的现代化。接下来,我们会深入思考雇佣劳动系统转变的这一可能性。

我将遵循我们的老熟人波普尔的观点:只有存在理论上的其他可选项,我们才能进行经验检验乃至检验反题。因此,我们接下来要关注一组假设——数量适中。这些假设还有待经验验证和批判讨论,但它们的主要功能是打破流行的(具有重大政治意义的)有关连续性思维的

第六章 劳动的去标准化

理论一元论。只有让就业发展的连续性解释和断裂性解释竞争起来，未来我们才能对这两种视角进行经验检验。在这个意义上，我们将阐明雇佣劳动"系统转变"的具体所指（参见第八章）。随后我们需要详细澄清，如何可能推进和完成这一系统转变，用了什么方法，带来了什么后果，遇到了什么障碍，制造了什么风险，等等。

通过对未来直到2000年的失业趋势的推断，同时也通过人们的教育规划和职业规划，借助某些政治思考和政治行动，人们推测当前就业体系的基本特征将继续维持稳定。与此同时，接下来要讨论的若干假设也有助于人们得出这一评估。但在当前的现代化和理性化浪潮中，它们显得极其可疑。

工业社会的就业体系诞生于19世纪激烈的社会政治斗争和危机，它的主要维度都是高度标准化的：劳动合同、工作场所和工作时间。首先，从法律上来讲，劳动力的雇用需要遵循样板合同，有时还需要由整个行业和就业群体共同协商某些一般性条款。其次，我们曾经理所当然地认为，工作的场所需要集中在（大型）企业组织里。最后，直到20世纪70年代，"终身制全职工作"仍旧是一项时间上的组织标准。它不仅方便了企业对劳动力的规划和使用，同时也构成了生命历程意义上的生活背景。原则上，这一体系不仅使工作和非工作在时空上有了清晰划分，而且也使就业和失业有了互斥的法律和社会地位。但在当前和未来的理性化浪潮中，这个标准化的充分就业体系也开始在边缘处出现软化和松动，从而使自己的三大支柱——劳动法、工作场所和工作时间——更富有弹性。于是，工作和非工作的边界具有了流动性，灵活而多元的未充分就业形式也广为传播。

由于工作时间越来越具有弹性，终身制全职工作的标准破裂了。此刻，这个消息很可能早已传遍了社会的每一个角落。但较少为人所知的是，在不久之后，同样的情形也会发生在雇佣劳动的空间聚集方面，因而也会动摇现有的劳动"经营形态"。至少在企业的某些子领域

（行政、文字处理、管理和服务），相关职能已经可以通过电子化渠道连接，即以去中心化的方式组织起来，所谓的"地理分散"或"不依赖地理"。雇佣劳动的空间分散可以体现为不同的形式，从放宽出勤考核，到部门和小组在分散的地点重建网络，再到各种附属功能借部分或全部的电子化家庭办公实现外包。但这一切带来的结果是一样的，社会劳动过程和社会生产过程之间的联系松动了。那种认为直接合作等于"在某个场所一同工作"的看法也站不住脚了。从某些关键方面来看，就业体系的面貌已经发生变化。可见的劳动经营形态，即压缩在工厂车间或高楼大厦里的那些活动，也被看不见的企业组织取代了。大空间的工厂建筑逐渐遭到废弃，这是就业体系新旧转换的显著迹象。这些工业时代的庞然大物更像是在提醒我们，一个时代行将就木。但最终并没有出现什么新事物。这"只不过"表明，资本结合的不可见特征正在向实质的劳动组织层面转移。此外，这也会为企业管理带来相应的好处——隐性的组织机会和重建网络的机会。

毋庸赘述，雇佣劳动在时空上的弹性化不必追求整齐划一，使就业体系的所有子领域齐头并进。工作时间和工作场所的多元化可以各自独立推进或有序发展。今天的我们尚不清楚，这种多元化会在什么地方碰见临时或永久的客观边界和（或）政治边界；我们也不清楚，哪些功能领域（或者职业群体、行业、部门）会被排除在这种多元化之外。但我们现在就可以说，工作时间的弹性化，全职工作向各种兼职工作的转变，不可能不影响收入。换句话说，随着工作时间的分割（其目标并不是为了创造更多就业，而是为了普及未充分就业，减少失业），收入、社会保障、事业机会和企业中的地位全都走上了一条再分配的下坡路，即集体的衰退（不分专长、职业或层级）。在这个意义上，工作时间政策始终代表了再分配政策，并制造了新的社会不安和社会不平等。这就是近年来工会屡屡抵制，而众多企业积极推进这一事项的理由之所在。这甚至也解释了，为何这种灵活的未充分就业形式日渐引发了（特别是

第六章　劳动的去标准化

年轻)男男女女的兴趣。事实上,这些人甚至有求于此,因为他们需要在雇佣劳动和家务劳动、工作和生活之间实现更好的平衡。后文将会指出,随着雇佣劳动在空间上的弹性化,一方面劳动者获得了自身工作的自主权,另一方面他们也要接受工作的健康与心理风险向私人领域的转化。在去中心化的工作形式中,劳动保障的标准脱离了公共监督。无论是遵守还是逾越这个标准,劳动者都需要自行承担其中的代价(此外,企业则节省了雇佣劳动集中组织的成本,例如建筑成本或电子设备的维护费用)。

如果从整体上来考虑工作时间和工作场所去标准化的后果,那么我们可以说,统一的工业社会体系正在转变为充满风险的体系。前一种体系以企业组织的方式实行终身制全职工作,但它也不得不面对失业问题;后一种体系则包含了灵活、多元而分散的未充分就业,因而可能让我们告别失业(未被雇佣的意义上)问题。在新的体系中,失业以未充分就业的形式被"整合"进就业体系,但换来的代价是就业不安感的普遍扩散。这对"旧"的工业社会的统一充分就业体系来说是闻所未闻的。同19世纪一样,这一发展在根本上具有两面性。进步与贫困化以一种新的方式相互渗透。企业的生产力提高了,但监管问题又冒了出来。劳动者从工作中换得了一点自由,却要接受新的约束和物质上的不安感。失业消失了,新的充满风险的未充分就业形式变得普遍化了。这一切表明,一种具有两面性的矛盾发展已经启动,而其中的获益和损失难解难分。对政治的意识和行动来说,这种发展的长远后果和风险是不可预见的。所以,当我们说"风险社会的未充分就业体系"时,我们指的正是这个意思。

经过一段时间的适应,我们已经理所当然地认为,工业社会的雇佣劳动就是家庭之外的劳动。经由宽松的考勤规定、去中心化的工作电子网络等途径,家务劳动和雇佣劳动的分离又一次在风险社会出现了逆转。在此,我们只能猜测它可能带来的深远社会影响:缓解日常高峰期交通,从而减轻自然和人文环境压力;都市可能经历去城镇化;限制日常的地理流动,把它托付给电子化手段,因而空间上的不流动反倒是在增加流动;等等。

之前的那些基本范畴,如企业、职业和雇佣劳动,已经无法用来捕获形成中的这个现实——在某种意义上,劳动组织正在从社会上消失。把这些范畴应用于形成中的未充分就业体系,就像是把封建社会的劳动概念应用于工业社会的劳动关系。这并不是说,雇佣劳动会确凿无疑地在这一发展过程中消失。相反,形成中的灵活而多元的未充分就业形式既可以指雇佣劳动多过从前,也可以指完全不再有雇佣劳动。这只不过说明,在透过工业社会概念的镜片时,我们需要睁大眼睛,认清形成中的劳动现实。

我们也可以这样总结此处的观点:正式劳动和非正式劳动、就业和失业——这些迄今尚存的对立面会在未来融合成新的未充分就业体系,这一体系灵活、多元而充满风险。通过多元的雇佣关系整合失业,这种方式并不会完全挤走我们所熟悉的就业体系,但它会叠加在后者之上,或者说侵蚀后者。由于雇佣规模全面收缩,旧的体系会面临持续的适应压力。这一发展过程还可以描述为:劳动力市场会因在使用劳动力时是否遵循标准化规范(在时间、空间和社会法方面)而出现分岔。于是,劳动力市场出现了新的分裂,一种是工业社会条件下统一的标准劳动力市场,另一种是风险社会条件下灵活而多元的未充分就业市场。其中,第二种市场的数量不断增长,并逐渐超越了前一种市场。这是为什么呢?到目前为止,我们只作了理论上的区分并勾勒了一种类型学。现在我们需要证明,就业体系搭载的这辆信息技术现代化列车已经行驶在这个方向上。

自从20世纪80年代初以来,政府和企业的劳动政策全都开始受制于一个法则,即重新分配系统产生的工作短缺问题。人们曾经认为,经济复苏会减少失业。但近年来的情况已经清楚表明,这两者是相互

第六章 劳动的去标准化

独立的。在刚刚过去的三年里，很多企业——几乎所有的德国大企业——的营业收入都在攀升，但同时它们也在裁减人员。之所以会出现这一状况，是因为这些企业广泛引入微电子学，重组了现有人员。数控机床是"新时代的电子自动化奴隶"，它最先霸占制造业的大部分工作（汽车业、化工业和机床制造）。其同伙计算机则逐渐稀释行政办公领域的工作。从1977年到1984年，生产力有了大幅提高，这清楚表明了上述发展的规模和爆炸力。工矿业单位工时生产力的增长率从1977年的2.7%，上升至1979年的4.7%，随后在波动中回落至1982年的1.5%。但在1983年第四季度，这一数值开始骤升，并在1984年达到了（以第一季度估算）10.8%。这意味着，在一年出头的时间里，生产力有了可观提高！（《明镜》，1984年第21期，第22页及以下）与此同时，工业机器人的投入使用也从1980年的区区1255台上升至1982年的3500台，直至1984年的6600台（《南德意志报》，1985年2月8日，第23页）。这还只是第一波发展，其结局尚难预料。

在主流的全职工作就业体系中，工作短缺的问题以黑白分明的方式被划分为就业或失业。在当前的危机形势下，企业开始挖掘工作时间这项组织储备，把它当作"解围之神"加以宣传，同时阐明其中的利害。我们很快就会看到，在全额支付薪水的条件下，标准工作时间的收缩余地是极其有限的。① 每周工作时间同样如此，围绕引入35小时工作

---

① 对"非工作"（这里指就业体系中的失业）的整合可以采取多种形式，最为人熟知的是以下这些：提高初次就业的平均年龄；降低退休或领取养老金的年龄；设立兼职工作；减少终身、每周或每日的工作时间；增加节假日和休息日的平均时长；提高工作生涯中脱产培训的频度。这些指标全都表明，雇佣劳动社会在20世纪出现了系统萎缩（有差异地体现于所有西方工业社会）。在德国，每日、每周、每年和终身的工作时间在过去一百年里已经显著地减少了。每周的工作时间在1880年是65小时，第一次世界大战前还有55小时，到了20世纪20年代则正式降至48小时。20世纪50年代中期以后，每周的工作时间还维持在47小时，即每周工作6天，外加大约2周的年假。对比起来，我们如今拥有大约6周年假，每周工作5天即40小时。由于提前退休越来越常见，整个（转下页）

制的斗争结果已经证明这一点。降低退休年龄和延长义务教育的政策同样收效甚微,这两项政策原本都旨在降低雇佣劳动规模,它们完全处在劳资双方的职能之外。在标准化的充分就业体系下,雇佣劳动的减少必然导致大量失业者被排斥在外(这一结论正在成为现实)。因此,越来越多的压力都指向了工作时间,这迫使就业关系越来越具有弹性。这种压力来自各个方面的倡导者:一是政府机构,鉴于大规模失业是一种"政治丑闻",他们顶着巨大的行动压力;二是女性,尤其是年轻女性雇员,她们希望在家庭和工作之间取得更好的协调,获得更多"时间自主权";三是企业,他们在工作时间的组织化利用中发现了意料之外的生产力来源。这个由国家、众多雇员团体以及企业管理层构成的庞大联盟需要对抗工会(以及传统意义上的工党)的抵制,因为后者发现,传统就业体系的基础和他们自身的权力地位正在下滑。

面对这个明显的僵局,企业开始挖掘兼职工作和未充分就业的生产力。或者以一般化的方式来说,企业使用劳动的规范经历了去标准化,其中包含着在组织层面提高生产力的可能性(在微电子学基础上)。① 当然,这一过程可能不一致、矛盾或变化无常。

(接上页)职业生涯的工作时间也相应地减少了。对很多雇员来说,工作生涯在57岁至60岁之间就会结束。此外,年轻人进入就业体系的时间却越来越迟。20世纪50年代,一位男性工作者以2.9个非工作小时对应1个工作小时。这个比率在1980年上升到了4.1。企业的培训进修和相应的时间投入在过去几十年里也有跳跃性发展。我们完全可以说,培训和教育已经被重新整合进工作与就业的体系。

① 在雇佣劳动体系中减少工作时间并以此作为组织的生产力,这一发现有着更为悠久的传统。在这个意义上,马丁·斯克拉(Sklar,1969)认为,美国劳工社会受到侵蚀的最初迹象可以追溯至第一次世界大战时期。当然,对于那些统计上可验证的发展趋势,人们长期以来都没有以这种方式来解释,因为这些趋势被看作是可逆的。这里主要存在三个基本事实。首先,产业工人数量和商品生产水平一直到1919年都在提高。从1919年到1929年,工人数量下降了10万人左右,同期的生产力则提高了65%。其次,以年人次来衡量,整体经济中劳动参与从1890年的2830万人,上升到了1910年的4250万人。与之相比,这一数值在1910年至1920年的增量只有区区100万人,直至20年代(转下页)

第六章 劳动的去标准化

令工业社会学的观察家感到吃惊的是："就在我们的眼皮子底下，核心工业部门在利用现存劳动力方面发生了根本的转变。用泰勒制危机的陈词滥调来理解这一点，显得过于狭隘和片面。我们完全可以说，在核心工业领域里出现了工作政策的范式转移。"（Kern and Schumann, 1984:149）在泰勒制的工作形式下，置换和重组劳动力恰恰与最初有效的"管理哲学"相悖。在当前或不久之后的自动化过程中，局部受限制的活动可以部分或全部由生产的自动化来承担，而监督、指导及维护等新任务可以由熟练的专职岗位来执行。分工原则，或者更准确地说，工作分割的原则被一种相反的原则取代，亦即，在高层次技能和专业至上的基础上，把各种局部任务结合起来。大量的非熟练工或半熟练工被一小群"专业的自动化工人"取代。在工业自动化的这一阶段，通过联合现有的劳动力并提高他们的专业程度，我们就有可能扩大企业的灵活性并精简大量人员。

最初，这主要只适用于作为核心工业部门的制造业。大约在同一时期，全职工作关系也逐渐向各种兼职工作关系转变，尤其是在服务业（零售业、百货业、酒店业）当中。经历了最初的抵制之后，各家企业开始摸清其中的生产力优势。譬如，一方面，企业可以依据订单情况，灵活安排工作时间。在公开失业的红线之内，雇主可以借助具有时间弹性的未充分就业形式，把自己的风险转嫁给雇员。另一方面，在这种情形下，生产时间开始与工作时间脱钩，对生产安排的利用因而变得更

（接上页）完全停止增长。对于这些统计上有记录可查的发展和关系，斯克拉的解释是，新的生产力在20年代初开始展现其效应。换言之，生产力的提高独立于劳动参与（以工作时间来衡量）的扩张。就此而言，我们在这里发现了"旧"工业体系遭到侵蚀，"新"工作体系开始兴起的最初迹象。三个核心的管理创新保证了20年代的生产力发展。第一，在受到二十年的抵制之后，泰勒制开始广泛植入工厂；第二，电力（及其新的可能性）在整个生产系统中扩散；第三，新的组织技术得到了运用，这平衡了遭地理分割的企业的集中与分散问题。在这一早期阶段，借助信息、技术、组织管理等理性化举措，对生产力提高的发掘和利用就已经开始了。亦可参见希尔施霍恩（Hirschhorn, 1979）。

紧凑、集约且长效。最后，兼职工作和未充分就业总体上扩大了企业在人事政策方面的活动余地，例如，更容易推动岗位变动，更快速补偿因新技术要求而出现的技能贬值，以及借助多样化削弱全体雇员的权力地位。

在这种意义上，泰勒的"分解哲学"已经从就业关系的工作内容层面转移到时间与契约层面。这种新的"就业关系的泰勒制"的起点不再是劳动与机器的结合，而是劳动使用过程中的时间限制、法律保障（或无保障）以及多元化合同。在微电子学的基础上，灵活安排工作时间的可能性还远没有达到极限。这个组织上的"时间之谜"的核心在于弹性工时制（截至1985年上半年，德国已有600万受雇人员应用了这种形式）和各种形式的兼职（以周、月等为单位的职位共享）——有超过200万人投身于兼职，其中多为女性。

在挖掘工作时间理性化的可能性之外，企业也开始尝试外包作为生产力储备的附属职能。这个过程起始于秘书和行政工作的重新组织。在生产力发展的这个阶段，我们关注的是原则上的可能性，即只要测试成功，类似的方法便会运用到其他职能领域。这当中的核心是微电子学的潜能——在分工条件下，信息技术可以减少或消除相互关联的职能群体进行直接合作时受到的限制。在这个意义上，运用电信技术和相应的存储介质，劳动过程和生产过程可以实现大范围时空分离，这会催生新的去中心化的劳动组织形态——热议中的"电子化居家办公"只是特殊例子之一。这里的特别之处在于，生产力的发展与对以往劳动组织的"企业典范"的变更同时发生了：一边是生产力逐渐提高，另一边是新的劳动力雇佣和组织形式不断得到尝试及运用，这种新形式可能是非职业或非企业的。简言之，它们都只是同一枚硬币的正反两面。

灵活的未充分就业的可能性先是被企业利用，随后又得到了1985年5月通过的《就业促进法》的认可。这部法案为劳动力市场和劳动法

第六章 劳动的去标准化

的弹性化(临时合同、职位共享、按需就业、劳务派遣)奠定了法律基础。尽管这部法案的有效期只到1990年,但在接下来的五年里,它将加强并完善全职工作向兼职工作的转变过程。目前尚不清楚的是,这种劳动经营形态的转变(从标准化的充分就业体系转变为去标准化的、灵活的未充分就业体系)有多大可能会在20世纪90年代出现大范围后退。法律的"玩笑"就在这里:十八个月的劳动合同期限并没有任何客观依据,绕过法律上的解雇保护也不是没有可能。一方面,这部法律鼓励把短期就业关系中的失业整合进就业体系;另一方面,它也为普遍实行令人不安的未充分就业打开了方便之门,其中免不了相关风险。*

在今日德国(或其他西方工业国家)的就业关系中,广泛存在着"无保障"合同或"无序"合同,但我们几乎没有任何相关的(可靠)数据或信息。从规模、类型及部门分布等方面来看,劳动力市场中的这一区块已经成为研究地图中的"空白"。这与其重要性不成比例。卡萝拉·穆勒(Müller, 1982)搜集了1982年的一项数据:合法的劳务派遣(1981年约有4.3万人注册);不合法的劳务派遣的数量则相应多达6倍至9倍;劳务派遣规模的扩大,多数是因为使用了虚假劳动合同(尤其是金属加工业和建筑业)和雇用外籍人员;微量工作制(每周少于20小时可免缴失业保险,少于15小时亦可同时免除医疗保险和养老保险;这两种形式的雇佣数量在1979年约为124万人,其中多为女性);季节性就业(有限期的充分就业);随生产能力而变的工作时间(KAPOVAZ),即劳动合同有期限,但并无固定的工作时间,受雇者必须随时听候调遣;这种工作形式对企业极为有利,因而广为流行,尤其是零售业;此外还需要提到承揽合同、"自由职业"、打黑工等(Müller, 1982: 183—200)。

如往常一样,这一爆发性局面源于生产力的发展。但不同于马克

---

* 本段文字不见于英译本,这里按德文本补译。——中译注

思的猜想，生产力并没有打破所有权关系。以马克思主义的方式来思考，生产力的革命潜力更可能"引火烧身"。生产力会打破劳动合同与劳动力市场之间的联系，这种联系是工业社会供应和使用劳动力的方式。在这种情况下，新的权力失衡会出现在劳动力市场的各缔约方及其利益组织之间。考虑到现行雇佣体系中的利益投入，考虑到其中的政治和集团的组织力量，我们不难预测，劳动社会的系统转变将遭遇相当大的阻力，并可能延续很长一段时间。为此，我们不可能在今天就作出预测，断定工业社会的工作体系中的哪些部分会受到这一新旧交替过程的影响，而哪些部分不受影响。尽管如此，灵活而多元的未充分就业的新体系和去中心化的劳动形式依然依赖于更高的生产力，这至今都具有决定性意义。新的工作体系的"历史优越性"在于：它有望缓解日益加剧的工作短缺，从而避免可耻而危险的政治表现形式——公开失业；它也有可能重新调整失业，乃至把失业改造成生产力的发展。从就业者的角度来看，未充分就业形态带来的风险同局部意义上的自由与自主权处在同一竞技场上。这种自由和自主权是就业者为塑造自己的生活而竭力获取的。

不少人认为，全职向兼职的转变极大地有助于克服失业，但相反的情况也可能会出现。不断取得进展的个体化逐渐迫使人们进入劳动力市场。随着灵活而多元的未充分就业和临时就业等机会的出现，遭到切分的劳动力市场社会的堤坝也崩溃了。那些仍在阻拦劳动参与的障碍被移除了，如参与劳动力市场同家庭或学业的矛盾。同时，作为"隐性储备"的女性和年轻人也开始拥入灵活的未充分就业市场。既然有合适的供应，需求自然就会暴增。一场需求的雪崩被触发了，这令此前的估算全都成为一团废纸。

综上所述，我们关注的是工业社会体系在其最发达阶段出现的自我革命理论。理性化进程不再只是沿雇佣劳动的工业化形态与轨道而前行，相反，它日益与其背离。革新动力被点燃了，它不仅改变了劳动

第六章　劳动的去标准化

力和工作的预设范畴的数量分布，而且也重塑了它们的社会形态和组织原则。在这样的理论视角下，社会发展的连续性和断裂性以某种特定的方式相互交织，彼此互为条件。从以利润为导向的理性化的一贯逻辑来看，我们熟悉的工业标准化体系正在转变成未来这种多元、灵活而分散的未充分就业体系。我们可以从大规模失业在特定人生阶段的分布看出，未充分就业作为充分就业与失业的合题，如今已经被"整合"进就业体系，正如失业这样的生命片段早已成为不少人标准人生的组成部分。制度的"常态化"对应着人生的"常态化"，其结局殊难预料。但政治的应对之道依然是其中的关键。如果不扩充社会保障体系，未来人们就可能面临贫困。只有从法律上保障每个人的最低收入，我们才能在这种发展里赢得一点自由。*

---

*　英译本在此之后有删节，对应德文本第237—248页。——中译注

第三部分

自反性现代化：
论科学与政治的一般化

回顾与展望

前面两个部分讨论了工业社会的自反性现代化,其主导理论观念沿两条论证线索展开:其一是风险分配的逻辑(第一部分),其二是个体化命题(第二部分)。那么,这两条论证线索是如何相互联系,并与某些基本思考关联在一起的呢?

(1)在理论上,我们可以把个体化进程看成自反性的产物。经由自反性,以福利国家为保障的现代化进程瓦解了工业社会固有的生活方式之传统,这种"传统"一度替代了前现代性。就像封建农业社会的生活和工作方式消散在19世纪初一样,同样的转变如今也发生在发达工业社会的生活与工作之中——社会阶级和阶层、嵌入男男女女"标准人生"的核心家庭、劳动的标准化等。19世纪有个流传广泛的说法,就工作和生活方面的蓝图而言,工业社会是一个现代社会。虽然这个传说至今仍支配着科学、政治和日常生活中的思考与行动,它却丧失了神秘性。与之相反,就历史而言,现代性事业虽然最初以工业社会的形式获得承认,却同样在这种形式中遭遇了制度性切分。就主要原则——如借助劳动力市场谋生的"标准"——而言,工业社会的实现同时意味着扬弃。以福利国家为保障的劳动力市场社会日益普及,这瓦解了阶级社会与核心家庭的社会基础。人们由此遭受到双重震撼。首先,他们摆脱了工业社会里那种看似天然有效的生活方式和理所当然的态度;

其次，伴随着这种"后历史"的终结，历史意识从人们的思考、生活和工作方式中消失得无影无踪。应对焦虑和不安的传统处理手段失效了，而焦虑和不安依然遍布于社会—道德环境、家庭、婚姻和男女角色。在同一层意义上，应对焦虑和不安也成了个体自身的需求。由于这种相关联的社会文化的冲击和不确定感，人们迟早会对教育、咨询、治疗、政策等方面的社会制度提出新的要求。

（2）我们也可以援引财富生产与风险生产的关系这个例子来说明现代化进程的自反性。倘若以工业社会的范畴来思考，我们总会让风险分配从属于财富分配的逻辑。直到现代化进程使工业社会的基础失去传统，这种一元论思想才变得摇摇欲坠。无论是应对风险的方式，还是风险的等级和范围的扩大（由新技术和理性化过程实现），它们都不能使风险社会区别于工业社会。反之，这里真正重要的，毋宁是结构性社会条件在自反性现代化进程中发生了巨变：现代化风险的潜伏性在风险本身的科学化过程中被解除了。工业系统高奏凯歌，使自然和社会的边界日趋模糊。相应地，对自然的破坏也不再是"环境"问题，因为这种破坏随工业发展而变得普世化了，因而成了系统内生的社会、政治、经济和文化的矛盾。现代化风险在系统制约的条件下实现了全球化，也失去了它的潜伏性。我们不能再按工业社会的模式来应对现代化风险，因为这种模式暗中假设，现代化风险与社会不平等拥有一致的结构。但现代化风险拥有自己的冲突动力，它脱离了工业社会的既有图式，例如生产和再生产、阶级、政党及子系统。

就此而言，工业社会和风险社会的区别不完全等同于财富和风险在生产与分配"逻辑"上的差异。相反，这种区别源于其中优先关系的颠倒。工业社会概念预设了"财富逻辑"的支配地位，并主张财富分配与风险分配兼容；风险社会概念则断言两种分配不可兼容，两种"逻辑"互为竞争。

在接下来的第三部分，这些论证会在两个方向得到深化。首先，工业社会的一切构想都以可专业化为出发点。换言之,科学认识和政治行动可以标出界限并予以垄断,这一点尤其体现在为"科学系统"和"政治系统"而安排的社会系统及其制度上。其次,也有相反观点认为,自反性现代化面对的是高度发达的民主制和已然确立的科学化的条件,这会引发特有的科学和政治的去边界化过程。知识的垄断和变革的垄断处在分化之中,它们远离了原先预留给它们的位置,并在变换样貌之后变得随处可见。因此,我们突然搞不清楚,在民主制的投票表决之外,究竟是传统的家庭政策还是前沿的人类遗传学成了人们共同生活的首要变革因素?这表明除了那些已经认识到的特征,当今涌现的风险之所以不同于以往,首先在于它改变社会的幅度大小(第八章),其次在于它特有的科学构成(第七章)。

154

第七章

超越真理与启蒙的科学？

如果从前我们关心的是"外部"引发的危险（诸神或自然），那么今天，风险的新历史特性则源自内部决策。风险既是科学的建构，也是社会的建构。科学是风险的原因之一，是风险界定的媒介，也是解决方案的来源。正是凭借这一事实，科学为自身打开了新的科学化市场。一方面，科学协助制造并界定了风险；另一方面，这些风险又受到公众和社会的批判。在它们交互影响的过程中，科学技术的发展呈现出重重矛盾。这一观点可以由四个主题来展开说明。

（1）与传统现代化和工业社会现代化的区分相对应，科学、实践和公共领域之间的关系也可分为两种格局：简单科学化和自反性科学化。科学最初应用于"给定"的人、自然和社会的世界，但在随后的自反性阶段，科学需要面对自己的产物、缺陷和次生问题。就此而言，科学遭遇了文明的第二次创生。第一阶段的发展逻辑依赖于遭到切分的科学化过程，因而科学并没有把怀疑主义有条理地运用到科学理性自身的知识与启蒙诉求上。第二阶段的发展逻辑依赖于彻底的科学化过程，这种科学化把科学的怀疑主义扩展到它自身的内在基础和外在结果上。由此，科学的真理与启蒙诉求便遭到了祛魅。两种格局间的过渡发生在科学化的连续性之中，但恰恰如此，科学工作的内部和外部关系

第七章 超越真理与启蒙的科学？

才充满了变数。

初级科学化*的动力源自传统与现代、常人与专家之间的对立。只有在这一分界存在的情况下,当科学成果的应用以权威主义的方式在外部关系中得到推广时,怀疑主义才能在科学的内部关系中得到普及。直到20世纪上半叶,坚信科学和进步(虽然确定性在减弱)这样一个局面,依旧是工业社会现代化的典型特征。在这个阶段,科学可以扫除它所面对的实践和公共领域的抵抗。这有赖于科学取得的那些显而易见的成就,包括把人从其毫无意识的束缚中解救出来的承诺。然而,一旦自反性格局愈益重要,情形就从根本上改变了(相关迹象可以追溯到20世纪初,如知识社会学、意识形态批判的发展、科学理论中的可误论、对专家的批判等等)。

进入实践领域之后,科学如今面对的是已经被它客体化的过去和现在。科学既是它需要分析并处置的现实与问题的生产者,也是其产物。由此,科学成了被瞄准的对象,它不仅是问题解决也是问题肇始的源头。在实践和公共领域,科学不仅要结算成就,也要总结失败。换言之,科学需要逐步反省其未兑现的许诺。为此,我们可以找到很多理由:科技发展的成就在增多,由此带来的风险却增长得更快;解决方案和解放许诺在付诸实施时却明显暴露出成问题的一面,而这些又反过来成了科学密集分析的对象。此外,颇为吊诡的是,在一个科学分配、专业管理的世界中,科学的未来视野和扩张机会也同科学受到的批判捆绑在一起。

在科学以自己为指向的这一阶段,科学的扩张以批判科学和现有的专家活动为前提,并不断加以推动。于是,科学文明展开一场以公共

---

* 在本章的行文中,作者经常换用"初级科学化"和"简单科学化"这两种表述,但实为一物。此外,"自反性科学化"在后文又被称为"第二次科学化"(见本章第四节)。译文将遵循作者的选词。——中译注

领域为媒介的自我批判,继而动摇了自己的根基和自我理解。科学文明也暴露出自己在基础和运作方面的某种不确定性。只有在风险和发展前景的潜在可能得到揭示之后,这种不确定性才会被克服。由此,科学走上了去神秘化的道路,科学、实践和公共领域的结构也将发生根本的转变。

(2) 作为结果,科学的知识诉求经历了影响深远的去垄断化。对于有社会约束力的真理界定来说,科学日益成为必要条件,但已经不足以成为充分条件。科学被解除某些功能不是偶然的,这个过程也不是外部强加的。相反,它源于科学有效性诉求的实现与分化,因此乃是风险条件下科技发展的自反性的产物。一方面,由于在其内外关系中同时看到了自己的影子,科学开始运用怀疑主义方法,把它的威力扩展到自身的基础和实践结果方面。相应地,面对可误论的成功发展,科学的知识与启蒙诉求也开始系统地缩减。科学作为通往现实和真理的途径的地位,也被决策、规则和惯例取代,由此造成的结果将呈现出完全不同的面貌。祛魅的过程蔓延到了祛魅师身上,从而改变了祛魅过程的条件。

另一方面,当科学日益分化的时候,各种有条件的、不确定的、无关联的碎片化成果也如洪水般暴增,令人眼花缭乱。假说性知识过于庞杂,方法论上的验证规则已经不堪重负。除此之外,其他的替代标准如声望、出版物种类、出版地点、所在机构等也都失灵了。于是,随科学化而系统产生的不确定性扩散到了外部关系上,这反过来促使政治、经济和公共领域中科学成果的目标群与应用者,转变成了知识界定这一社会过程的活跃参与者。科学化的"客体"也在下述意义上成了这一过程的"主体",即他们可以而且必须积极处置科学提供的各类参差不齐的解释。这不仅指人们需要在对立的、高度专业化的有效性诉求之间作出选择,而且考虑到这些诉求也会相互竞争,因而人们无论如何也要把它们重新组合,使之展现出具备行动能力的前景。对于科学的目标

第七章 超越真理与启蒙的科学？

群和应用者来说，自反性科学化在生产和应用科学成果的过程中，开启了影响和发展的新机会。这种发展进程具有高度暧昧性：一方面，它包含利用科学自身把社会实践从科学中解放出来的可能性；另一方面，它让社会上通行的意识形态和利益位点免受科学启蒙诉求的影响，它也借助政治经济的利益和"新的信仰之力"，为科学认知实践的封建化打开了大门。

（3）随着科学的知识诉求的不断实现，相反的进程，即不可变革之禁忌日益成为科学研究独立性的试金石。科学化越是不断推进，风险处境越是清晰地进入公众的意识，政治作为的压力就会越大，科技文明也就越有可能演变成一个由科学制造的"禁忌社会"。虽然原则上都是可变的，但越来越多的领域、机构和条件因设立各种"客观限制"、"系统限制"或"固有动力"而被成体系地排除在变革的期望之外。科学再也无法坚持其继承的"禁忌破坏者"的启蒙立场，相反，科学必须接受"禁忌设计者"这一反面角色。相应地，科学的社会职能亦处在摇摆之中，它既可能开启也可能关闭行动的可能性。由于这种矛盾的外部期待，科学职业的内部也激起了各种冲突和分裂。

（4）即便是科学理性的基础也没有豁免于日益普遍的变革期望。由人创造的东西，也可以由人来改变。正是这种自反性科学化，不断凸显科学理性自我施加的禁忌，也使之愈发可疑。这里的嫌疑在于，那些"客观限制"和"潜在副作用"代表了科技发展的"固有动力"，可以说，它们是由自身造成的，因而在原则上也是可以解除的。现代性的事业、启蒙的事业，尚未完成。主流历史对于科技的理解认为，这种事实上的僵化状态需要由理性的复苏来打破，并转化成一种科学理性的动态理论。这样的理论吸收了历史经验，因而依靠学习能力而不断发展完善。

就这一点来说，重点在于科学能否在其实践的风险方面实现自我克制，而不在于科学是否跃出自己的影响范围，谋求在科学成果转化方面参与（政治）决策。鉴于一度宣称不可预见的副作用又有了可预见性，那么，我们究竟在搞什么样的科学——这或许是事情的本质。因此，关键在于：过度的专业化是否还会延续，这种专业化自行制造了副作用，就像是一次次确认它的"不可避免"；或者能否再度发掘和培育以相互关联为背景的专业化。人们能否在应对实践后果的过程中重新获取学习能力；或者人们因忽视实践后果而引发不可逆转的局面，这一局面建立在免于犯错的假设之上，因而从一开始便排除了从实践错误中吸取教训的可能性。在应对现代化风险时，人们在多大程度上可以用清除原因取代处理症状？人们在多大程度上可以借助变量和原因，对有关"文明自我招致"的风险的实践禁忌作出科学描绘并加以破解？换言之，风险和威胁是被客观有条理地解释、科学地阐发，还是被淡化和掩饰？

简单科学化与自反性科学化

在初级科学化的开始阶段，普通人就像印第安人那样被逐出"狩猎场"，赶回"保留地"。这一阶段在很早以前就结束了，但其间人们创造了完整的优先性神话和权力梯度，用于描绘科学、实践和公共领域之间的关系。那个时代的发展逻辑（毕竟是经典社会学的核心主题）就算没有完全销声匿迹，如今也只见于某些现代化的边缘地带。[①]这种逻辑的地位几乎被自反性科学化的关系和冲突所取代。科学文明进入了新的发展阶段，在这一时期，我们不仅要科学地认识人、自然和社会，也要科学地认识科学本身，认识它的产物、影响和错误。科学关心的问题不再是"从预先存在的依赖关系中获得解放"，而是对科学"自我招致"的

---

① 比如当前的"家庭科学化"浪潮（可从家庭和婚姻咨询专家的流行看出来）。但即便是在这样的地方，科学化遭遇的也是一个由科学和专业以多种方式塑造并影响的实践领域。

第七章 超越真理与启蒙的科学？

错误和风险作出界定及分配。

现代化的"后果问题"涌上了科技发展的前台。这些"后果问题"的条件与过程、媒介与机构，完全不适用于简单科学化阶段的错误处理程序。在科学化的第一次浪潮中，各个学科的科学家更看重（时真时假）科学的理性和思维方式，而不是传统的知识形态、民间智慧或常人实践。这种优先性很难归之于科学工作更低的出错率，而是源于这个阶段应对错误和风险的社会组织方式。

首先，对一个尚未被科学触及的世界来说，科学的渗透促成了在问题的缘起和问题的解决之间清楚划界的可能性，其中界线的一边是科学，另一边则是其（实际或潜在的）"对象"。科学应用的立场是把问题和错误的源头清楚明了地加以客体化。换言之，需要为人们遭受的疾病、危险或灾难"负责"的是狂野而不可理喻的自然，是牢不可破的习俗的强制。

科学把问题和错误的源头投射到它尚未勘探的"无人区"，这种做法无疑表明，科学还没有彻底覆盖其应用领域。这同样表明，科学自身在理论和实践上的错误源头也是以系统的方式组织起来的。我们大可以说，科学的历史更像是疏忽和犯错的历史，而不是获取知识的历史。这就是科学"知识"、科学"解释"和实践性"解决提议"总是相互冲突的原因，不分场合、思想流派或文化等。但这并非暗示科学的理性诉求的信誉会因此而受损，因为科学完全有能力在自身内部成功地处置疏忽、错误和对其实际后果的批评。就此而言，科学一方面在专业外部的公共领域面前独占了理性诉求，另一方面则在专业内部预备了批判讨论会。

在这样的社会结构中，我们甚至可以反过来把涌现的问题、技术的缺陷和科学化的风险追溯至以往科学支持体系的发展不足。这种支持体系本可以转化成新的技术发展的动力和计划，并最终巩固科学的理性垄断。在科学发展的第一阶段，人们把错误和风险转化成了科技的扩张机会与发展前景。在根本上，这种转化被免除在现代化批判和文明批判之外，因而可以说是"异常稳固"的。实际上，这种稳固建立在方法论怀疑主义的切分之上：在科学内部，批判准则得到了普及（至少是这么说的），而在外部，科学成果仍以权威主义的方式进行推广。

由于科学——以学科间关系为媒介——把关注的目光转向自身，这种状况显然开始受到削弱。如今，反倒是错误源头和问题成因的"投射"策略，促使人们把科学和技术看作问题与错误的可能成因。风险在现代化的自反性阶段成了人们关注的焦点。风险打破了错误在专业内部转变为发展机会的模型。风险也瓦解了19世纪末广泛确立的简单科学化模式，动摇了它在职业、经济、政治和公共领域间建立的和谐权力关系。

有关现代化风险的科学发现和研究表明，科技的发展——以学科间关系为媒介——构成了它自身需要面对的问题。在此，科学化本身经由科学化过程而成为一个问题。因而，单门科学或单个职业在彼此打交道时所遭遇的一切困境和对立就会一下子爆发出来。因为科学在这里遭遇了科学，所以某门科学可能迎面为对方送上全部的怀疑和不屑。普通人对科学的抵抗常常也是咄咄逼人，但多少底气不足；如今取而代之的是科学自身对科学的各种抵抗：对立性批判、方法论批判，以及在职业资源的竞逐场上充满帮派气的"阻挡行为"。在这种意义上，现代化的后果和风险只能借助不同科学对某种科学服务体系的批判（和反批判）才能展现出来。因此，自反性科学化面临的扩大机会，似乎同现代化的风险和缺陷构成正向关联，而同对科技文明进步的顽固信念构成反向关联。科学地揭示和处置风险需要突破一道门，这道门就是科学批判、进步批判、专家批判和技术批判。风险打破了以往在专业或学科内部处理错误的各种可能性，并强行在科学、实践和公共领域之间施加了新的分工结构。

因此，想要揭示迄今为止的现代化风险，我们不可避免要去捅科

第七章　超越真理与启蒙的科学？

学职业的竞争关系这个马蜂窝，我们也要唤起对"扩张主义侵犯"的抵抗，因为一门科学职业需要竭尽数代人的力量（包括学术力量）才能建立它"珍爱的问题"，完善它用心架设的"研究基金渠道"。只要公众依旧对现代化某些成问题的方面熟视无睹，没有把敏感度转化成批判乃至社会运动，没有表达和释放自己对于科技的抗议，那么，风险的社会识别与应对就会搁浅在这里所说的竞争问题和难以化解的学派冲突上。现代化风险只能经公共识别的渠道，由外部"按压"在科学头上，"指定给它"。现代化风险的界定和关联不是科学内部的事务，而是全社会的事情。就算在科学内部，风险也只能通过背后的动因即社会层面的议程来展现自己的效力。

这反过来要求一个前提，即一种尚不为人所知的科学批判和文化批判。至少在局部意义上，这种批判的基础在于人们接受替代性专门知识。在自反性条件下，有关科学后果问题的知识在诸社会行动领域得到激活的可能性大为增加，这些知识要么从外部捕获，要么载运至外部，从而形成了抗击科学的科学化形式。由于这种科学化，我们正在经历的进步批判和文明批判已然有别于其在过去两百年中的对等物。批判的主题日益普遍化，批判至少得到了科学的部分支持，并且，批判如今在面对科学时也拥有完整的科学界定权。这触发了一场运动，科学在这个过程中被迫在全体公众面前清楚展现自己的窘迫、狭隘和"出生缺陷"——所有这些在科学内部早已见怪不怪。于是，各种形式的"替代性科学"和"辩护性科学"开始涌现，它们把整个"科学戏法"同其他原则和利益联系起来，并由此得出了截然相反的结论。简言之，在抗击科学的科学化过程中，科学使自己经受了尖锐的抨击。新的以公众为指向的科学专家出现了，替代性科学细致缜密地揭露了科学论证的基础中那些可疑的方面，与此同时，众多科学也在其应用实践领域经受了崭新的"政策化测试"。

在这样的发展过程中，科学自身的公共信誉开始急剧下降，但这也为它开启了影响和应用的新领域。举例来说,自然和工程科学近年来接受了公众对其自身的诸多批评,但它们也懂得如何把这种批评转化成扩张机会,譬如从概念、手段和技术等角度区分"尚可忍受"或"不可再忍"的风险、健康威胁或工作负担,等等。科学发展进入了自反性阶段,其中的自我对立清楚可辨:公众对先前发展的批评成了科学扩张的动力。

就是这样一种发展逻辑,在这个过程中,科学、实践和公共领域的紧密配合实现了现代化风险的社会构成,随后这种风险又对科学予以回击,促成了"认同危机"、新的组织和劳动形式、新的理论基础、新的方法论进展等等。因此可以说,对错误和风险的加工消化与整个社会层面的讨论衔接在一起,并融入了批判科学及现代化的社会运动,或同这场运动形成对峙。我们不应当为这种现象所迷惑,因为尽管存在着种种矛盾,但科学的扩张已经上道。在自反性科学化的条件下,围绕现代化风险的公共讨论的路线是把错误转化为扩张的机会。

文明批判、学科对立以及有着公共影响的抗议运动,它们之间的犬牙交错可以借环境运动的例子来形象说明。① 自然保护运动在工业化之初就诞生了。自然保护组织的逐项批判(除此之外,它既没有为工业化带来重大损失,也没有构成一种根本的批判)总是无法摆脱敌视进步、落后保守的色彩。这种局面要想有所改观,其前提是下述两个条件得到满足:其一,工业化进程造成的自然威胁日益引发社会关注;其二,科学的解释系统的供求彻底摆脱古老的自然保护观。公众对工业化显著的破坏性后果日益不满,科学的解释系统不仅揭示而且论证了这一现象。科学的解释系统使工业化后果具有普遍性,即使之脱离了

---

① 在此,我主要参考了罗伯特·米切尔(Robert C. Mitchell, 1979)的讨论(就我所知尚未出版)。有关同一主题,还可进一步参见诺沃特尼(Novotny, 1979)、魏因加特(Weingart, 1979)和屈佩尔斯等(Küppers et al., 1978)。

第七章 超越真理与启蒙的科学?

具体的个案和场合,在这个意义上,科学的解释系统也加入了对工业化和技术化的广泛抗议。

在美国,生物学研究责无旁贷地揽下了科学解释的主要任务。这类研究关注工业化对自然生命系统的破坏性影响,为人类真正敲响了"警钟"。也就是说,研究者在开展科学论证时运用了一种公众可以理解的语言,他们揭露工业化对地球生命的各种既有影响和潜在影响,并把它浓缩成一幅岌岌可危的图像。[①]当公众的抗议运动援用这种或那种科学论证的时候,上文提及的"抗击科学的科学化"过程就开始了。

环境运动的目标和主题逐渐脱离具体的场合以及最终可以轻松达成的个别呼求(建立森林保护区、保护某种动物等),而变成对工业化自身的条件和前提的一般性抗议。保护的场合不再局限于个别情况,局限于那些可溯源的、看得到的威胁(原油泄漏、工业排放污染河流等)。对一般公众来说,逐渐占据中心的威胁常常既看不到,也不可触摸;有时候,这些威胁的影响甚至不会在某个受害者的一生中发作,而会留到下一代人身上。无论如何,只有借助科学的"感官"——理论、实验和测量设备——这些威胁才能成为"可见"的威胁,才能得到解释。

在科学化的生态运动中,抗议的场合与主题在很大程度上独立于抗议活动的行动者,即受到影响的普通人。这固然有点吊诡。在一些模棱两可的例子中,威胁甚至完全不能被感知,它不仅要由科学来传达,严格说来,更要由科学来构成。这并没有降低"普通人抗议"的重要意义,但确实表明这种抗议对"替代性科学"媒介的依赖。诊断威胁抑或同其成因作斗争——要想成功实现这些目标,我们只能借助完整

[①] 我在这里尤其想到了蕾切尔·卡森(Rachel Carson)的《寂静的春天》(*Silent Spring*)(1962年初版,并在三个月内售出了10万册)和巴里·康芒纳(Barry Commoner)的《科学与生存》(*Science and Survival*, 1963)。

的科学武库,包括测量工具、实验手段和论证方法等。这就要求人们具备相当专业的知识,进行非常规分析的准备和能力,以及拥有开销不菲的技术设备和测量工具。

这个例子很有代表性。因而可以说,在文明风险处境的起源和深化过程中,在相应的危机意识中,科学在三重意义上卷入其中。首先,科学成果的工业化应用制造了问题。其次,科学提供了可以把问题识别成问题并加以描绘(或者说使问题显现)的各种手段即范畴和认知工具——这些手段也可以让问题不成其为问题。最后,科学提供了"克服"其自行招致的威胁的各种前提条件。因此,在专业化的生态运动中——再次以环境问题为例——从前那些广为宣传的针对自然的行为禁忌,如今已经所剩无几。

> 恰恰相反,物理、化学、生物、系统研究和计算机模拟所提供的前沿优质成果才是相关要求的依据所在。生态系统研究运用的概念是高度现代的,并且不仅力图在局部意义上(会引发风险,即因系统性疏忽而导致不断衍生的损害和后果),也要在整体上认识自然……吃着穆兹利,背着麻布包,这样的人实际上才是新的现代性的先驱。这种现代性的特征是在把自然加以科学化和技术化的过程中,不仅追求完美、讲求高效,而且愈发包罗万象。(Weingart,1984:74)

正是由于意识到对于抗议对象的依赖,反科学的姿态之中才混杂了诸多苦涩和非理性。

失去垄断的科学

把科学挤下宝座的不是科学的失败,而是科学的成功。我们甚至

第七章 超越真理与启蒙的科学?

可以说,科学越是在20世纪取得成功,其最初的有效性诉求也就越发快捷而彻底地成为相对之物。在这个意义上,20世纪下半叶的科学发展全都经历了连续性之中的断裂。这是从科学的外部关系(如上所述)和内部关系(如下所论)两个方面来讲的。这里的内部关系包括:科学在理论和社会层面的自我理解、科学的方法论基础以及科学在应用上的关联。

简单科学化的模式建立在"素朴性"之上。一方面,科学的怀疑主义方法实现了制度化;另一方面,这种怀疑主义仍然只适用于科学研究的对象。科学知识的基础就像科学成果在实际应用中遭遇的一切问题那样,仍在怀疑主义的豁免之列。外部的教条在内部却免遭挑战和怀疑,这背后隐藏的不只是"无行动负担"的研究活动和有行动压力的实践与政治之间的差异。在实践和政治领域,人们需要系统地缩减怀疑,并用明确的行动计划取而代之。科学理性沿着内部和外部的界限遭到了切分,这同科学专家群体的市场及职业化利益密切对应。科学服务和科学知识的主顾购买的是"知识",而不是什么承认并揭发的错误、证伪的假设,抑或无论多么高明的自我怀疑。市场中的某些人的知识诉求在同其他专业群体或外行群体的竞争中占据了优势,因而只有这些人才能赢得若干物质和制度前提,得以沉浸于内部"怀疑主义的奢侈"(又称基础理论研究)。从理性的观点来看必定会普及的东西,必然会在市场的主导下转向反面。

在"富有成果"的科学化进程中,怀疑和教条化这两种技艺既相互补充,又相互矛盾。科学的内在成功是因为废除了"实验员崇拜"。* 与之相反,科学的外在成功则建立在对"无误论诉求"的审慎构建、大力吹捧和顽强辩护上,从而可以免除任何"非理性批评的嫌疑"。依据其

---

* 原文直译为"穿白衣服的半神",通常在反讽的意义上指"医生",这里当指穿白大褂的实验科学家。——中译注

生产条件,科学成果总是可能成为"招之即来的错误",因而需要获得某种风格,成为永久有效的"知识"。如果有人在实践中对此漫不经心,那将是十足的愚蠢。

就此而言,在简单科学化的模式中,现代性和反现代性总以充满矛盾的方式交融在一起。不可分割的批判原则分裂了,这些原则的有效范围也遭受了切分。知识诉求的绝对性在外部关系中得到了发展,奇怪的是,这与犯错嫌疑的普遍化构成了对比,因为后者已经在内部关系中成为规范。科学触及的一切都被看作可变的,除了科学理性本身。不受限制的东西受到了限制,这绝非偶然,而是功能上的必备。只有这些限制给予科学在认知和社会层面的优越性——相对于主流传统和常人实践。也只有这样,批判性知识诉求和职业化努力才会(充满矛盾地)捆绑在一起。

这一论断带来了两个后果。首先,从19世纪延续至今的科学化进程同样需要理解成教条化过程,即对科学"信条"的践行,这种"信条"具有不可置疑的有效性诉求。其次,初级科学化的"教条"是不稳定的,但其性质全然不同于科学所击败的那些(宗教与传统),因为科学的"教条"承载了科学进行批判和扬弃的标准。就此而言,科学发展在其连续不断的成功中,削弱了自己的边界和基础。科学论证的规范大获全胜,不断普及,整个局面为之一变。科学固然不可或缺,但其原初的有效性诉求却遭到了剥夺。这同样引发了"实践问题"。科学在内部关系和外部关系中逐步丧失其确定性,从而导致它的权力不断衰弱。作为结果,专家和常人在理性梯度上趋于平等化,尽管其间不乏冲突(其中一个明显的标志是"医疗事故"诉讼的增加)。此外,其他反映权力梯度的常见概念也失效了:现代性和传统、专家和常人、成果的生产和应用。在自反性科学化条件下,怀疑主义边界的消除可以沿两条线索来描述,其一是科学理论,其二是研究实践。

第七章 超越真理与启蒙的科学？

科学理论的可误论

从简单科学化向自反性科学化的转变，就其自身来说，是在科学制度的框架下进行的。这个断裂的施动者是把科学批判地应用于它自身的那些学科——科学理论和科学史、知识社会学和科学社会学、心理学和经验性科学民族志等等。自20世纪初以来，这些学科不断取得进展，侵蚀着科学理性自我教条化的基础。

一方面，这些学科是按职业化和制度化的要求不断发展的，它们尤其满足了仍旧有效的简单科学化的要求。另一方面，这些学科取消了自己的应用条件，从这个意义上来说，它们已经成为具有自我批判性的自反性科学化的先驱。因此，"反对科学"并不是20世纪60年代或70年代的发明，相反，它从一开始就隶属于制度化的科学纲领。最初那批"替代性专门知识"中的一个例证是马克思对"资产阶级科学"的批判，其影响一直绵延到今天。马克思的批判已包含充满矛盾的张力关系，一边是自己对科学的信念，另一边是对现存科学的普遍的意识形态批判。这种张力关系也在随后不断演变，推陈出新，如曼海姆的知识社会学，波普尔的证伪主义，以及库恩对科学理论中的规范主义的科学史批判。这种系统地"自毁巢穴"的现象之所以不断出现，是因为科学坚持不懈地在自己身上应用可误论。但这种可误论最初只在部分意义上实现了制度化。科学自我批判的过程不是一条坦途，这种批判坚持不懈地瓦解了抢救科学认知事业之"理性内核"的各种层出不穷的尝试。这一最终带有渎神性质的"猜想与反驳"的过程可由诸多例证加以描绘，但没有一个例子像20世纪科学理论的讨论过程那样展现得如此经典，如此"堪称榜样"。

当波普尔为防范江湖术士而建立证伪原则时，他曾用一把"匕首"对准他自己想要为这个原则"奠定基础的一切企图"。最终，波普尔同样也对基础论思维使用了这把"匕首"。证伪原则中包含的任何"基础论残余"都会逐步得到揭露，并借助这一原则在自己身上的不断应用而将其扫清，直至证伪原则以为依靠的柱石坍塌。到那时，费耶阿本德的名言"怎样都行"也仅仅是总结了这一状况——它是科学理论尽心尽责、一丝不苟的表现。①

研究实践的可误论

但人们可以说：那又怎样？科学实践者确实就是这么反问的。自伤元气的科学理论关我们什么事？科学理论不过是研究实践的"哲学遮羞布"，它一点也不关心研究实践。证伪原则得到了推销，随后又被认为是多余的，这必定会带来某些后果。但什么也没有发生，完全没有。科学实践在其推进的过程中刚刚失去了真理，就像小男孩弄丢了买牛奶的零花钱。在过去的三十年里，科学已经从服务于真理的活动

---

① 这一论证可以分解为多个步骤。首先，准确来看，"经验基础"不足以作为执行者，对"推测性"理论构造进行证伪。理论构造必定是有根据的。如果让理论构造建立在经验的基础之上，这只会使它脱离主体间性。同时，实验资料（访谈、观察等）的生产则一直受到忽视。因此，总体来看，理论陈述和经验陈述之间的界限，即整个工作的意义也就被废除了。究竟应当如何理解对于证伪基础的坚持探索？假定某个实验未能符合理论预期，那么是理论被一劳永逸地驳倒了，还是仅仅只有预期和结果的不一致得到了揭示？不同的回答会导向不同的决策，因而需要以各种差异化的方式来加以应对或予以阻拦，比如怀疑实验中的某个错误，或者构建相反的理论等；参见拉卡托斯（Lakatos，1974）。库恩（Kuhn，1970）极具影响力的文章引发了科学史的转折，使科学哲学的思考脱离了经验基础。但回头来看，科学理论如果是一种缺乏经验的理论，那么其地位是可疑的。科学理论仅仅是一种合乎逻辑的规范学说，是"好"科学的最高审查权威，从而成为中世纪宗教裁判所在科学领域的对等物？抑或科学理论满足了它自身对经验上可验证的理论的要求？那么，考虑到现存的知识生产和装配存在着许多对立原则，科学理论的有效性诉求就会急剧弱化。科学民族志研究最终"表明"，即便在自然科学理性公认的诞生地（实验室），通行的做法仍像是祈雨舞蹈和丰收仪式的现代变体，换言之，实验室中的活动仅仅着眼于职业规范和社会认可原则（Knorr-Cetina，1984）。

第七章　超越真理与启蒙的科学？

转变成没有真理的活动,但科学仍旧在社会层面竭力获取真理的好处。科学实践干脆跟随科学理论走上了猜想、自我怀疑和约定俗成的道路。在内部,科学退化为决策;在外部,风险在扩散。但无论内部还是外部,科学都不再享有理性的长久护佑。科学变得不可或缺了,同时科学又对真理束手无策。

这既不是偶然,也不是意外。真理走上了现代性的常规之路。控制真理、宣告真理的那个科学宗教,在自反性科学化的进程中经历了世俗化。科学的真理诉求无论在经验还是理论层面,都没有经受住极具穿透力的自我检查。一方面,科学的解释诉求退化成了假设,即随时可撤销的猜想。另一方面,现实在数据中变得烟消云散,因为这数据是制造出来的。因此,"事实"——从前是现实的核心——仅仅是换个问法也毫无影响的某种解答,是各种规则的筛选物。一台不同的计算机,一位不同的专家,一家不同的研究所——一个不同的"现实"。既然"现实"不存在,那么这就是一个神迹,是神迹而不是科学。继续罗列有关(自然)科学研究实践的证据无异于玷污尸体。向一位科学家提出真理问题,其处境之尴尬就像是让牧师去问上帝。在科学圈内张口就说"真理",只能代表某个人的无知和平庸,表明他只是不加思考地援引日常词汇。这些词汇既模棱两可,又掺杂情绪。

当然,科学失去真理的过程也有惹人同情的一面。真理是一项超凡成就,一种近乎神的抬升。真理也是教条的近亲。一旦人们拥有了真理,宣告了真理,真理就很难再有改变,尽管如此,真理还是不断在变。科学近似于人,塞满了错误和疏忽。科学没有真理也照样行得通,甚至可能还会变得更好,更诚实、多样、大胆、无畏。事物的对立面充满诱惑,总是蕴藏着机会。整个场景变得绚丽多彩。三位科学家在一起,就会有十五种观点相碰撞。*

---

*　英译本在此之后有删节,对应德文本第272—274页。——中译注

认知实践的封建化

为具有社会约束力的真理定义而诉诸科学成果变得越来越有必要，但也越来越难以满足。这种必要条件与充分条件间的不一致以及由此形成的灰色地带，表明科学丧失了其最核心的功能，即代理性的知识确立工作。科学成果的目标群体和应用者——政治和经济、大众媒介和日常生活——越来越依赖于一般化的科学论证，而同时越来越独立于个别的结论，也不再信任科学对其陈述中的真理或谬误的判断。

科学的分化导致知识诉求转移到外部执行机构那里——这显然是一个悖论。首先，这种转移是因为科学成果显得过于复杂和多样，它们即便没有公然矛盾，也难以相互补充，因而只好固守那些常常不可比较的差异。实际上，这是逼迫实践者作出自己的认知决策。此外，这种转移也是由于科学常常展现出半武断色彩。虽然在具体情境中这种武断色彩（大多）会遭到否定，但它确实体现为各种成果的不一致，体现为诉诸惯例和决策的方法。假说性科学惯于使用"虽然……但是""一方面……另一方面"等表述，这仅仅为知识的界定提供了相反的可选项。

科学成果的洪流，它的矛盾之处，它的过度专业化，让人们从被动的接受转变成了主动的参与，即参与一场自发的知识构建运动。这一过程既可能联合科学，也可能反对科学。现在人们总算可以说：世间事大体不过如此。政治或经济领域相对于科学而获得的自主性，就像它们之间的关系一样古老。但这忽略了此处要提到的两类特殊性。政治或经济的自主性是科学制造的，它们形成于科学的过剩。这种过剩同时使科学的自我要求降低为假说性质，并提供了科学自我相对化的多元主义解释意象。

这样的后果对知识生产的状况造成了强烈影响。科学失去了真理，却面临听从他人号令的危险，即要由其他人告诉它真理应当是怎样

第七章 超越真理与启蒙的科学？

的。繁荣的"宫廷科学"以直接影响的方式成为其中的典型代表，但这绝非个案。造成这一现象的原因，包括成果的性质相近、不具有决定属性以及决策的可及性。成果的选择标准脱离了严格的科学审查，它无论如何也要克服过度的复杂性，从而赢得新的，也许是决定性的意义。这样的选择标准包括基本政治观点的兼容、委托人的利益、对政治意涵的预期，简言之，社会的接受度。

在建立方法论惯例的道路上，科学因自身造成的过度复杂性而存在着让自己的"认知实践"面临内在封建化的危险。与此相应，在外部关系中出现了一种新的特殊主义。大大小小的科学家群体相互隔离，并围绕隐性的成果应用优先权而组织起来。关键在于，这不只是发生在后期的实践接触中，而且早已出现在实验室、科学家的办公室和科学成果生产的密室里。科技生产的风险越不可预测，这些风险对公众意识的影响越大，政治和经济执行机构的行动压力也就越大，社会行动者能够确保接近"科学界定权"也就显得越重要——无论是为了淡化、转移或重新界定这种权力，还是为了大肆渲染或在方法论批判的意义上阻止"界定过程中的外部干预"。

但这个过程还有其他侧面，并因此而带来那么一点光亮。人们脱离了专家那"高人一等"的认知指令（Illich, 1979）。可以扮演"科学找茬者"角色的人越来越多。在科学论证角色的泛化过程中，科学的功能也开始出现了转变，这一点令科学家着实恼怒。就像沃尔夫冈·邦斯和海因茨·哈特曼（Bonß and Hartmann, 1985）说的：

> 自启蒙时代以来，科学论证就被看作唯一权威的正当化执行者。然而，在科学论证的泛化过程中，它似乎丧失了无懈可击的理性权威的光环，并在社会上变得唾手可得。从社会学的角度来看，这一趋势本身就是科学化进程的结果。科学陈述可以在日常世界进行争辩，而不再是神圣不可侵犯的了。这一事实表明，系统化的

怀疑主义固然是科学话语的支柱性原则,却再也不是它的特权了。"未启蒙的群氓"和"启蒙的公民"之间的差别,或者换用更现代的说法,常人与专家之间的差别正在逐渐消失。这种差别转变成了不同专家之间的竞争。实际上,在所有社会子系统中,由于系统化知识的各种组件相互竞争,规范和价值的内化也被反思取代了。(16;另请参见Weingart,1983:328)

仅仅提供"工整"的显著性检验,不足以应对专业内部或专业之间的专家竞争。有时,人们必须亲自现身,说服他人。在自反性科学化的条件下,信念的生产(或动员)是有效性诉求在社会层面推行的重要源头。①

早先,科学是作为科学本身去进行说服的;但在今天,考虑到科学七嘴八舌、论调不一,对科学的信念或反对科学的信念(抑或对这种方法、这种理论、这种取向的信念)越来越具有决定性意义。或许只有"额外"的呈现、个人的说服能力、私人联系、媒体渠道等,才能为"个别的发现"提供"知识"的社会属性。在信念(有助于)决定科学论证的地方,信念很快就能重新占据支配地位。当然,其外在形式不再是信念,而是科学。科学虽然不是知识生产的充分条件,却是其必要条件。在其形成中的朦胧期,各种各样的信仰势力又重新扎根流行起来。这促成了多种可能:宿命论、占星术、神秘学、自我崇拜和自我牺牲,混杂一点科学发现的细枝末节,对科学的严厉批判或盲目信仰。这些新式炼金术士却罕见地豁免于科学的批判,因为他们不是前科学的产物。相反,他们在同科学打交道的过程中,找到了自己的"真理"和信徒。

对科学的免疫不仅仅局限于这些极端例子。用科学武装起来的意

---

① 这或许就是下述事实的原因所在,即人格特质和个人网络为何恰恰随着解释的过度供给而在实践运用中日益凸显其重要性。

第七章 超越真理与启蒙的科学？

识形态和偏见,如今也能在科学的批判面前捍卫自身,这并不鲜见。它们诉诸科学,以便拒斥其主张。人们必须更有知识,包括阅读替代性研究。异议在结果出来之前就被吸纳了,就像是提前约好的。任何情况下都要准备两种(方法上的)根本反对意见,以便让执拗的科学信息自我崩溃。直到20世纪60年代,科学还在指望公众没有分歧、相信科学。但在今天,人们带着不信任情绪追踪科学的努力和进步。人们猜忌被隐瞒的内容,添上副作用,等待着最坏的结果。*

科技文明到处蔓延,不可变革是它的禁忌。在这片禁忌的丛林中,由外部的行动情境衍生的问题使致力于"中立"分析的科学家陷入新的困境。每一项分析都面临着抉择:是在行动变量变成社会禁忌的外围做研究,还是深入其中做研究。这些决策的可能性会影响研究本身的设计(就算是在那些需要听从委托人号令的场合),因而处于科学实践的最核心区域,包括提问方式、变量选择、追踪成因假设的方向和范围、概念设计、计算风险的方法等。

与简单科学化的后果相比,这些研究决策的后果更容易评估。如果说早先的后果还处在工业生产的外围,处在社会的(无权的)隐性领域,如自然环境和人体健康,那么今天确立的风险则会直接对权力的核心地带产生影响,如经济、政治和制度性监督机构。这些地带无疑具备"制度化的专注力"和"法团主义的进取心",因而足以使它遭受的代价不菲的副作用公之于众。于是,风险的"不可见特征"会依照社会形势而受到严格限制,这同样适用于各种后果的"次生属性"。对发展进行监视属于风险研究(或下属部门)的官方职能,其中的指导原则和法律基础众所周知。大概所有人都知道什么样的毒物浓度,突破什么样的极限值,会导致什么样的(法律和经济的)重要后果。

这意味着风险被科学化了。副作用的评估因而从外部问题变成了

---

* 英译本在此之后有删节,对应德文本第278—282页。——中译注

内部问题，从应用问题变成了知识问题。外部消失了，后果是内生的。起源和应用的情境被推挤在一块。研究的自主性同时变成了知识问题和应用问题。能否突破禁忌成了研究好坏的内在条件。这一切或许依旧隐藏在研究决策（选择这样或者那样）的灰色地带。一项研究是由制度、科学理论和道德等多个层面构成的，就此而言，如果这项研究并不旨在第一次扬鞭就越过所有围栏，它就有必要接纳并探究自身具有的政治意涵。

科学抵挡了主流的压力，避免让实践禁忌转变成理论禁忌。正是借助于此，科学证明了自己的健全。在科学分析独立性的意义上，"价值无涉"的要求实际上获得了一种近乎革命的新内涵。或许韦伯也会为今天这种不拘泥于禁忌、客观分析风险的解释大力辩护，他完全熟知事实科学所具有的潜在政治内涵。这样的分析体现出投入的、有价值意识的客观性，因而具有政治的冲击力。*

在此，科学认知实践在可选择的范围内进行影响和操纵的机会也变得清晰可辨。这些机会曾被科学理论以有效性的理由加以排除，因此从未得到评估。依照流行的假设形成理论，因果链条可以朝完全不同的方向进行投射，只要自己的猜想得到证实，它就不会与任何一种有效性标准产生冲突。在发达文明中，科学认知实践变成了对潜在政治变量的"操纵"，这种操纵是内在固有的、客观化的，并且隐藏在无须证成的选择性决策的背后。这并不意味着排除客观化，也不意味着猜测的因果关系可以在政治上建立起来。当然，因果分析和行动分析还是相互交织的，这独立于科学家的自我理解。但这种双重的、建构的风险现实把对原因的客观分析政治化了。在这种条件下，如果科学从错误理解的"中立性"出发，遵照禁忌从事研究，那么，它就是在助长现有的局面，使看不见的副作用法则主宰文明的发展。

---

* 本段文字不见于英译本，这里按德文本补译。——中译注

第七章 超越真理与启蒙的科学？

论"副作用"的可评估性

我们再也无法忍受那个谎言,说后果不可预测。后果不是白鹳*带来的,而是制造出来的;它尽管不可计算,却是科学自己制造的。只要实际的外在结果的可计算性和其内在的可评估性之间存在系统差异,我们就可以看出这一点。

按照流行的见解,随着科学的分化,科学工作的副作用必然会变得不可计算。事实上,科学家已经与科学成果的利用分离了。他们不可能影响到那个领域,那是其他人的职责。由此可知,既然科学成果是从分析的角度得出的,科学家就不可能为其实际后果负责。尽管在很多领域人们开始用共同的语言说话,但理论和实践的距离并没有缩小,反而在增加,这是因为应用者也越来越有可能依照自己的利益去运用成果。

这种评价是建立在"可计算性"的概念之上的,它是经典科学化理论的关键概念,其语义内容和适用条件近来才受到质疑。只有当人们看到,"可计算—不可计算"的概念本身在自反性现代化进程中发生了变化,评估副作用的可能性才会首次进入人们的视野。可计算性不再仅仅指目标理性意义上的可控制性,不可计算性也不单纯指不可能进行目标理性意义上的控制。如果这一点成立,那么"副作用的不可计算性"不仅仍将保留在当今的科学活动中,它甚至还会扩大,因为目标理性变得"情境化"了,不确定性还在增长。

与此相反,如果我们从"可评估性"的意义上来理解可计算性,那么,这就非常契合自反性现代化条件下出现的事态。实际上,真实的后

---

* 白鹳在欧洲被称为"送子鸟",是幸福吉祥的象征;白鹳也是德国的国鸟。——中译注

果变得前所未有地不可预见。与此同时,副作用也解除了其潜伏性,并在如下三种意义上变得"可以评估"。有关副作用的知识(在原则上)是可具备的,再也不能用不可控制的老借口了,并且就此而言,人们会因为知道可能的影响而不得不采取行动。所以说,"可计算性"的减少伴随着"可评估性"的增加,不仅如此,两者还互为条件。有关副作用的知识总是(潜在)在场的,这些知识如今已充分实现分化。我们必须权衡各种各样的结果和关联范围,考量它们对自身和他人构成的意义。因而,实际的后果最终变得越来越不可计算,因为可能的影响越来越可评估。实际上,这种评估日益频繁地出现在研究过程和应对研究禁区的方法中,并对它们的议程和结果造成了决定性影响。这同样表明,无条件地应对预期后果在研究过程中获得了越来越重要的意义。在预期(以及对预期的预期)的层次上,副作用被预料到了。尽管最终的结果仍旧不可预见,但这毕竟直接影响了研究过程。对科学家来说,这就是最有效的自我审查。但科学家仍然极力主张真正的长期后果是绝对不可计算的,他们坚决有力地强调这一点,其程度丝毫不亚于预期后果在事实上对其工作、对其提问和解释的起点及终点的决定作用。

我们现在将讨论这一表面上矛盾的双重主题:"副作用"日益增长的不可计算性,及其同样日益增加的可评估性。只有完整的论证才能带来第一手线索,让我们知道科技文明的"后果宿命论"在多大程度上、在何种意义上能够被克服。

应用领域的自主化

在第二次科学化阶段,知识生产的地位及其参与者均发生了变化。如上所述,在行政、政治、经济和公共领域中,科学的目标群体成了具有社会效力的"知识"的共同生产者。他们既合作又对立,显得矛盾重重。与此同时,科学成果在实践和政治领域中的移植关系却因此受到动摇。经过清算,科学"知识资本"的"参股人"以一种全新而自信的方式介入了科学向实践的转化过程。

在简单科学化的模式中,科学和政治具有一种演绎关系。按照这一模式,科学获得的知识以权威主义的方式自上而下地贯彻。只要这个过程遇到抵抗,科学家就会认定是"非理性"在作怪,因而可以通过提高实践者的"理性水平"加以克服。但在科学遭遇内外不确定的状况下,这种权威主义的演绎论应用模式是难以维系的。外部知识生产的过程越来越多地考虑到了应用问题,包括对各种解释供给进行分类和拣选、怀疑和重组,并且有意用"实践知识"(实施机会、非正式权力关系和社会接触等)加以扩充。就实践层面而言,科学指导下的、合乎工具理性的控制就此终结了。科学和实践因科学依赖症而再度分离。应用的那一面开始借助科学而使自己愈发独立于科学。在某种意义上可以说,我们此刻见证了理性等级梯度的倾倒。①

在此,目标群体的新自主性的基础不是无知而是知识,不是科学解释供给的不足,而是它的分化和过度复杂。虽然看似吊诡,但这种自主性正是科学制造的。科学的成功使需求日益独立于供给。这种自主化趋势的重要标志,首先在于知识来源的多元化以及对此的方法论反思。随着科学(包括自然科学)的日益分化(并不必然与科学的堕落或道德的松懈有关),它们成了顾客的自选商店。这些顾客资金充裕,但有论证的需求。每项科学成果都是高度复杂的,机会全在顾客手中,他们可以在专家群体内部或在各个专家群体之间作出选择。就政策方案而言,选择把哪些专家代表请进顾问团就相当于提前作了裁决,这并不让人感到意外。实践者和政治家可以在不同的专家群体中进行挑选,专

---

① 接下来,我会回顾我和邦斯(Beck and Bonß, 1984)共同提出的论证,这篇论文发表于德国科学基金会(DFG)有关"社会科学成果的应用背景"的讨论会。另请参见邦斯和哈特曼(Bonß and Hartmann, 1985)。

家群体也可以在学科内部或学科之间相互争夺，顾客的自主性由此得到了提升。正是因为顾客在同科学的接触中有所收获，这一过程的业余程度越来越低。不仅如此，人们还从专家及其内部的基本纷争（可能已澄清，也可能未澄清）中了解到，我们可以借助什么样的专业方式（如方法论批判）来阻拦一项不受欢迎的成果。这里的出发点因科学的自我怀疑而不断增强；经由自反性科学化过程，实践那一方的取胜机会也在变大。

当然，对承受着决策压力的顾客来说，这种处境下的科学也越来越难以满足其安全需求。由于可误论的普及，科学一方把它的怀疑主义转嫁给了应用者一方，从而迫使后者接受了替代的角色，即他们必须减少不确定性，因为这是行动的前提。再次重申，所有这一切并不是科学虚弱无力或发育不良的表现，恰恰相反，它们全都源于科学的高度分化，它的过度复杂性，它的自我批判和自反性。

论客观限制的生产

有些人在论证中止步于此，但由于科学的实践后果是不可预知的，这就相当于隐瞒了科学的参与者角色，隐瞒了它的分工结构和认识论纲领。这些人的出发点是如下假设：科学走上了不确定性日益泛化的道路，这是不可逆转的。与此同时，科学的历史前提和形态却始终如一。科学前所未有地改变了世界，令其他力量望尘莫及。为什么世界的改变不能同样促成科学的自我改造？既然一切皆可变，令世界焕然一新的科学不能再找借口开脱，声称自己的基础和运作形式不容改变。科学自我变革的机会随实践一方自主性的增加而变大。从政治、经济、公共领域的解释与应用诉求的典范来看，两方的分离反倒允许并促成对科学知识的重新思考和厘定。这里衍生出大量问题：为减少在认知过程的推进和分化中自行生成的不确定性，科学实践内部的出发点在

第七章 超越真理与启蒙的科学？

哪里？科学在理论和实践层面的王者地位能否借此重新奠立？如何在内外关系中重新协调怀疑主义的普遍化和不确定性的减少？在此，我们会借助一般概念作些示例性质的思考。

科学理论中流行的自我理解认为，科学不能借理性权威作出价值判断。科学所传递的是所谓"中立"的数字、信息或解释，这是服务于各方利益的"无偏见"决策的基础。然而，科学选择何种利益，科学把什么人或物投射为原因，科学如何解释社会问题，科学会提出哪些解决方案，这些都绝非中立的决定。换言之，科学拥有实践的操纵能力，而这并不依赖，也超越了明确的价值陈述。科学能否施加实际影响力，取决于科学成果的构建方式。因此，对于不同行动领域的"需求"或"风险"的"纯粹客观"解释只是一个幌子，在它的背后，人们不断就未来发展的路线设定进行讨价还价。究竟什么才算"需求"或"风险"，这成了各项决策的核心问题：核电还是煤电，采取节能措施还是寻找替代性能源？这同样适用于养老保险、社会保险或划定贫困线等问题。每一个这样的问题都内在包含对一系列相关结果的裁决，这些结果最终将导向不同的社会生活方式。无论是否遵循价值无涉的原则，概念界定、操作化、提出假设等步骤，都是某些根本性决策得以展开的重要手段，这些决策关乎社会的未来。

这意味着科学能否实现自我克制并驯服其实践中的风险，关键并不取决于科学是否越出它的影响范围而就其成果的转化寻求（政治上的）共同参与及合作。相反，这里的根本在于：鉴于一度宣称不可预见的副作用又有了可预见性，那么，我们究竟在搞什么样的科学。这不是说科学要从一个极端跳到另一个极端，以一种过于高估自己的方式为其成果引发的社会性问题独自承担责任。不过，这里确实包含了这样一层意思，即科学应当接受危险和风险的反馈，并把它看作对理解和重组自身工作的经验挑战。在这个意义上，科学从内部出发减少外部不确定性的关键是：（一）清除原因在多大程度上可以取代应对症状；

174 （二）是保留或恢复实践中的学习能力还是因忽视实践后果而引发不可逆转的局面——这种局面以无误论假设为基础，并从源头上排除了从实践后果吸取教训的可能性；（三）是维持孤立的思考方式还是重新挖掘并培育以相互关联为背景的专业化的力量。

清除原因或应对症状

简单科学化的条件和产物因客观限制这一构想而避开了行动的干涉，但在第二次科学化过程中，这一构想在变革的可能性之中溶解了。客观限制越多，维持客观限制的特征就越难，客观限制的生产过程就会频频闪现。所谓"技术或经济决定论"是在技术控制的视角下得以思考和澄清的，这种决定论已经难以维持其决定性力量，也无法停留在封闭状态而无视正当化的要求和其他的塑造可能性。至少在原则上，决定论本身也成了可塑之物。在第二条科学进路中，就连自我生产的客观限制也都变成了被构想、被制造的客观限制。按照这一原则，某次感冒的成因可用来治疗或预防下一次感冒。排放有毒物和污染物最初被看作"潜在"的副作用，继而成了"不可避免"之物；但在科学家的观察之下，它们逐步与隐藏的决策面建立了联系，也与可控性条件重建了关联。

在初级科学化阶段，现代化和工业化的任何条件或行动者都为"客观限制"的面纱所覆盖；但在自反性科学化阶段，系统的研究已经揭去了这一面纱。在这一过程中，所有条件原则上都成了（首先）可塑造的，（其次）依赖于正当化的。那种认为"也可以不一样"的观点，以公开或隐秘的方式日渐支配了所有行动领域，这种观点坚决要求论证，因而成了背后可能的威胁。这一点至少也隐隐约约地出现在下列情形，亦即科学试图动用其理论和方法的全部界定力量，为风险树起新的屏障，名曰"不可改变"。于是，相应的核心问题转变了。重要的不仅是研究什么，也包括怎样研究，换言之，以什么样的途径、思考范围、终极目标去研究工业化风险的扩大或规避问题。

因而，在应对文明风险的过程中，原则上存在着两种对立的选项：在初级工业化中清除原因，或者使后果和症状经历带有市场扩张性质的次级工业化。迄今为止，第二条道路几乎随处可见。但这条道路代价高昂，它让原因隐没，让错误和问题转变成繁荣的市场。学习的过程遭到系统缩减和阻挠：现代化危险的自我起源问题淹没在逐点观察和对症治疗之中。糖尿病、恶性肿瘤、心脏病等文明疾病的治疗过程可以说明这一点。这些疾病可以从源头上加以制止，缓解工作压力、减少环境污染、提倡健康的生活方式或者合理膳食。此外，人们也可以选择用化学药剂来减轻疾病的症状。毫无疑问，防治疾病的不同路线并不互斥，但这里的第二种方法根本就谈不上真正的治愈。尽管如此，我们迄今都倾向于选择药物化学的"解决方案"。

工业化开始在各个领域获取后果问题带来的利益，全然不顾它自己在这些问题的起源中所扮演的角色。这再次为科学和研究抛出了非此即彼的抉择：科学要么凭借其独立的专业能力，提供相应的风险界定和因果解释；要么突破这种代价高昂的应对症状的思路，培育出独立的、有理论保障的替代性视野，最终指出并阐述工业发展本身的问题源头及其清除方法。在第一种情形中，科学构成了有着长期影响的客观限制链条的一环，并成为其正当化机构。在第二种情形中，科学挑明并打破了这一链条的起点和线路，因而在现代化内部赢得了少许相对于现代化的自主权。

因此，就风险社会蕴含的可能性而言，它同样是一个自我批判的社会。在这样的社会中，批判的参照点和前提总是以风险和威胁的形式出现。风险批判不是规范的价值批判，因为风险恰恰出现在传统，进而是价值瓦解的地方。批判的基础与其说是过去的传统，不如说是未来的威胁。为了识别空气、水和食品中的有毒物，我们与其诉诸有效价值，不如求助昂贵的测量工具和相应的理论方法知识。

风险的确立颇为奇特，它跨越了事实与价值的二分法。风险的确立并不公开断言某种道德标准，而是采用了量化—理论—因果的"隐性道德"模式。相应地，传统的科学理解在研究风险时大多采纳"客观化的因果道德"。风险陈述也是科学化社会中的道德陈述。从批判的参照点和对象到揭露和证实的可能性，所有这一切都是在大大小小的现代化进程中出现的。在这个意义上，一个去传统化的自我批判的社会极有可能伴随风险社会一道出现。风险概念就像一个探测仪，让我们得以从自我招致的潜在威胁的视角，不断审视文明建筑的完整蓝图及其中全部的水泥颗粒。

绝无错误或学习能力

如果我们不想再忍受副作用的侵害，科技的发展就应当在行进的节奏和方式上确保每个阶段的学习能力。这一切的预设是避免造成不可逆转的局面。反过来说，我们要加以揭示和完善的科技发展是一种替代性的变异体，它给错误和校正留下了空间。我们必须从迄今广为证实、大受赞同的"理论"出发来开展技术研究、制定技术政策，因为人的思考和行动难免犯错或留下疏忽。一旦技术的发展确信（或许是最后的确信，这多少令人宽慰）与这个理论发生了矛盾，人性就要为此背负难以忍受的无谬误枷锁。急剧增长的风险不断给人施加免于犯错的压力，进而剥夺了人的学习能力。承认人的不足本是司空见惯的，但由于它会引发灾难，因此无论如何也要阻止这种事情发生。于是，风险的剧增和绝无错误的假设携手向风险的淡化施加了压力，因为风险的淡化与威胁的规模直接相关。所有这一切必须借助行动的"客观法则"竭力加以掩盖。

我们必须仔细审视实际的发展状况，以便确认这种发展是否得了

第七章　超越真理与启蒙的科学？

"风险巨人症",它是否剥夺了真实的人性,从而注定使人永不犯错。科技的发展日益陷入引人注目的新矛盾:知识的基础经由科学制度化的自我怀疑而得到了透彻研究,但技术的发展却隔绝在怀疑主义之外。绝对论的知识诉求、无误诉求和安全诉求虽然长久以来都站不住脚,却随风险的增长和行动压力的加大而在技术发展中得到了复兴。处在行动压力之下的工程科学令各种教条繁荣兴盛。怀疑主义得到了释放并被系统激发,但它在技术的发展过程中遭遇了反现代性的科学无误论禁忌。这种禁忌随风险的增长而愈发巩固。"最确定无疑"的事物最终却是不可度量的:原子弹、核能及其超越一切范畴与想象的威胁。因此,我们需要把可误论从理论和经验的切分中解救出来,调低技术潜能的价值,并从技术发展的"人性"(即无谬误)视角检验其可能出现的变异。

在这个意义上,核能就是一场极为危险的赌博,因为它以假定的技术发展的"无误论"作为基础。核能把客观限制从客观限制中释放了出来,这种客观限制几乎不可修正,人们几乎难以从中学到任何东西。核能使数代人担上了重责(譬如储存或处理核废料),但其间甚至保证不了相关关键词的一致含义。核能为各个领域投下了阴影,因为它可能造成难以估量的后果。这一结论不仅适用于它所谋求的社会控制(如"威权主义核国家"一词所表达的),也适用于生物遗传学方面的长期影响,这种影响在今天根本无从得知。然而与之相对,我们也可以选择去中心化的能源供应,这种供应形式就不会包含上述"客观限制的固有动力"。各种各样的发展变异既可能阻断未来,也可能维持开放的未来。我们据此作出决策,要么同意进入没人知晓的"副作用"(无法看见,但可预见)的无人地带,要么对此表示反对。列车一旦启动就很难再停下来。因此,我们必须要选择这样的发展变异:它既不会阻断未来,也能把现代化进程转变成学习过程;在这样的过程中,决策具有可修正的性质,因而可以使后期发现的副作用有机会得到消除。

以相互关联为背景的专业化

"潜在副作用"的另一个核心生产条件是认知实践的专业化。确切地说,专业化程度越高,科技活动的副作用在范围、数量和不可计算的程度等方面也会变得越大。紧随专业化出现的不只是"不可见的副作用"的"不可见属性"与"次生特征"。因为随着专业化的加强,构想并执行逐项解决方案的可能性也获得了增长。然而,这种解决方案的主要预期效果不断被意外的次生效果填充。过度专业化的科学实践就此成了各种问题及其症状的"编组站",而应对症状的过程本身耗资不菲。如何处理化工业制造的有毒废弃物呢?"解决方案"是废料堆场,它的后果是把废弃物问题转变成地下水问题。反过来,化工业则凭借饮用水"净化剂"而获利。如果含有净化剂的饮用水影响了人体健康,那么我们还有药品;至于药品的"潜在副作用",我们同样有精心构筑的医学看护体系加以拦截或予以延缓。解决问题和制造问题的链条会参照过度专业化的模式及程度而形成,从而不断"证实"看不见的副作用的"谎言"。

由此可见,"客观限制"和"固有动力"的生成结构,在本质上等同于过度专业化的认知实践模型以及这种实践的偏执狭隘,它对理论与方法的理解,它的职业阶梯,等等。极端来讲,分工制造了这一切——副作用及其不可预测的性质,还有注定会使这种"命运"显现的现实。过度专业化是社会实践的活跃模型,它把后果宿命论压缩成了某种自我确证的循环。

如果要打破这种"命运",科学必须(学会)以新的形式在相互关联的背景中实现专业化。那种孤立的分析方法并不缺乏正当理由,但把它看成局部措施或看似有科学道理的"修补工作"的指导准则便是错误的,那会使它成为实践中的风险制造者。这种专业化的关联性研究的核心，可以是(比如)问题的"编组站"(这典型地体现在处置风险和环境问题等方面，也广泛存在于社会政策和社会医疗服务等诸多领域)，也可以是对主要的替代性发展的追踪，抑或是其中包含的避免不安或加剧不安的路线选择。

从食物供给、农业、工业和科学的相互关系来看，各种各样的分工模式已经隐藏起来。这种分工模式时而制造次生问题的链条，时而又使之缩短。其中的关键岔路是以下述问题为标志的：对土壤和农产品的化工处理技术是否还会在农业领域延续下去，或者是否可能重回对待自然的原初模式，即从自然本身学到一些东西，例如，通过适当的轮作实现对杂草的控制，提高土壤肥力，增加收成。如果保留化工道路，科研的重心就会落到制造更有效的"杀虫剂"上，随后人们又会研究此类毒剂的效果并确立极限值。这个过程又要求考察毒剂对健康的损害(如恶性肿瘤等)，会有动物实验(附带相应的动物虐待问题)、公众的抗议、治安和法律措施等。反之，如果我们选择了具有生态意识的农业发展道路，这同样需要研究的支持，但这种研究在类型上完全不同。这样的研究必定致力于增进有关轮作的知识，在维持土壤肥力的情况下竭力提高土地的利用率。这样的研究因而也会打断后果与客观限制的链条，阻止它进一步延伸。就此而言，在农业与食物的关联中存在着指向不同社会前景的两类路线设定。其中一条路线借助风险的"客观限制"而把工业、科研、政治、法律诸领域串联在一起，并引发了长期的影响；另一条路线则恰恰相反。

为科学理性的学习理论而辩护

科学的理性和非理性问题不仅事关过去和现在，也涉及可能的未来。我们可以从错误中吸取教训，这也意味着总有可能存在另一种科学。这里所指的不仅仅是另一种理论，也是另一种认知理论，另一种理论与实践的关系以及对此类关系的另一种践行。如果说当下的情景仅仅是我们尚未超越的一种假设，那么今天就是寻找替代性假设的时代。这类假设的"检验标准"显而易见，根本无须多言——现代性事业急需拯救。现代性事业因自身的各种异常而濒临窒息，当前的科学形态正是这种异常之一。

我们需要一种科技活动的客观限制的理论，这种理论把科技活动的客观限制及其"不可预知的副作用"的产生置于关注的中心。我们必须借助科学的行动框架和自我理解，找到回避或废除后果宿命论的手段。所谓后果的"不可预见"是如何制造出来的，又能怎样加以避免？为此，我们不能亦步亦趋地跟在科学实践之后，而是要深入科学实践的内部寻找答案——科学认为什么是值得注意的；科学如何提问，怎样撒下因果假设之网；科学如何判定其推测的有效性，它会遗漏什么、隐瞒什么。疾驰中的科技发展"无人掌舵"，并释放出爆炸性力量，我们必须改变这种发展的自我理解和政治样态，为它装上刹车和方向盘。上述思考不是证明，它只是用例子阐明了这种原则上的可能性。我们至少可以在轮廓上识别出这一构想的要求：我们必须把科学看成客观限制的（共同）创造者，这些客观限制引发了普遍的不确定性。想要打破这种不确定性，科学就必须实际地改变其自我理解。我们并没有丧失希望，在科学中沉寂的理性依然可以被激发并调动起来对抗科学。科学也可以改变自己，它可以通过批判反思历史中的自我理解，使启蒙在理论和实践层面得到复苏。

兑现这项要求的关键在于下述问题：科学的惯例化之路——无论是数据生产，还是"语义分支的理论体操"（Mayntz, 1980）——能否得到纠正以及如何纠正；科学工作能否在方法论反思和自我批判的层次上重建与现实的关联（尚需拟定）以及如何重建。已有的论证背景无疑表明，理论关联的证明对科学在独立批判和实践方面的潜力来说是十分重要的。但这也意味着，我们需要从理论和历史的视角，重新

第七章 超越真理与启蒙的科学？

思考并限定经验这个概念。鉴于科学制造了不确定性，我们必须从理论上拟定经验"是"什么，而不是把它当作预设。我们的推测是这样的：只有一种有关经验的理论才能使思想的力量重建它与"现实"的关联，才能使理论和经验的互补作用在对抗与合作中重新得到描绘及勾勒。

社会科学家亦可对此有所贡献，他们的责任是鼓动科学脱离它自己招致的对待风险的不成熟与盲目状态。对此，我们既没有偏方，也没有任何建议。不过，具体到社会科学，我们至少可以提出类似的抛砖引玉性的问题：社会理论与社会经验如何相互联系，从而缩减看不见的副作用的范围？社会学在各个专门领域四分五裂的情况下，如何为相互关联背景下的科学专业化（根本而言，这是科学最初的目标）作出贡献？

我们致力于寻找科学理性的"学习理论"。这种理论通过探讨自我生产的威胁，认为科学理性是可以改变的。这种理论之所以不同于分析的科学理论，是因为它把科学理性设想成历史的某种即时状态，需要不断修复。于是，科学的知识诉求变成了一项指向未来的事业，它不会只因自己的当前形态就被盖棺论定。主流科学实践的非理性证据不足以表明科学的终结，就像驳倒牛顿力学也不意味着物理学的终结。但这里也有前提条件，即我们要把研究实践中传承下来的实质的批判和学习能力传递到知识的基础与运用方面。这就相当于把现代化进程中实际潜伏的自反性增强为科学的自觉意识。一旦现代化遭遇现代化，这个词本身的含义也会发生变化。现代化在社会和政治层面实现了自我应用，在这个过程中，一度广为盛行的对于支配的兴趣也会失去其技术途径，并表现出"自我克制"的形态。各种矛盾和新的信仰之争肆意喧嚣，身处其间的科技的"第二本性"，它的思考与运作模式，或许也有机会在实践中实现自我驯化和改变。

第八章
破除政治的边界

　　与之前所有的时代（包括工业社会）相比，风险社会的突出特征是某种匮乏，即不可能把危险处境归诸外部。换言之，风险取决于决策；它由工业生产，因此在政治上具有自反性。所有早期的文明和社会发展阶段都需要以各种方式面对威胁，而今天的社会在处置风险的过程中需要面对自己。风险是历史的产物，是人类活动及其疏忽的反映，是生产力高度发达的表现。因此，社会生活条件的自我创造，在风险社会中成了问题和主旋律（首先是负面的，如回避危险的要求）。但凡风险使人忧虑的地方，危险的根源都不在外部，不在异乡，不在非人之物；相反，危险来自人在历史中获得的能力，人对地球上一切生命的再生产条件的改变、塑造或毁灭。换言之，危险的源头不是无知而是知识，不是缺少控制而是完美地支配自然，不是由于脱离了人的理解，而是因为工业时代建立了决策和客观限制的体系。现代性甚至已经取代其对手的角色——那些有待克服的传统，那些有待掌控的自然束缚。现代性既是威胁，也是许诺，即许诺脱离由它自己制造的这种威胁。与此相关的一个重要后果亦即本章的核心是：风险成了工业社会中现代性的自我政治化的动力；除此之外，"政治"的概念、位置和媒介也在风险社会中发生了变化。①

现代化体系中的政治与亚政治

对风险社会中政治的系统转型的评估,首先可以用四个论题加以勾勒:

(1) 工业社会方案在构想社会变迁与政治操控之间的关系时,最先参照的是"分裂的(公民／市民)"模式。一方面,作为公民(citoyen),人们在政治意志形成的所有领域都享有民主权利;另一方面,作为市民(bourgeois),人们在劳动和经济领域捍卫自己的私人利益。相应的区别也存在于政治—行政的体系和技术-经济的体系之间。政治领域的轴心原则是公民参与代议制民主(政党、议会等)。决策及权力的行使要遵循合法性准则和下述公理,即权力和支配只有经过被支配者的同意才能实施。

相较而言,市民的行动即技术-经济的逐利领域被认为是非政治的。这一设想建立在下述两个条件的基础之上:首先,技术的进步被等同于社会的进步;其次,发展的方向和技术变迁的成果被看作体现了不可避免的技术-经济的客观限制。技术创新增加了个体和集体的福祉。随着生活标准的提高,负面效应(技能要求的降低,失业或换岗的风险,健康威胁和自然破坏)总是可以找到辩护的理由。即便人们对"社会后果"持有异议,技术-经济的革新也不会受到阻碍。这一革新过程在本质上脱离了政治的正当化,并且相比于民主行政程序和推行过程的拖拖拉拉,其执行力甚至无可挑剔。进步代替了表决,进步甚至代替了质疑,即人们会对那些既没有名头也无人知晓的目标与结果提

---

① 贝克(Beck, 1988: Part II)进一步发展了风险政治学,特别是制度和组织的政治学。——英译注

前表示同意。

在这种意义上，工业社会方案中的革新过程在民主层面遭受了切分，这种革新过程是在现代性对抗传统优势的过程中付诸实施的。只有一部分塑造社会的决策职能汇集在政治系统里，并服从于议会民主的原则；另一部分则摆脱了公共监督和证明的准则，并被授权享有企业投资和科学研究的自由。在这种背景下，社会的变革依据相应的制度安排，被替换成了经济和科技经由决策、限制及核算过程而引发的潜在副作用。其间，人们的行为方式展现出诸多面貌：他们在市场中维护自身的利益，充分利用经济营利的规则，推动科学与技术研究，并借此彻底改变社会生活的条件。

社会变革的两个对立组织过程随工业社会的建立而交织在一起。其中一个过程是建立政治的、议会制的民主，另一个过程是在"进步"和"理性化"的正当化护翼下，推行非政治、非民主的社会变革。两者的相互对峙一如现代性与反现代性的对抗。一方面，政治系统的各个机构（如议会、政府和政党）以工业、经济、技术和科学的生产循环作为自身运转的系统前提；另一方面，在技术－经济进步的合法化外衣下，所有社会生活领域早已被确定会处在持续的变革之中，这与再简单不过的民主规则产生了矛盾，因为这一规则默认人们了解社会变革、讨论、表决及赞同的具体目标。

（2）持续运转的现代性革新过程划分了政治与非政治的边界。回头来看，这个发生在19世纪和20世纪上半叶的划界过程，至少建立在两项关键的历史前提之上。自20世纪70年代以来，这两个条件逐渐在西方工业国家（特别是德国）变得可疑起来：一是阶级社会中不平等的社会显著性——这为福利国家的扩张带来了意义和动力；二是生产力发展和科学化进展状况——它们具备的变革潜力既没有超出政治行动的可能性范围，也没有放弃社会变迁的进步模式的正当化基础。这两个条件在过去二十年的自反性现代化过程中变得极度脆弱。福利国家

第八章　破除政治的边界

方案在实现的那一刻也丧失了自身的乌托邦能量。然而，它的局限性和缺点却进入了公众的意识。因此，仅仅对已经出现的政治范畴的瘫痪表达怜悯和批评是不够的，这只会让人们忽略事情另一面的真实性。

变革的浪潮席卷了社会，无论是已经发生的，被宣布的，还是正在显现的。从这种变革的广度和深度来看，它极有可能使过去几十年的所有改良努力黯然失色。技术-经济系统的忙碌变革打破了政治上的停滞，足以考验人类的想象力。科幻小说纷纷表达对逝去时光的感怀。这种变革的关键词条早已广为人知，本书也已有充分讨论：对自然里里外外的持续破坏、劳动的系统转变、摇摇欲坠的性别等级秩序、衰落的阶级传统、加剧的社会不平等，以及抵御灾难的新技术。

"政治"停滞的印象具有欺骗性。之所以出现这个问题，是因为人们仅仅把政治范畴局限于那些被贴上政治标签的事物，局限于政治系统中的活动。从宽泛的角度去理解，我们就会看到社会处在变革的旋涡里，完全够得上"革命性"这个称号，这一点与人们的评价完全无关。不过，这种社会变迁是以非政治的形式发生的。就此而言，对政治的不满不只是对政治本身的不满，这种不满也源自官方的全权行动和广泛的社会变革之间的不匹配关系。官方的行动以政治的面貌出现，却日益显得束手无策；社会的变革脱离了决策，它披着非政治的外衣，悄悄而又不可阻挡地到来了。政治和非政治的概念因而变得愈益模糊，亟须得到系统修复。

（3）福利国家的干预主义因其成功而衰落，大规模技术创新的潮流给未来带来了不可预知的威胁：这两种发展的结合在双重意义上破除了政治的边界。一方面，已经建立和可以行使的权利限制了政治系统的行动空间，但在这个系统的外部，这种权利又要求人们以新政治文化的形式（市民团体、社会运动）参与政治。在这种意义上，国家日益失去塑造权和执行力并不是政治失灵的表现，它反而是已经建立的民主与福利国家体制的产物。在这种体制中，公民可以利用一切公开的、合法的监督及磋商渠道,捍卫自己的利益和权利。

185　　另一方面,技术-经济的发展解除了它自己的非政治特征,因为这种发展扩大了自己引发变革和威胁的可能性。当替代性社会的轮廓不再被期望出现在议会辩论或行政机构的决策中,而是出现在微电子学、核反应堆技术和人类遗传学的应用中时,那些迄今为止在政治上把现代化进程中立化的构想也就崩溃了。与此同时,技术-经济的行动就其构成来看,仍旧豁免于议会的正当化要求。技术-经济的发展因而落到了政治与非政治的范畴之间。它成了某种第三者,获得了令人尴尬的亚政治的混合身份。在亚政治领域,社会变革的触发范围与其正当化程度不成比例。随着风险的增长,风险的起源与解释的方位、条件和媒介会逐渐脱离技术-经济的客观限制。拥有合法权限的政府监督机构以及对风险敏感的媒介公共领域,都会开始参与并干涉企业科学管理的"私密空间"。发展的方向和技术变迁的成果具有了话语性,并面临着正当化的压力。企业和科技领域的行动具有了新的政治和道德维度,虽然这有违技术-经济行动的本性。我们甚至可以这样说:经济的魔鬼有必要给自己洒上公共道德的圣水,戴上关怀自然与社会的光环。

（4）一场运动随之而起,它与20世纪前三分之二时间实施的福利国家方案相悖。那时的政治具备"干预主义国家"的权力潜能,然而今天塑造社会的潜在可能性已经从政治系统转移到科学—技术-经济现代化的亚政治系统。政治和非政治尴尬地调换了角色。政治事物失去了政治性,非政治事物获得了政治性。吊诡的是,我们越是理所当然地坚持社会变革的政治与非政治分工,这种角色反转就会在看似不变的外表之下显得越明显。推进和保障"经济繁荣"和"学术自由"的行为就像是提供了一条滑轨,政治的优先塑造权借此由政治—民主系统滑向了非政治的经济与科技领域,这个领域并不需要经历民主正当化。一场披着正常状态外衣的革命发生了。虽然这场革命避免了民主的可

第八章　破除政治的边界

能干预，但它依然需要在日益具有批判精神的公众面前，由民主机构来加以辩护和执行。

这种发展具有异常深远的影响，但也问题重重。在福利国家方案中，为了对市场行为进行政策干预，政治培育并维持了一种相对的自主性，独立于技术-经济的系统。如今则相反，政治系统的民主架构依然存在，这个系统本身却面临丧失权力的危险。政治制度成了自己没有参与规划或塑造的发展过程的实务管理员，但它最终不得不为这种发展承担责任。

但在另一边，经济和科学的决策虽然携带了有效的政策内容，但其行动者却不具有正当性。这些决策纵然改变了社会，但因为缺少崭露头角的机会，它们只好隐姓埋名，渐渐变得沉默寡言。经济领域的决策主要与投资相关，这种决策把改变社会的潜在可能性挤向了"看不见的副作用"。经验分析性科学是各类革新的设计者，但它因自我定位和制度上的束缚，被隔绝在这些革新的社会后果及其他衍生后果之外。无法识别后果，也无法为它辩白，这正是科学的发展纲领。现代性的塑造潜能开始逐渐退缩成"潜在副作用"，它一边扩展成威胁生存的风险，一边揭去自己潜伏的面纱。这些我们既看不到也不想要的东西正在改变这个世界，它们越来越显而易见，也越来越危险。

政治和非政治在不变的外表之下交换了角色，这场游戏显得阴森恐怖。从政者需要知道缺少规划和自觉意识的道路会通往何方。但给出劝告的人也对此一无所知，因为他们的旨趣完全在其他方面，亦即那些伸手可及的东西上。对于进步的信任日趋消退，从政者对此习以为常。因而，他们必须把通往未知异乡的旅程当作自己的创造，以便吸引选民的关注。如果仔细观察，这么做还有一个理由：从来就不存在其他替代选项。技术"进步"的必要性及其不可判定性就像扎带一般，捆住了民主(非)正当化的执行。在西方民主制的发达阶段，(不再)看不见的副作用以"无人统治"(Arendt, 1981)[*]的形式接过了控制权。

丧失功能的政治系统

政治有可能对技术-经济的变迁产生潜在影响,对此,科学和公共领域已有所讨论,但这种讨论充斥着其特有的矛盾性。一方面,针对工业和科研领域的现代化行动者,人们总是以各种方式要求国家进行有限度地控制和干预。另一方面,尽管人们发出了各种要求压缩(无论是系统要求的,还是可以避免的)政治行动空间的批评声,但对作为政治中心的政治系统的迷恋依旧不可撼动。在过去的二三十年中,科学和公共领域的政治讨论无疑代表了这种对立的加剧。揭露政治行动约束条件的工作早已启动,近年来更是随"不可治理"和"情绪民主"的说法而获得了新的推动力。但这一工作从未真正遭受质疑:是否可能存在另一种社会,它不需要来自技术-经济发展作坊的计划、共识或自觉意识? 相较之下,这里留存的毋宁是对失去政治的哀叹,因为它涉及具有规范效力的某种期待,即改变社会的决策应当奠立在政治系统的制度之上——虽然事实早非如此。

议会是理性的意志形成的中心,人们在很早之前就已从各个角度对其衰落作出了反思。依照宪法条文,决策是议会和独立议员的职责所在,但这项功能如今逐渐落到了议会党团领导层、政党机构乃至科层制政府的手中。议会功能的丧失因此常常被认为是不可避免的,是现代工业社会复杂性不断增加的结果。具有批判精神的观察家会说,这表明国家权力机关相对于公民意志不断取得了独立性,这一过程无疑

---

[*] 贝克使用的德文为"Niemandsherrschaft",阿伦特使用的英文则为"rule by Nobody"。相关用法可参见阿伦特(Arendt, *On Violence*, HBJ, 1970, pp. 38—39)。——中译注

第八章　破除政治的边界

是代议制民主原则的组成部分。

从早前的议会，到党派团体或科层制政府，这种权限的转移与下述两项发展趋势叠合在一起，并体现出了鲜明的一致性。首先，议会和行政部门的决策空间遭到了技术统治式封锁；其次，以法团形式组织起来的压力集团开始崭露头角。政治决策的科学化程度日益加深，正如有说法认为的，政治机构只是在执行专业科学意见的推荐内容（比如环境政策，或者在大型技术设施及其部署地点的选择方面）。依照这种设定，政治行动者的活动空间就太过狭窄了，这是近年来屡屡受到关注的情况。除此之外，从工业社会中分化出来的各式团体依旧拥有发言权，如工会、企业以及各类组织化利益集团。政治范畴似乎已经从正式的活动场所（议会、内阁、行政部门）转移到了法团主义的灰色地带。利益集团的组织化权力似乎已经预先作出了成形的政治决策，而其他人只能把它当作自己的创造来加以维护。

压力集团也会反过来利用科层化的职能机构。正如有研究指出的，压力集团把触角伸向各个领域，既影响了政府的行政权，也影响了政党的意志形成过程。依据不同的立场，人们既可能对这一过程表达惋惜，也可能对它表示欢迎——惋惜是因为私人利益集团以半官方特征侵害了国家，欢迎则是因为国家统治机器的独立和巩固过程得到了必要矫正。

在马克思主义的国家理论与批判中，由于根本没有独立的政治范畴，国家权力与特殊利益的关联就被推演到了极致。在这一视角的不同版本中，国家被马克思描绘为"理想的总资本家"。就行动空间而言，这个总资本家已经完全沦落为"统治阶级的管理委员会"。这种观点认为，之所以要赋予国家机器及其民主制度以最低限度的自主性，主要是因为系统的必要性。国家需要去联合狭隘、短视、冲突而又表达不善的"个体资本家"的利益，国家也要在对抗各个阵营的过程中贯彻这些利益。在此，政治系统依旧被看作政治的中心，但已然丧失了它的独立性。这种思考总是过于简单地援引"基础"和"上层建筑"的范畴，它既误解了发达议会民主制下政治行动的自主化程度，也没有掌握当代的政治史经验。这一政治史告诉我们，发达资本主义工业社会里的生产组织完全可以兼容各种各样的统治形式（典型代表如瑞典、智利、法国和德国）。

在20世纪70年代，政治-行政系统脱离经济系统的原则和利益，获得了"相对的自主性"。其中的主要历史证据是战后西欧福利国家的扩张。例如，"晚期资本主义"国家理论认为，国家的干预权可以追溯至以下事实：随着工业资本主义的发展，"与结构相异的系统要素的形成"成了"系统延续的必要条件"（Offe, 1972: 38）。由此来看，政治决策的潜在影响力不仅源于市场机制失灵这种副作用，而且也是因为"干预主义国家填补了市场的功能缺位"（Habermas, 1973: 51），例如改善物质或非物质的基础结构，扩大教育体系，保障职业风险，等等。

显而易见，类似的讨论已经在过去十年里退居幕后。这不光是因为泛化的危机概念（经济危机、正当化危机、动机危机等）已经失去其理论和政治的洞察力。同时，从不同的方面来看，干预主义的福利国家方案在其实现的那一天便失去了乌托邦能量，这一点得到了人们的公认。福利国家越是在其内部取得成效，它就越是粗暴地遭到个体投资者的抵制。面对上涨的薪资和其他附加成本，投资人的应对之策往往是降低投资意愿，或者借助自动化举措来解雇更多的劳动力。福利国家成就的阴暗面和不良效应，也会在此时表现得愈发明显：

> 实施福利国家纲领的法律-行政手段并不是毫无特征的消极媒介。相反，这些手段毋宁是与事实状况的孤立化、规范化、监视等活动联系在一起的。福柯在日常沟通的毛细血管中追踪这种物化和主体化的权力……总之，目标与方法间的矛盾是福利国家方

第八章 破除政治的边界

案本身所固有的。(Habermas, 1985: 7f)

即便从外部观察，民族国家的职权范围也因历史的发展而负担过重，其中既包括国际市场的交织和资本的集中，也包括污染物和有毒物在全球层面的流动，以及由此产生的普遍化的健康威胁和自然破坏。

人们或多或少都对这种发展状况表达了困惑，这集中体现在"新的晦暗之境"这种说法里(Habermas, 1985)。*这个说法同样适用于另外两类事态：首先，在过去的十年里，社会结构和投票行为日益松弛，成为政治领域中一项令人不安的因素；其次，公民动员、公民抗议乃至层出不穷的社会运动，都在涉及自身利益的事务上有效地发出了自己的声音(Brand et al., 1983)。

摇摆选民在西式的大众民主中日益增多，这令政党高层备受困扰，因为这些人使政治事务变得不可预测。例如，德国的摇摆选民的比例在1963年大约为10%，而到今天，各项研究估计得出的数字在20%到40%之间。竞选研究者和政治家大都同意这样的诊断：鉴于任何党派都只能以微弱多数赢得选举，摇摆选民及其"喜怒无常的弹性"(Noelle-Neumann, 1991)将会决定未来的竞选。

这反过来也意味着，政党逐渐减少了对"固定选民"的依赖，政党必须运用所有的手段去竭力讨好所有公民——近来主要是女性公民(相关概述，参见Radunski, 1985)。与此同时，由于民众的需求同他们在政党中的代表性之间存在着显著差距，所以市民团体和新社会运动获得了广泛支持，并展现了前所未有的政治冲击力。

对所有这些"不协调"发展的评价会依政治立场而呈现出差异，与

---

* 在哈贝马斯的语境中，"新的晦暗之境"代表了某种处境的一个侧面：一方面，福利国家纲领依旧滋养着劳动社会的乌托邦图景；另一方面，它却日益丧失力量，无法再为未来更好、更安全的生活方式创造可能。国内学者亦曾译作"新的非了然性"。——中译注

此同时,"破除政治边界"的要素也会出现在"国家祛魅"(Willke, 1983)的过程中。尽管如此,上述诊断仍然与政治中心的观念联系在一起,无论是隐含的还是明确的,事实性的还是规范性的。在政治—行政系统的民主制度中,政治中心已经拥有或应当拥有它自己的地位和影响途径。但不同于此,我在这里提出的观点是,政治和非政治分离的前提在自反性现代化进程中已经变得脆弱不堪了。

在"新的晦暗之境"的说法背后,隐藏着政治范畴的系统转变。这种转变具有深远的影响并体现为两个方面:首先是权力的丧失——在贯彻和落实公民权的过程中,中心化的政治系统将此理解成新的政治文化;其次是社会结构的变迁,它涉及由非政治向亚政治的过渡——迄今为止的"和解方案"(技术进步等同于社会进步)似乎已经在这样的发展中丧失了应用条件。这两个视角共同构成了"政治边界的破除",我们将在以下三个场景中探究其可能的后果。[①]

令政治失势的民主化

国家的干预权旁落而政治失位:引发这一切的不是政治的失败,而恰恰是它的成功。我们甚至可以说,争取、贯彻和落实政治权利的努力越是在本世纪获得成功,政治系统的首要性就越是受到质疑,同时,在政治—议会系统的顶层采取集中决策的主张也就显得愈发虚假。在这种意义上,20世纪下半叶的政治发展正在经历连续性中的断裂,这不仅涉及它与技术-经济发展的行动领域的关系,也涉及其内部关系。政治(和非政治)的概念、基础和工具日趋模糊,悬而未决,亟须新的历史确证。

---

① 本章的论证基础是一种有限制的政治概念,其核心是生活条件的塑造和改变;习惯上理解的政治则看重支配、权力和利益的捍卫及正当化。

第八章　破除政治的边界

在政治系统中，决策权的集中建立在一种朴素的理解之上，即我们可以一边推行公民的民主权利，一边在政治决策上维持等级制权威关系。在资产阶级工业社会的方案中，公民与市民的关系无疑体现了这一点。虽然决策权是以民主的方式构成的，但对这种权利的独占最终却建立在民主君主制的矛盾图景之上。民主制规则仅限于选择政治代表、参与政治程序。"临时君主"一旦身居要职，就会表现出独裁的领袖品质，并以权威主义的方式自上而下地贯彻自己的决定。不仅如此，就连这些决定波及的有关机构、利益集团和市民团体，也会忘掉自己的权利，成为"民主制下的臣民"，默默接受国家的支配诉求。

然而，在自反性现代化过程中，这一视角却在许多方面遭到了削弱。人们日益清楚地看到，正是在民主权利确立的时刻，寻找政治性"解决方案"恰恰成了意外之举。政治（和亚政治）领域从来不存在单一的解决方案，也不存在"最好"的解决方案，而总是存在诸多解决方案。因此，无论政治决策程序进行到哪一步，我们都不能再把它理解成纯粹是在贯彻或套用由领袖或先贤预先确定的模型。这种模型的理性不容置疑，它可以或必须以权威主义的方式强制推行，向来无视下属机构、利益集团或公民团体的意志和"非理性抵抗"。无论是起草纲领、作出决策还是执行决策，我们都有必要把它们理解成一种"集体行动"（Crozier and Friedberg, 1979）的过程。在最好的情况下，这意味着集体学习和集体创造。由此可见，政治制度中的官方决策权必然是分散的。政治—行政系统因而不再是政治事件的唯一或核心场所。伴随民主化的推进，协商、参与、谈判、重新解释和可能的抵抗共同构成了一张网络，跨越了横向和纵向的正式职权划分。

工业社会模式中培育的那种政治中心的观念，是以特殊的民主制的切分为基础的。一方面，亚政治行动领域被免除在民主原则的应用范围之外（参见前文）；另一方面，即便在内部，政治依旧因系统性外部诉求而展现出君权制的一面。"政治领袖"在面对行政部门和利益集团时，必须展现出强有力的手腕乃至独裁的执行力。但在面对公民时，他又只是其中平等的一员，应当聆听他们的心声，认真严肃地回应他们的关切或恐惧。

这不只是反映了行动所受到的一般性约束，如阻断质疑、缩短讨论与交涉；这也表现了民主政治系统结构的固有张力和矛盾，即执行机构与议会辩论和公共领域之间的某种关系。执行机构需要向议会负责，但其执行"效果"取决于它能够贯彻决策的权力。值得注意的是，现有的"竞选"体系迫使决策职能——无论是宣扬之前政策的成功，还是对此加以谴责——相互隶属，这不断助长并修补了半民主的"临时独裁者"的真实虚构。在系统制约的条件下，这里必定会滋生出这样的假设：一个民选政府及其执政党一旦被选出，就需要为其任期内发生的所有好坏事情负责。然而，想要这种说法成立，这个政府显然不能是这样的：它经由民主选举而在一个社会内部运作，同时这个社会的所有机构和公民均拥有无数参与决策的机会。

在这个意义上，正如资产阶级工业社会的方案起初所宣扬的，民主化和去民主化、现代性和反现代性总是以充满矛盾的方式融合在一起，这是因为政治在政治系统内部既可以实现专业化，又可以实现垄断化。一方面，政治系统及其机构（议会、行政部门、管理部门等）的中心化和专业化在功能上是必要的。只有这样，政治意志的形成程序与公民利益和市民团体的代表问题才能得到组织；也只有这样，选出一位政治领袖意义上的民主制度才能运转起来。就此而言，政治的谋划不断虚构了现代社会的控制中心，政治干预的各条线索穿越其中的一切差异和交错而汇聚在一起。但另一方面，对政治的顶层地位和政治领袖的这种威权主义理解，却因民主权利的确立和奉行而被系统地掏空，进而变成了虚幻。在这种意义上，民主化最终就像是政治的某种自我衰弱和失位，或者至少是决策参与、监控和反抗机会的分化。

即便这条道路的尽头尚未展现，我们依然有理由这么说：无论在何处，只要权利得到保护，福利负担得到再分配，有机会参与决策，公民变得活跃，那么政治也就会一点点破除边界而变得普遍化。与此并行，在政治系统的顶部，中心化的层级决策权观念日益淡化，变成了对前民主、半民主或形式民主的追忆。至关重要的是，在一定条件下，反馈效应同样适用于保障权利的民主制。民主得到更多的实现，它就会制造不断更新的标准和要求。不管民主的进展是大是小，这反过来又会导致舆论对当前状况的"停滞"和"威权主义"表达不满。就此而言，民主制下"卓有成效"的政治会导向这样一种处境：政治系统的机构不断失去分量，因为它们的实质已被掏空。在完善的民主制中，公民能自觉意识到自身的权利并为其注入活力，但相比于尚在半途的当前社会，这种民主需要不同的政治理解和不同的政治制度。

公民权的实现与文化亚政治的分化

在西方，发达民主制通过建立大量监督形式，限制了政治权力的展示。早在19世纪这一发展的开端就存在着分权制度，这确保了司法在议会和政府之外的监督功能。随着德国社会的发展，劳资协定自主权在法律和社会层面都得到了落实。因此，就业政策的核心问题变成了劳动力市场的竞争各方在受控条件下的讨价还价，而国家有责任在劳资纠纷中维持中立。

这一发展方向的最近几步是在法律上保障、在内容上充实出版自由。出版自由与大众媒介（报纸、广播和电视）和新的技术可能性相结合，带来了分阶段成形的公共领域。它们的目标绝不是追求崇高的启蒙，而是乃至于首先是成为市场、广告和消费（无论是各种商品，还是制度包装下的信息）的"奴仆"。即便有可能制造或加剧缄口不言、相互孤立乃至愚蠢言行，它们依旧发挥了实际或潜在的监督功能。媒介引导下的公共领域总是针对政治决策发挥自己的这种监督功能。于是，

193　随着基本权利的确立，亚政治的中心被创造出来并日渐稳固——其实现的程度恰好是这样，即这些基本权利在内容上不断充实，因而可以抵御政治（或经济）权力的侵蚀，确保自己的独立性不受影响。

如果我们把公民基本权利在各个阶段的实现过程理解为政治现代化，那么下面这个看似悖谬的陈述就变得可以理解了：政治的现代化使政治失去了权力、破除了边界，而令社会变得政治化了。更确切地说，现代化进程使亚政治的中心和行动领域不断浮现，并为它提供了在议会之外行使共同监督或替代性监督的机会。具有部分自主权的协商政治或替代性政治的领域和手段或多或少已经得到了清楚界定，因此不难区分。它们的基础是人们曾为之奋斗，而如今则竭力保护的权利。这同样意味着，由于这些权利得到了行使、被扩大解释或精心阐述，社会内部的权力关系也出现了某种程度的改变。政治系统的"头脑"所面对的是联起手来的敌人，是媒介引导下的公共领域的"界定权"，等等。本质上，它们可以共同决定或改变政治的议事日程。就连法院也变得无所不在，成了政治决策的监督机构。这个过程的特征极为鲜明：一方面，就算有违政治的意志，法官也要维护自己的"司法独立"；另一方面，公民从政府公告的恭顺接收人蜕变成政治参与者，甚至在必要时，他们也会行使权利，向国家提起诉讼。

这种"结构民主化"出现在议会和政治系统之外，这只是表面上看起来吊诡。在自反性现代化阶段的民主化进程中，这里出现的矛盾不难理解。首先，在已经确立基本权利的背景下，各个亚政治领域参与民主决策和监督的可能性已经分化出来并得到了安排。其次，这样的发展绕过了民主的起始之地——议会，其徒存形式的权利和决策职能日渐衰落。在这个政治意志形成的初始中心，政治生活丧失了它的实质内容，越来越像例行公事。

换句话说：在专业化民主模式的一旁，新政治文化的诸种形式正在变成现实。亚政治的各个中心在行使基本权利的过程中，影响了政治决策的形成和贯彻。显然，这一切并不意味着国家政治正在失去影响。在外交和军事政策等核心领域，在用国家暴力维持"内部安定"方面，政治依旧保留了自己的垄断地位。这里提到的国家政治的核心影响领域，可由下述事实进一步澄清：自19世纪革命以来，公民动员和警察的技术—财政配备存在着相对紧密的关联。就算在今天，我们依然可以确定——如有关大规模技术的争论——国家行使暴力和政治自由化之间绝对存在着某种关联。

新政治文化

宪法规定的基本权利是政治去中心化过程的关键，它带来了长期的放大效应。这些权利提供了多种解释的可能性，并且也在不同的历史形势下提供了新的出发点，打破了先前盛行的、有限制、有选择的解释。这一点最终表现在广泛的公民活动上——从市民团体到所谓的"新社会运动"，再到形式多样的替代性、批判性职业实践（如医学专家、化学家、核物理学家等）。这种形式上的多样性逐渐削弱了先前所有的政治图式。于是，这些群体开始在议会之外直接行使之前徒具形式的权利，并用他们认为值得为之奋斗的生活来丰富这些权利。在一切可能的话题上，公民都活跃起来了。这种活跃获得了一种特殊的意义，因为亚政治的其他核心论坛也向他们敞开了，例如司法和公共领域。正如这一发展所表明的，至少在某些时刻，亚政治可用来有效地保护公民的利益（在环境保护、反核运动和数据保护方面）。

在这一过程中，"放大效应"展现了出来：基本权利得到了有效行使，并在相互加强中实现了扩张；这放大了"基层"和"下属机构"的"抵抗力量"，避免了那些不想要的"来自上层"的干预。公民的自信不断增长，参与的兴趣也日渐高涨。无论是大量民意调查，还是层出不穷的市民团体和政治运动，相关的报道都给人留下了深刻的印象。对威权主义的民主理解来说，这就像是在"抵抗国家权力"；而在某些科学家眼中，这无疑是企图施加政治影响的徒劳努力。这些科学家养成了老习惯，固执地认为政治系统就是政治的所在地。但无论如何，这都是符合逻辑的一步，它紧随民主权利的确立，朝着真民主的方向前进。在这多层次的发展中，政治行动的普遍化过程开始显露出迹象。这些行动的主题和冲突不再是为权利而斗争，而是精心阐述权利并在整个社会层面加以行使。

西方社会花费了两个世纪或更多时间才建立起具有普遍效力的基本权利，这些权利构成了政治发展的枢纽。这一过程虽然断断续续，却是有方向的（直到现在）。一方面，人们在议会里为权利而斗争；另一方面，亚政治的中心在议会之外并行发展起来，且实现了分化，民主的历史编撰由此翻开了新的一页。这首先表现在前面提到过的两种亚政治场所与形式之中，即司法和媒介公共领域。

在德国，公务员法保障了法官的职业地位。同时，新的履职与解释形式和外部环境的转变，也让法官享有了半自主的决策空间。但令法官群体和公众感到惊奇的是，对决策空间的利用近年来也颇受争议。就其起源而言，这种空间依赖于久已存在的、在法律上构筑起来的"司法独立"。然而只是到了最近，或许是由于世代转换和科学化进程，法官才开始积极运用这种自由，并自信地完善法律。

在诸多关键条件中，我们将拣选其中的两个：通过把自反性科学化作用于司法裁决的对象和决策过程，最初有效的"客观限制构造"就会趋于瓦解，从而至少在部分意义上允许个体决策的参与。这首先适用于对法律解释和法官裁决的科学分析，因为在法律条文及其解释规则所提供的框架内出现了可资利用的司法变异。一直到今天，这种司法变异往往被人员的频繁流动和通行的基本信念所掩盖。在此，科学化揭示了有用的论证技巧，使法官职业暴露于此前并不为人所知的、内部职业政策的多元化之中。

第八章　破除政治的边界

这一趋势因下列事实而得到了加强：被推上法庭的众多问题和冲突案例早已丧失了其社会明晰性。在众多核心冲突领域，专家及其反对派的相互争执不可调和，特别是在核反应堆技术和环境议题上，但也包括家庭婚姻法和劳动法领域。所以，裁决权最后又回到了法官手中。这部分是因为选择专家证人已经预先包含某种裁决，部分是因为在判决出来之前，法官有责任权衡各方论据及其联系并重新加以组织。由于假设的、孤立的、矛盾的细节被过度地生产出来，科学养成了系统的自我怀疑（参见第七章）。这种怀疑在法律系统身上也留下了它的印迹，从而为法官开启了"独立"的自由裁量空间，换言之，出现了裁决过程的多元化和政治化。

这对立法机构产生了影响，因为它发觉自己越来越频繁地出现在被告席上。对于有争议的行政行为（如决定是否修建核电站，怎么建，在哪里建），司法审查程序现在几乎成为规范流程的组成部分。此外，人们变得越来越不确定，也无法估量法庭是如何处理这些诉讼程序的，并且最终这一过程将延续多久。于是，不确定性的灰色地带开始浮现，强化了国家缺乏影响的印象。

在更为宽泛的意义上，这同样适用于一般意义上的立法动议权。无论在州、联邦还是欧洲共同体的层面上，它们很快就会在同级或上级管辖权的边界地带引发冲突。在这种情形下，广受期待的司法审查程序使法官的潜在裁判充斥整个政治系统（需要指出的是，这强化了法学家对于行政的垄断），从而缩小了政治塑造的活动空间。

出版自由权利及其所有解释的可能性和问题，也为大大小小的公共领域（从全球电视网到校报）的分化提供了无数契机。这些公共领域有可能影响社会问题的界定，它们的影响机会从个别看来十分微小，但总体上是相当可观的。不过，信息生产的物质条件以及法律和社会的一般条件，都会对公共领域形成限制和监督。尽管如此，对社会问题的公共感知和政治感知来说，公共领域依然具有重大意义。环境问题的政治热潮以及社会运动和亚文化的兴衰无疑证明了这一点。下述事实也提供了清晰的证明：耗资不菲的大规模科学研究，只有在经过电视和通俗报纸的报道之后才会引起委托机构的注意。政治机构的工作人员最常读的是《明镜》周刊，而不是研究报告。这不仅是因为报告读来枯燥无味，而且也是因为依照社会的设计目标，《明镜》周刊上会刊登任何与政治相关的事务（与具体的内容和论证无关）。突然之间，研究结果失去了仅供私人使用的色彩。这些结果萦绕在成千上万人的头脑里，不断呼吁个体的责任和公共的（反对）表态。

这些条件孕育了问题与优先级的界定权（虽然与受雇的编辑工作有所重合，但绝不能同"编辑权"混淆在一起）。无疑，界定权在核心节点上依赖于发行量、收视率以及下述事实导致的结果，即政治领域只有冒着失去选票的危险才敢忽略已经发布的舆论意见。收视习惯和新的信息技术有助于强化并巩固界定权；在风险条件下，科学理性的去神秘化则让它额外获得了意义。大众媒介只会从大量假说性研究中选择发表部分成果，从而使它们获得额外的熟悉度与可信度。相比之下，纯粹的科学成果是不可能获得这种知名度和信誉的。

这给政治带来了一定的影响。譬如，有关垃圾堆中发现有毒物的报道一夜之间就会跃上头条，并就此改变政治议程。由于舆论根深蒂固地认定森林正在消亡，这个问题就会强行占据优先地位。当甲醛的致癌作用在欧洲层面得到科学证实之后，先前的化工政策就会面临崩溃。我们有必要以政治谋划来应对这一切，无论是辩论、法案，还是财政计划。媒介公共领域的界定权显然无法预知政治决策。就其自身来看，这种界定权与新闻事业的经济、法律和政治前提以及资本的集中度联系在一起。

这里至少还应当提及亚政治的最后一个领域：隐私。出生数字对一切政策领域都至关重要，围绕父母亲角色的问题同样如此，比如母亲是继续追求自己的事业，还是彻底回归家庭。从本质上说，男男

第八章　破除政治的边界

女女在其生活处境中面对的那些问题全都具有政治性的一面。就此而言，所谓的"问题指标"——离婚率上升，出生率下降，婚外生活增多——不仅描绘了男女关系在家庭内外的处境，它们也为一切政策规划和指导提供了剧烈变动的参数。私人领域的决策（如是否生孩子，生几个，在时间上怎么安排）已经摆脱外部干预，但其中的重要节点仍与其息息相关，如退休政策、教育规划、劳动力市场政策、福利法案和社会政策等。之所以能够如此，是因为按照宪法规定的基本权利对家庭和隐私的保障安排，决策的机会完全属于共同生活的伴侣。

私人领域的法律保障由来已久，但这种保障在很长一段时间以来都没能获得如此之重的分量。这类自由空间只出现在生活世界的去传统化之后。然而同时，不确定性也随之从政治的社会根基中浮现了出来。女性开始享有教育平等，陆续拥入劳动力市场。但这不过是把早就允诺的机会平等扩大到了此前被排除在外的群体身上，这是问题的一个方面。在另一方面，平等扩大带来的结果是局面的彻底改观——从家庭、婚姻到亲子关系，从出生率的变动、失业状况的发展到福利法、就业体系等各个方面。就此而言，个体化进程拓展了亚政治在私人领域的塑造与决策空间，这是国家影响力触及不到的层次。在这个意义上，妇女运动主张的"私人即政治"可谓切中肯綮，这一状况正日益密集地出现在历史上。

媒介公共领域、司法、隐私、市民团体和新社会运动——文化与社会亚政治的各个局部领域共同构成了新政治文化的表达形式。其中有些受制度保护，有些则处在制度之外。新政治文化难以被归类，但它恰恰利用这种流动形态，成为过去二十年里影响德国政治与技术-经济发展的重要因素。新政治文化的有效性基础在于，它用社会生活充实枯燥无味的法律条文。更准确地说，新政治文化逐步克服并打破了对于普遍有效的基本权利的选择性解释。"参与"概念作为这种发展的指

198

代词,游荡在各种社会科学质询与政治讨论之中,时而像幽灵,时而又像希望。我们没有必要美化这随之而来的发展过程,我们甚至可以断然批评它向新神秘主义的过度倾斜。但我们仍有理由推测,这种思考与搜寻的品质及其蔓延过程,已经持久改变德国的政治景观。这一点在未来只会变得更加清晰。

在议会体系中取得成功的政治,如今也在社会和文化层面经历了分化,这一点并没有遭到政治社会学的忽视。以理性主义层级制为特征的手段—目的模型(它看似虚构而成,但得到了科层制研究与决策理论的长期拥护)趋于瓦解。取而代之的理论强调磋商、互动、谈判、网络,简言之,强调政治操控——从制定纲领到选择举措,再到各种执行方式——要素中的相互依赖和过程性特征,其中涉及的机构和行动者可能是主管者、当事人或利益相关者。传统的政治理解带有某种天真的成分,它认为只要采取恰当的手段,原则上政治总是可以实现它自己设立的目标。但在新的研究取向看来,政治是不同行动者之间的合作,即便这有违形式上的层级制或跨越了固定的职责范围。

已有研究表明,行政机构体系常常表现出既缺乏严格权威关系,又受横向联系渠道支配的特点。上下级之间就算呈现为形式上的层级依赖关系,他们往往也无法充分利用垂直影响的机会(Mayntz, 1980)。在政治过程的不同阶段,各种各样的行动者或行动群体均获得了磋商与合作的机会。这一切凸显了政治领域的偶变性,因为这一领域总是在表面上维持着形式的、层级的划分。与此同时,政治不断液化为政治过程,但学术界对这种变化表现得不冷不热。政治过程(如纲领、举措和执行)的指向性和结构化属性始终只被当作一种假设(仅仅出于政治科学分析的可行性理由)。把政治—行政系统当作政治中心的虚构还在延续。如此一来,我们便无法看到这里重点关注的那种发展状况:政治边界的破除。

第八章 破除政治的边界

政治文化与技术发展：进步意识的终结？

政治系统的现代化压缩了政治的行动空间。已经建立的政治乌托邦（民主制和福利国家）受到了各种法律的、经济的、社会的束缚。与此相反，技术-经济系统的现代化则开拓了全新的干预机会。在生活与工作方面，传统的文化常量和基本预设也将因此而停止运转。微电子学改变了就业体系的社会构成。遗传工程使人类处在神一般的位置上，他们既可以创造新的质料和生命体，也可以彻底改变家庭的生命与文化基础。塑造和可制作的原理不断泛化，如今甚至席卷了它本应服务的主体。这不仅造成风险的指数式增长，也让风险起源和风险解释的地点、条件及媒介全都带上了政治性。

人们总是一再念叨，"老"工业社会迷恋进步。从早期的浪漫主义直到今天，这一事实受到了各种批判。尽管如此，下面这个潜伏的进步信念虽因风险的增长而处境尴尬，却从未受到过质疑：相信试错法，相信我们能够系统地支配外部自然和内在自然——尽管不乏挫折和次生问题，这一过程可以渐渐取得进展（这是一个神话。例如，虽然政治左派常常批评"资本主义的进步信念"，但直到最近，实现这个神话依旧是他们的义务）。此外，在"进步"之帆的护翼下，文明批判的伴奏丝毫无法减损社会变迁的前进动力。这与该过程的特性有关，因为社会变迁仿佛可以"隐姓埋名"地实现。"进步"不只是意识形态，"进步"更是在议会之外持久改变社会的行动结构，它经历了"规范"的制度化。吊诡的是，在极端情形下，"进步"甚至会推翻它与国家执法力量建立的关系，因为这种力量意图维持现状。

为了理解进步共识所具有的正当化力量，我们有必要重提那近乎被遗忘的联系，即社会政治文化与技术-经济发展之间的关系。在20世纪初，文化对劳动、技术和经济系统的影响是一系列经典社会科学研

235

究的焦点。韦伯已经证明,加尔文主义的宗教伦理及其所包含的"现世苦行",对"职业人"和资本主义经济活动的兴起和确立具有多么重大的意义。半个多世纪以前,凡勃伦同样也在论证,经济规律并不必然普遍有效,它也不能被孤立地看待,相反,经济规律与社会文化系统充分地联系在一起。如果社会的生活形式和价值发生了变化,那么经济原理必定也会改变。举例来说,如果大多数人拒斥经济增长的价值(无论出于什么原因),那么,我们有关劳动形态、生产力标准和技术发展方向的看法就会变得可疑,新的政治行动压力也会因此而出现。在这种意义上,韦伯和凡勃伦是在(以各自的方式)论证,劳动、技术变迁和经济发展全都捆绑在文化规范系统即人类的普遍期待和价值取向上。

从根本上说,这个洞察显而易见,也受到了其他学者的倡导。[①]但其间除了被口头承认,它几乎并不具有任何实践上的意义。以一种极度简化的方式来说,这首先可能是因为社会和政治文化从第二次世界大战后到60年代一直维持了稳定。恒定的"变量"是很难让人注意到的,因为这样的"变量"也就不再是"变量",它的重要意义更不会为人所知。然而,一旦稳定性开始松动,这一局面也会立刻改观。这么说吧,只有在文化和规范的背景共识瓦解之后,它对经济和技术发展的重要性才会逐渐显现出来。在战后德国(包括其他西方工业国家)的繁荣时期,经济"进步"、技术"进步"和个体"进步"明显地交织在一起。"经济增长"、"生产力提高"和"技术创新"不仅是合乎(致力于扩张资本的)企业家利益的经济目标,也创造了人人可见的结果——社会的重建、个体消费机会的增长和上流生活标准的"民主化"。个体、社会和经济这三者的利益在追逐(经济和科技意义上的)"进步"的途中实现了联结。这一切发生在战后的废墟之上——由此可见,一方面经济的

[①] 除了韦伯和凡勃伦,在社会科学家里面,我们还需要提到涂尔干、齐美尔,以及当代的约翰·K.加尔布雷思和丹尼尔·贝尔。

第八章　破除政治的边界

繁荣确实出现了,另一方面技术创新的规模似乎也是可以计算的。这两个条件在福利国家的政治希望中结成了一体,从而使"技术变迁"的政治或非政治领域趋于稳定。具体而言,对技术政策意义上的进步共识的社会构想依赖于下述三个前提,但它们均因新政治文化的兴起而在70年代逐步瓦解(Braczyk et al., 1986)。

首先,进步共识的基础在于"技术进步等于社会进步"这个和解方案。相关假设认为,技术发展创造了显著的使用价值,并体现为劳动力的节约、生存条件的改善和生活水平的提高,这是每个人都可以切身感受到的。

其次,只有参照这一等式,我们才能从各种负面效应(如降低技能要求、位置调整、就业风险、健康危害或自然破坏)中分离出"技术变迁的社会后果",并回头加以处理。所谓的"社会后果"主要是指各种损害,也就是特定群体需要面对的某些特殊后果,但这些群体从来不会质疑技术发展的显著社会收益。因而,"社会后果"的说法认可了两件事情:其一,任何要求在社会和政治层面塑造技术发展的观点都要加以拒绝;其二,围绕"社会后果"的争论不能伤及技术变迁的执行。换言之,我们可以讨论也只能讨论负面的"社会后果"。与此同时,技术的发展这件事本身既不受争议,也不受裁决,它只遵循自己内在的客观逻辑。

再次,技术政策意义上的进步共识的制造者和承载者是工业领域的冲突双方:工会和资方。国家只在其中承担间接的任务——接收"社会后果"并监控风险。劳资双方的争论焦点只有"社会后果"。但他们在评估"社会后果"时体现的对立,却总是以执行技术发展的共识为前提。这个共识立足于技术发展的核心问题,并被一种久经考验的共同敌意所巩固,即反对"技术仇恨"、"机器捣毁"或"文明批判"。

技术政策意义上的进步共识存在许多支柱,如社会变迁与技术变迁的分离、有关系统限制或客观限制的假设、技术进步等于社会进步的共识方案、劳资双方的优先职责等等。然而,在过去的数十年间,这些支柱开始逐渐崩塌。这既不是偶然,也不是文化批判的阴谋。相反,这是现代化进程本身引发的后果。在第二次科学化过程中,有关潜在后果或副作用的设想破裂了(参见前文)。随着风险的增长,使技术进步和社会进步一致化的和解方案也失去了它的前提(参见前文)。与此同时,其他群体也加入了技术政策的辩论场。有鉴于内部的利益结构和问题感知方式,这样的辩论不可能出现在企业当中。例如,就围绕核电站与核废料再处理设施的冲突来说,当国家权力和公民抗议在辩论之中形成直接对峙时,资方和工会作为习惯上技术共识的承载者却只能从旁观看。这样的辩论发生在已经完全改观的社会和政治场景中,而参与其中的行动者乍看之下仅有一个共性:远离技术。

从场所到对手的转换也不是巧合。首先,这种转换符合生产力发展的阶段。在这一时期,风险密集型大规模技术——核电站、核废料再处理设施或化工毒物的广泛使用——与社会生活世界形成了直接的交互关系,这一切发生在企业的游戏规则系统之外。其次,这表明人们对新政治文化所强调的参与的兴趣在日渐增长。从围绕核废料再处理设施的冲突中

> 可以了解到,我们不能把数字意义上的少数派(如现场的"抗议公众")当成惹是生非、满腹牢骚的一群人,进而把他们晾在一边。他们的不满具有指示性价值。这些不满表明……社会的价值和规范发生了彻底的变化,或者说各个社会群体出现了前所未有的分化。执政当局至少要像对待选举日那样,认真严肃地看待这些信号。一种新型的政治参与正在现身。(Braczyk et al., 1985:22)

最后,科学也无法再构成正当化的来源。对危险发出警告的人不是缺乏教养者或复古主义者,他们更可能是科学家自己(核技术专家、生化学家、医师、遗传学家、信息学家等)或许许多多的普通公民。在这

些人身上，遭受的危险和相关的职权实现了重合。他们能言善辩、组织有序，有时还握有自己的刊物，因而可以为公众或法庭提供论证。

局面因此而变得愈发明朗：技术-经济的发展丧失了文化共识，在这样一个时刻，技术变迁的加速及其带来的社会变革已经达到前所未有的程度。然而，就算此前盛行的进步信念已经瓦解，这对技术变迁的执行也毫无影响。这种不相称正是技术-经济"亚政治"的意涵所在：社会变革的范围与其正当化程度不相匹配，同时，这丝毫不曾影响已被美化为"进步"的技术变迁的执行力。

对遗传工程"进步"的恐惧早已在今天泛滥成灾。听证会连续举行，教会不断抗议；就连对进步深信不疑的科学家也无法摆脱这种不安。然而，这一切就像一份悼词，它为很久之前的决策而拟就，或者不如说，不曾有过决策。"是与否"的问题永远不会到来，它总在半途之中，因为没有哪个任务小组会放它进来。人类遗传学的时代早已到来，今天的人们尚在辩论它的是与非。人们可以对进步说"不"，但这根本改变不了它的进程。进步是一张空白支票，其兑现超越了同意或拒绝的范畴。经民主而获取正当性的政治对批判异常敏感，这同技术-经济的亚政治对批判的相对免疫形成了对照。技术-经济的亚政治缺少规划，不受裁决，它只在自我实现的那一刻才被人们识别为社会变革。接下来，我们将以"医学"这个极端案例来证明亚政治的特殊塑造权与执行力。

203

医学亚政治：一个极端案例

依照其公开的自我理解，医学服务于健康。事实上，医学开创了全新的局面，改变了人与其自身，与疾病、苦难和死亡的联系，它甚至改变了世界。为了认识医学的革命性影响，我们无须钻入各种评价的灌木丛。这些评价有时把医学看作救世许诺，有时又把它看作幼稚幻想。

人们可以争论医学是否切实改善了人类的福祉,但无可争议的是,它的确促进了人口的增长。在过去的三百年里,地球上的人口增加了近十倍。这首先应当归功于婴儿死亡率的下降和人口预期寿命的延长。在欧洲中部,假使未来几年的生活形势不出现急剧恶化,不同社会阶层成员的平均预期寿命可以达到70岁,这在19世纪看来就已经是"高龄"了。这一结果主要反映了卫生条件的改善;如果没有医学研究的成果,这是不可想象的。由于营养和生活条件的提高,死亡率出现了下降;并且有史以来第一次,人类掌握了对付传染病的有效方法。于是,世界人口出现了急剧增长,特别是在贫穷的第三世界国家——这些国家还面临着饥饿、贫困等重大政治议题和快速增长的不平等。

在当前的医学发展中,诊断和治疗出现了分离。因而,就医学对社会的改变而言,有一个不同寻常的维度进入了我们的视野。

> 科学诊断的全套仪器设备,大量涌现的心理诊断理论和术语,对人的身体和心灵的"深层"所迸发的前所未有的科学兴趣:所有这一切都脱离了治疗能力,并开始责备后者"拖了后腿"。(Gross et al., 1985: 6)

结果,所谓的"慢性病"开始急剧增加。换句话说,多亏有了更灵敏的医疗技术设备,这些疾病才能被诊断出来,但目前尚无有效的方法治疗这些疾病,就连相应的希望也看不到。

医学在其最发达阶段制造了它称为(暂时或永久)无法治愈的病理状况。这种病理状况不仅代表了一种全新的生活处境和危险处境,也跨越了现有的社会不平等体系。在20世纪之初,40%的患者死于急性病症。到了1980年,急性病在各种死因中只占1%。而在同一时期,死于慢性病的比例从46%上升到了80%以上。在这类情形中,生命在终结之前,需要越来越频繁地经历较长时间的痛苦。1982年的人口抽样

第八章　破除政治的边界

调查显示，登记有健康问题的960万联邦公民当中，接近70%是慢性病患者。伴随这种状况的发展，最初治愈意义上的医学越来越像是例外。尽管如此，这已经无法再证明医学的失败，因为恰恰是医学的成功使人处在了疾病当中——医学有能力凭借先进的技术作出诊断。

这样的发展包含了一个医学和社会政治意义上的转向。直到今天，我们才对这个转向的深远影响有了认识和感知。在19世纪的欧洲，医学取得了职业化发展。医学通过运用技术消除疾病，对它实现了职业化垄断与管理。疾病或病痛被批量委托给医疗机构，以便依靠专家实现外在的掌控。在营房一般的"医院"里，医生以这种或那种方式"消除"疾病，而在很大程度上，病人对此一无所知。

与此相反，今天的病人需要独自面对疾病，或由那些毫无准备的机构来接手——家庭、职场、学校、公共领域等。这样的病人依旧在应对疾病方面一无所知。艾滋病这种快速传播的免疫缺陷只是其中最引人关注的例子。由于诊断技术的"进步"，疾病也开始泛化了。一切都"生病"了，要么现在"生病"，要么有"生病"隐患——这已脱离人的实际感受。相应地，人们再次提起了"主动患者"的形象，再次呼吁结成"工作联盟"。在这种联盟中，医学把病人指定为自己疾病的"辅助医生"。但居高不下的自杀率表明，这种急转弯让病患感到多么难以承受。例如，慢性肾病患者需要依靠定期的血液透析才能维持生命，他们的自杀率在各个年龄段都要比普通人群高出六倍（相关内容，请参见Stössel, 1985）。

有关体外受精胚胎移植技术的可能性最近刚刚由医学付诸实践，这当然有理由点燃舆论情绪。但公众的讨论是在"试管婴儿"这一标题的误导下进行的。这项"技术进步"的主要内容包括：

> 人类胚胎发育的最初48—72小时，即从卵子受精到早期细胞分裂的这段时间，由女性的输卵管转移到了实验室里（在玻璃

器皿内)。所需的卵子以手术方式(腹腔镜检技术)从女性体内获得。在此之前,需要用激素刺激卵巢,使其在一个周期内排出数个卵子(超排卵)。卵子在含有精子的溶液中受精,并培养至4—8个细胞的阶段。随后,只要胚胎发育正常,它就会被植入母体子宫。(Daele,1985:17)

体外受精的运用是为了满足患有不孕症的妇女对孩子的热切渴望。到目前为止,大多数医院只把这种治疗方法开放给已婚夫妇。考虑到未婚同居的广泛流行,这种限制显得十分过时。但另一方面,如果把这种技术开放给单身女性,这就会带来全新的社会关系,而其前景在今天还完全无法预判。我们在这里讨论的不是离婚之后的那类单身母亲,而是那种有意为之的、没有父亲的母亲身份。这是史无前例的。这里的前提条件是:非伴侣关系的男子捐献精子。在社会意义上,没有父亲的孩子就会因此而出现,其父母可以还原为一位仅有的母亲和一位匿名的捐精者。最终,这一发展将废除社会意义上的父亲,只保留生物意义上的父亲(在此,所有血缘意义上的父亲身份所引发的社会问题都将难以得到解决,如家世、遗传特征、抚养权或遗产继承权等)。

如果有人想到胚胎在移植之前会作何处理,那么这个简单疑惑就会额外带出一大堆问题。胚胎发育到哪种程度可算"看起来正常",从而可以植入子宫?从哪一点可以判定胚胎还不是或已经是未出生的人了?"体外受精让人类可以在女性体外获得胚胎,这为技术性手术打开了广阔的天地。其中有些已经可以实现,而另一些则有待实现。"(Daele,1985:19)因此,就像已经存在的精子库一样,深度冷冻的胚胎或许也可以在相应的"胚胎库"里进行贮藏和售卖(?)。胚胎的可及性为科学提供了其长期渴求的"实验对象"(不知道用什么言辞来表达),以便用于研究胚胎学、免疫学和药理学。"胚胎"——这个词代表了人类生命的起源——可以通过分裂而实现复制,因此而形成的具有

第八章 破除政治的边界

相同遗传性状的孪生胚体可用于性别筛选，或用于诊断遗传及其他疾病。这里蕴藏着新的学科和方法的起点：对胚胎作基因诊断和治疗。[①]这也带出了一系列根本问题：什么是社会和伦理意义上"可取"、"有用"或"健康"的遗传特征？谁来履行——这个词实在难以下笔——"胚胎的质量监控"（Bräutigam and Mettler, 1985），依据什么法律，参照何种标准？怎么处理那些"不合格胚胎"？——因为它们无法满足产前的"尘世准入检测"所提出的要求……

医疗技术（还有其他没有提及的方面）的发展提出了诸多伦理问题，而这些问题使传统的文化惯例不再有效。在这方面，我们已经有很多出色的讨论（另请参见 Jonas, 1984；Löw, 1983）。[②]

但这里吸引我们的是另一个方面，而此前的讨论只是对此稍有触及：（医学）"进步"的行动结构是这样一种常态，它可以未经同意就彻底改变人们的社会生活条件。这一切是怎么做到的？具有批判精神的公众，为什么只在事后对这场寂静无声的社会文化革命的后果、目标和

[①] 在有可能进行的科学实验中，体外培养在技术上并不局限于胚胎通常需要植入子宫的那个阶段。"理论上来讲，完整的体外胚胎培养也是可以尝试的。这样一来，试管婴儿也就名实相符了。胚胎细胞可用于制作'嵌合体'，即不同物种的杂合。嵌合体非常适合用来对胚胎发育做实验研究。最后，不难预见，人类胚胎也是可以'克隆'的，大致是用其他个体的细胞核来取代胚胎细胞的细胞核。在老鼠身上，这已经取得了成功。而在人类身上，这可以用来获得具有相同遗传性状的后代或用于培养胚胎组织。这些组织可用作器官移植的材料，这样还能消除细胞核捐献者可能面临的免疫反应。当然，到目前为止，这些都只是幻想而已。"（Daele, 1985: 12）

[②] 另外再举一个例子。产前诊断和胎儿外科手术也制造了全新的问题与冲突情境。换言之，可以对尚在母体内的胎儿进行外科手术吗？就此而言，母亲和孩子的（生命）利益在产前就已经分开了，虽然她们在肉身上还是一体的。诊断与手术的可能性逐渐增加，疾病的界定也因此扩展到尚未降临的生命之上。对怀孕的母亲（或付费的代孕者？）和在其腹中成长的孩子来说，手术的风险及其后果制造了对立的风险处境，而这与治疗专家和被治疗者的意识及意愿完全无关。这个例子同样证明，通过医学技术的发展，社会分化如何可能超越肉身一致性的界限而扩展到身与心的关系上。

危险发出疑问？公众质疑的是人类遗传学专家这个小帮派的职业乐观主义。这群专家本身毫无影响力，却常常沉浸于他们的科学之谜。

首先，这里出现的事物（医学技术的"进步"）虽然在表面上具有一致性，实际上却是独一无二的。纵使我们必须承认，人类的发展内含某种程度的自我创造和自我变革。纵使我们已经看到，历史设定并培养了人类的各种能力——改变或影响人的本性、创造文化、操纵环境，以及用自己制造的条件取代自然演化的约束。但这仍然无法掩饰，向全新维度的挺进正是这里所发生的事情。谈论"进步"意味着预设了主体，这样的主体被设想成万事万物的最终受益者。可行性思想与行动一经释放便指向了作为客体的对立面：支配自然并增加社会财富。当技术上的可行性和可塑造原则开始侵犯主体本身，侵犯其在自然和文化意义上的生育条件的时候，从表面上的连续性来看，进步模式的根基就被抽空了。市民的逐利抵消了公民的生存条件，而按照工业社会流行的角色分配，民主发展的线索最终应当紧握在公民手中。由其普遍化之后的情形来看，支配自然已经在最真实的意义上悄然变成了对主体的技术支配，但这种支配最初意在效劳的启蒙主体性的文化标准早已荡然无存。

其次，我们正在悄悄送别人类历史上的一个时代，而这也无须任何人的同意。在这一边，德国（和其他各国）的专家委员会，正在围绕这一步的可能后果和意外后果草拟其最终的报告——这表明相应的社会政治后果还远在未来。在那一边，试管婴儿的数量正在迅猛增长。光是在德国，1978年到1982年的出生登记就在70例以上。到了1984年，这一数字已经超过500例，共计600多个孩子。有资格进行体外受精的医院（如埃朗根、基尔、吕贝克）都有长长的等候者名单。

医学在其行动结构的基础上，拥有转化或检验"技术创新"的自由通行证。公众固然也会谈论研究者应当或不应当做什么，但面对这样的批评和讨论，医学总是用"既成事实"策略加以躲闪。毫无疑问，也

第八章　破除政治的边界

会有人提出科学伦理问题。但这类质疑容易简化问题，就像是把"君主制权力"化约为"皇室道德"问题。如果我们把政治领域和医学亚政治领域那些改变社会的决策的方法程序和作用范围联系起来看，这一点就会变得更加明确。

尽管存在各种批评和对进步的怀疑，医学领域里依然有可能——这是显而易见的——发生那种近似政治丑闻的事情：绕过议会和公共领域植入事关社会未来的重大基本决策，通过使决策成为现实而使围绕决策后果的讨论显得不切实际。在此，科学甚至都不需要表现出道德品质上的衰败。由医学的社会结构可以看出，这个亚政治领域既没有议会，也没有可以预先研究决策后果的行政部门。这里甚至不存在决策的社会落脚点，因而最终也不会有坚实的决策或可以变得坚实的决策。我们必须谨记，在全面科层化的西方发达民主制中，任何人、任何事都要接受合法性、权限和民主正当化程序的仔细审查；但与此同时，我们也可以绕过科层制和民主制的一切监督，不断逃脱裁断，使迄今为止的生活和生活方式的基础在一般化的批判与怀疑的枪林弹雨下失去运转动力，这样的批判和怀疑早已在议会之外成为常态。

由此可见，外部的讨论监督和内部医学实践的界定权之间出现并延续着一种严重的不对等。由于处境不同，公共领域和政治领域必然"缺乏信息"，它们只能一瘸一拐、毫无指望地尾随这种发展，并从道德和社会后果的视角进行思考。对医学从业者来说，这种视角是全然陌生的。然而最重要的是，他们谈论的内容必定是非现实的、看不见的。只有在体外受精的技术得到运用之后，我们才能从经验确定性的角度研究它的后果。在这之前，一切都只是推测。在活人身上直接运用这项技术虽然符合"医学进步"的内在标准和范畴，却需要在法律与社会后果方面面对各种担忧或猜度。新技术对延续已久的文化自明性的侵犯越是深入，相应的推测内容也就越多。以政治的语言来说，这意味着我们只能在法律生效之后才对它作必要的讨论，因为据说只有到那时候，法律的后果才是可见的。

在有效性和匿名性的协同作用下，医学亚政治的塑造权不断加强。在这个领域，超越界限无疑是得到默许的。医学亚政治改变社会的有效范围远远超出了政治的影响半径，不仅如此，这种改变作用也只有在穿过议会辩论的炼狱之后才会变成现实。在这种意义上，医院和议会（或政府）具有相当的可比性。就其对社会生活条件的塑造和改变而言，它们在功能上甚至是等价的。但从其他方面来看，它们又是根本不可相比的。因为议会既没有相近的决策范围，也没有可比拟的机会来把决策付诸实施。一方面，医院的研究和实践破坏了家庭、婚姻及伴侣关系的基础；另一方面，议会和政府则在讨论缩减卫生系统开支这样的"重大议题"，其目标是限制和回避。然而谁都明白，意图良好的方案和对该方案的实际执行完全是两码事。

相比之下，医学亚政治领域对于界限的超越既无方案也无计划，其可能性全在"进步"的逻辑之中。就算是体外受精，最初也需要经过动物实验的验证。人们大可以争论，这种实验是否得到了允许。但毫无疑问，在把这种技术应用到人身上的时候，医学就已经跨过那道根本障碍。这种风险无论如何也不是医学面临的风险，而是下一代人的风险，我们所有人的风险。这种风险完全内在于医学实践的过程，并受（全球性）声誉竞争的条件和需求的影响。这看起来就像是医学的核心"伦理"问题，公众的感知和热议也是在这一范畴下进行的；因为有一个社会结构预先存在于把医学知识付诸实践（无须公众同意或参与）的过程，这个结构完全排除了外在的监督与协商。

我们可以这样表述政治与亚政治的核心区别。具有民主正当性的政治利用法律、金钱、信息（如消费者信息）等影响途径，控制着某些间接的统治手段。由于这些手段的"执行阶段"较为漫长，这就为相应的监督、调整或缓冲提供了额外的机会。与之相比，进步的亚政治则享有无须执行工具的直接性。可以说，在医学的研究和实践（或工业领域的企业管理）中，立法部门与行政部门是结为一体的。这是一个尚未分化的授权委托模型，其中没有权力的划分；人们也只会在事后承认，其中的社会目标对受影响者而言是已成现实的副作用。

这种结构无疑在医学职业中得到了"最纯粹"的描述。医生之所以拥有塑造权，既不是因为他拥有特殊理性，也不是因为他成功看护了人们高度珍视的商品——"健康"。毋宁说，这种现象是（20世纪之初）职业化成功的产物或其表达。较为粗略地说，这也表明，人们对亚政治的职业（或其"不完善"形态：工作）塑造权的生成条件普遍产生了兴趣。这里有数个前提条件。第一，职业群体必须从制度上确保研究渠道的存在，从而为自己打开创新之源。第二，职业群体必须从根本上为新手（共同）确定训练的规则和内容，从而保证职业规范和标准的代代相传。第三，经训练而获得的知识与能力必须在一个专业化监督的组织里得到实际运用，这是最根本也是最难克服的障碍。只有实现这些条件之后，职业群体才有了使研究、训练、实践相互交织的组织化庇护。也只有在这种架构下，实质的塑造权才能在无须社会同意的情况下获得发展和增强。这种"职业化权力集团"的典范正是医院。职业亚政治的影响源头史无前例地聚集在医院内部，相互确认，相互巩固。其他多数职业群体或团体，要么无法控制研究创新的源头（社会工作、护士），要么在性质上切断了与研究成果转化的联系（社会科学），要么在成果转化时需要服从职业之外的业务标准和监控（技术工程科学）。医学以医院的形态独自占有组织化的安排，在这种安排之下，研究成果得到改进并运用在病人身上。这一过程是在参照医学自身的标准和范畴的情况下独立运转与完善的，这避免了外部的质疑或监控。

因此，虽然政治和公共领域在不断尝试干预或协商，但医学作为一种职业权力，仍然确保了自己的根本优势，乃至扩大了这种优势。在其实践领域，即诊断和治疗方面，医学不仅控制了"学术创新力量"，同时也变成了"医学进步"事业的议会和政府。即便是作为"第三方势力"

的法律系统，它在裁决"医疗事故"时也不得不诉诸由医学建立并监管的规范与事实。从理性的社会建构的角度来看，这种判断最终只能由医学从业者来完成，而不是其他人。

正是在这种条件下，人们开始经营"既成事实的政策"，并把它扩展到生与死的文化基础上。所以说，医学职业对自己的处境了然于心，它通过制造"新的知识"，推翻了外界对于医疗服务的意义和效益的各种批评、质疑或指示。社会的期待与判断标准不是预先存在之物，而是"自反"的、可变的参照数值，换言之，它们需要由医生的研究、诊断和治疗去协助生产并界定。在医学有组织的垄断框架下，社会公认的"健康"和"疾病"失去了预先存在的"天然"属性，而成为某种可在医学内部生产的数值。就此而言，"生"与"死"不再是人类不可触及的固定价值或概念。毋宁说，社会公认的"生"与"死"经由医生之手而具有了某种偶变性。我们必须重新厘定这一事实及其不可预见的意涵，而生物医学制造的事态、问题和标准构成了这一切的背景和基础。因此，随着心脑外科手术不断取得进展，我们需要在各种不同条件下判定一个人"是否"死亡，例如，大脑死亡而心脏仍在跳动，或者心脏功能依赖于复杂仪器的人工维持，或者脑功能部分损伤（所以患者长期处于"无知觉"状态）而身体其他机能完好。

体外受精开启了遗传工程的可能性，在这一基础之上，生不再是生，死也不再是死。起初，人对世界的理解和人的自我理解，具有相对清晰的基本范畴和较为明确的事实状况。但医学可以制造或已经制造的事态，在不受质疑的情况下侵占了这种理解，使它具有了偶变性和可塑性。新的、此前从未存在过的决策情境不断涌现。为了致力于研究的医学本身的利益，医学实践总是（至少部分地）需要提前对此类情境作出回应。同样，只有在医学诊断（当然也要协同其他职业）的基础之上，相关的决策模式才能在政治和法律意义上得到"克服"。医学看待事物的视野借此实现了自我的客体化，并广泛而深入地拓展至生活的

第八章 破除政治的边界

方方面面和人类生存的所有领域。在各个行动场域,彻底打下医学烙印的现实成了思考和行动的前提。譬如,有受医学影响的法律,也有经医学"评估"的劳动技术、环境数据与环保准则、饮食习惯等。于是,一方面,医学的塑造与决策螺旋愈加纠缠,并直抵风险社会的第二现实;另一方面,人们对医学的需求也越来越大,医学职业的服务市场处在持久的扩张之中,无论在广度还是深度上都变得枝繁叶茂。

医学职业群体成功地在学术、训练和实践之间建立了具有约束性的联合。他们不只是握有保障其市场供给的"职业策略",即合法垄断或独占训练内容、证书等(相关内容,请参见 Beck and Brater, 1978)。这么说吧,他们占有的是一只金鹅,可以不断"产下"可能的市场策略。这种职业—组织的设置近似于一种"自反性市场策略",因为这种设置让职业群体在它垄断的活动领域支配了认知的发展,继而可以不断生产新的职业策略。职业群体也可以从自己制造的风险和危险处境中牟取利益,他们借助治疗技术上的创新,持续地拓展自己的活动空间。

但我们不能混淆医学的职业支配和医师的个人权力,或把它们等同起来。医学的塑造权只能以职业的形态加以行使。并且,如果在职者的私人利益处境作为一方,政治和社会功能的维持及运行作为另一方,那么两者之间就会存在一道特殊的屏障。警察、法官或行政官员也不能像君主在自己的王国里那样,运用被授予的权力增加个人的权柄,因为法律条例、监察员或上级主管会制止这种行为。他们之所以不会这样做,也是因为相对于其工作的实质目标和附带后果,他们对私人利益(收入、事业等)的结构性冷漠已经内嵌在职业的形式之中。作为个体的医师不需要关心其介入对于社会变革的影响范围,这样的影响甚至不在医师的参考视域之内,因为它们不管怎样都属于医学实践的副作用。对医师来说,首要而核心的问题是"医学进步",这是由这门职业在内部界定并控制的。当然,这个维度上的成功无法直接显现,它只能转化为医师的事业机会、薪水或层级体系中的地位。在这个意义上,受雇从事人类遗传研究的医师像任何其他在职者一样具有依附性。他们会被解雇、替代，其职务履行是否"职业"会受他人监督，并且他们还要接受外部的指导和调控（Beck, 1979）。

亚政治的另一个特征在此浮现，它以各种形式鲜明地体现在不同的行动领域：在政治领域，意识和影响至少原则上可以同执行的功能和任务取得协调，但在亚政治领域，意识和实际效果、社会变革和影响是系统地分离的。换言之，已发生的社会变革的作用范围并不必然与同等程度的权力获得构成关联，相反，这样的变革甚至可以在（相对）缺乏影响的情况下发生。因此，一小群人类遗传学的研究者和实践者可以在毫无意识和缺乏计划的情形下带来天翻地覆的变化，而在表面上，这是他们具有依附性的职业实践的常态。

技术政策的困境

现在我们可以说，技术-经济亚政治的证成有赖于政治系统的正当性。政治系统并没有就技术的发展和运用直接作出决策，这个事实应当没有什么争议。副作用不是从政者造成的，其责任必须由人们共同承担。尽管如此，研究政策依然控制着财政资助的操纵杆，并从立法上对不受欢迎的后果加以疏解或缓冲。除此之外，对于科技发展及其经济开发的决策，研究政策显得力有不逮。相较于国家，工业领域拥有双重优势，即投资决策的自主性和对技术应用的垄断。控制现代化进程的绳索掌握在经济亚政治的手中，并体现为经济核算、经济产出（风险）和企业本身的技术结构。

现代化权力的分工结构使国家陷入多重迟滞。首先，国家力求赶上技术发展的步伐，但这种发展是在别处决定的。尽管国家支持研究，但它对技术发展目标的影响仍是次要的。议会不会就微电子学、遗传工程之类的应用和发展作出表决；议会最多只会表决是否支持这类科

第八章　破除政治的边界

技发展,从而确保国家未来的经济发展(和工作机会)。技术发展决策和投资决策的紧密结合,迫使企业出于竞争的原因而在暗中自作主张。最终,相关的决策只会在完成之后才被政治领域和公共领域知晓。

如果技术发展决策披上了投资决策的外衣,那么这种决策无疑会获得相当可观的分量。决策带着约束降生了,这正是投资的特点:必须有利可图。根本的反对意见会危及资本(当然也包括就业岗位);谁现在指出副作用,谁就是在伤害企业,乃至最终危及政府的经济政策,因为企业在这些规划方案中赌上了它自己和所有雇员的未来。

这里存在双重限制。首先,对副作用的估算处在投资决策的压力之下,而投资是为了获利。其次,这种压力因下述事实而稍有缓解:无论怎样,后果的评估都是极其困难的,而政府采取应对措施也需要经历不少程序,花上很长时间。结果就会出现一种典型的局面:"工业制造了现在的问题,其基础在于昨天的投资决策和前天的技术创新,充其量,这些问题会在明天得到处理,或许后天才会生效。"(Jänicke, 1979:33)在这种意义上,政治成了使后果具有正当性的专业户,但这些后果既不是它制造的,也不是它能阻止的。按照分权设计,政治仍需在双重意义上为企业的决策担起责任。在技术发展的事项上,伪政治性质的企业"主权"只具有借用来的正当性。在批判精神日趋成熟的公众面前,这种正当性必须不断获得社会层面的修复。行政当局为副作用承担了责任,这使尚未作出的决策加大了对政治正当化的需求。这种分工导致的结果是:企业拥有首位的决策制定权,却无须为副作用负责;而政治的任务,一方面是让并非由它作出的决策实现民主正当化,另一方面则是"减轻"技术的副作用。

与此同时,揭示副作用(至少在早期阶段)会和经济或经济政策利益产生冲突,后者是对技术发展之路的投资。副作用(或公众对此的敏感度)越多,经济繁荣(也要面对大规模失业)的收益越大,技术政策的活动空间就越狭窄,因为它恰好处在具有批判精神的公共领域的重压与经济政策的优先性之间。

　　进步模式在这里充当了缓冲剂。"进步"可以理解为正当的社会变革，却无须民主政治的正当化。进步信念取代了表决，进步信念也取代了质疑，即对无人知晓的目标和结果提前表示赞同。进步是需要全体同意的政治纲领上的那张空白页，仿佛是通往天堂的世俗之路。民主的基本要求在进步模式中被颠倒了。人们在进步模式中关注的是社会变革，这一事实必须在随后得到揭示。形式上，人们关注的是看似极为不同的同一样事物：经济优先性、全球市场竞争和工作岗位。社会变革只能化身为其他形态。进步是"理性化进程"意义上的理性行动的翻转。这是一场朝向未知的社会变革，持续不断，没有纲领，缺少表决。我们假定一切都会好起来，最终，我们释放并施加在自己身上的一切也都会转向进步。然而，就算询问为什么也会显得有点离经叛道。不问缘由的同意、不知其所以然，才是这里的前提，其他全都是异端。

　　进步信念的"反现代性"在此彰显得一清二楚。进步信念是现代性的世俗宗教。宗教信仰的所有特征都适用于它，如坚信未知、未见、未触之物，抑或抛弃自己的良好判断，不问方法，不明情况。进步信念是现代性的自信，它信赖不断转变成技术的创造力。生产力（连同发展和管理生产力的科学与经济）取代了上帝和教会的位置。

　　作为冒牌上帝，进步在工业社会时代对人施加了魔力。人们越是近距离地观察这世俗的构想，其魔力也就越令人惊叹。科学无须负责，企业暗含责任，政治仅有正当化之责：这些都是相互对应的。"进步"是在无须负责的情境下实现制度化的社会变革。对纯粹必要性的信念被美化成了进步，但这种命中注定是建构出来的。"副作用的无人统治"分别对应着一种政治、一种经济和一种科学。这样的政治只会祈祷已经作出的决策，这样的经济任由社会后果处在高成本的潜伏状态，这样的科学以其理论态度上的问心无愧引导着整个过程，却无心察知其后果。一旦进步的信念变成进步的传统，而这传统又像创造了现代性那

第八章 破除政治的边界

般将它瓦解,那么,技术-经济发展的非政治就会转变成要求正当化的亚政治。

工业自动化的亚政治

功能主义、组织社会学和新马克思主义的分析,主要是以"确定性"视角考察大型组织与层级制、泰勒制与经济危机等问题,但企业经营发展的诸种可能性早已瓦解了这种"确定性"。由于微电子学和其他信息技术的自动化,由于环境问题的爆发和风险的政治化,不确定性开始不断渗入经济信条的大殿堂。那些在片刻之前还看似稳固的确定之物开始摇晃起来:雇佣劳动在时间、空间和法律上的标准化(详细讨论请参见第六章);大型组织的权力层级制;理性化的可能性舍弃传统的图式或归类,开始跨过部门、企业和行业之间的坚实壁垒;生产部门的构成经电子化而形成新的网络;技术生产系统可以独立于劳动力结构而发生改变;营利的观念因市场的灵活性要求、生态道德及生产条件的政治化而日渐松动;新的"灵活的专业化"(Piore and Sabel, 1985)与大规模生产的旧式"远洋巨轮"构成有效竞争。

结构变革的可能性如此之多,但这种变革没有必要一下子或在不久之后就转化成企业的政策。在生态、新技术和转变后的政治文化的交互影响下,有关未来经济发展的路线显得杂乱无章。这改变了今天的局面:

在50年代和60年代的经济繁荣期,较为准确地预测国民经济的发展并不算什么难事。但在今天,就连预测邻近月份的经济指标的变动方向也是困难重重。与国民经济的不确定变动相对应的,是人们对个体销售市场前景的迷茫。管理层并不清楚应该生产什么,为此需要应用什么技术——事实上,如何在公司内部分配权威与权限也变得不确定了。任何与实业家有过交谈或阅读商业新闻的人,都会得出这样的结论:即便没有政府的干预,很多企业也难以拟定面向未来的整体战略。(Piore and Sabel, 1985: 22)

当然,风险和不确定性是经济活动的"准天然"构成要素。但当前的混乱状况展现出新的特征,它

与30年代的大萧条截然不同。那时,全世界的法西斯分子、共产主义者和资本家都在竭力效仿一个技术典范——美国。讽刺的是,虽然那时候的社会整体上显得极端脆弱,易于变化,却没有人怀疑工业组织的原则。这些原则在今天早已变得极度可疑了。当前对技术、市场和层级制如何组织的困惑已经成为一个显而易见的标志,它表明在受信赖的经济发展系统中,那些关键而又难以理解的要素正在崩溃。(Piore and Sabel, 1985: 22ff.)

企业—社会变革的影响范围相当之大,而微电子学为此创造了条件。结构性失业是人们主要担忧的事情,但这个问题只是变得尖锐了,它依旧落在传统问题感知的范畴之内。中期来看,同样重要的还有微型计算机和微处理器的使用,它们会令经济系统中那些传统的组织前提失效。稍显夸张地说,微电子学引导了技术发展的新阶段,它从技术上驳倒了技术决定论的神话。首先,计算机和控制设备是可编程的,换言之,可为各种各样的目标、问题和情境实现功能。因此,对于技术使用的细节,我们无须再听从技术的指令;恰恰相反,这些指令可以而且也必须反馈给技术本身。迄今为止,试图借助"技术的客观限制"来塑造社会结构的合法机会正在变少,相反,人们开始关注这样的问题,即为了充分利用电子操控和信息技术的网络化机会,他必须清楚在横、纵两个维度上哪类社会组织是他想要的。其次,微电子学允许劳动过程

第八章 破除政治的边界

与生产过程的分离。换句话说，劳动力系统和技术生产系统可以相对独立地发生变动（Kommissionsbericht, 1983：167ff.）。

在组织的各个维度和层次上都可能出现这种新的模式，不分部门、企业或行业。传统工业系统的基本预设认为，所谓合作是指束缚于特定空间的合作，它发生在服务于特定目标的"组织结构"之内。这个预设渐渐失去了它的基础，亦即技术上的必要性。但这也意味着，传统的组织观念和理论所依赖的"工具套件"也被调换了。组织的变异拥有了活动的空间，今天的我们甚至无法为它下一个定论。之所以这样，是因为这种空间绝对不会在一夜之间就被耗尽。我们身处组织构想的某个实验阶段的开端，这个实验的约束力绝对不亚于私人领域对新生活方式的考验。

正确地评估这一维度显得异常重要。初级理性化模式遭到第二阶段的自反性理性化的排挤。前者以工作、技能和技术体系等范畴的转变为特征，后者则把方向对准了迄今为止的变迁的前提和常量。正在浮现的组织塑造的活动空间，会遭到工业社会此前盛行的主导原则的包围，诸如"企业典范"、生产部门图式、大规模生产的强制性等。

在围绕微电子学的社会后果的讨论中，有一种观点仍旧支配着研究活动和公共领域。人们这样询问和调查：工作最终是否会消亡，技能和技能等级是否会变化，新的职业是否会兴起，旧的职业是否会变得多余，等等。人们依旧按老工业社会的范畴来思考，却几乎不曾想到，这些范畴再也无法捕捉到不断涌现的"现实可能性"。这类调查经常解除警报——工作和技能的变化仍在可预期的范围之内。在这一过程中，企业和部门、劳动体系和生产体系的归类等范畴始终维持不变。"智能"电子学的特殊自动化潜力逐渐显现，这种潜力恰好落在工业社会思考和研究的扫描区之内。我们着手应对的是系统理性化，这种理性化使企业、部门和行业之间以及它们内部那些看似异常稳定的组织边界具有了可塑性。

理性化浪潮迫在眉睫，它的特点是具有跨越边界和改变边界的潜在能力。企业典范及其在行业结构中的嵌入状况随时可供人支配，譬如企业的部门结构、技术与协作的交织，以及各种企业组织的并立——这还不包括以下事实，即全部的职能部门（不仅是生产部门，也包括行政部门）都已经实现自动化并集成为数据库，这些部门甚至可以借助电子手段而与消费者建立直接联系。对企业的政策而言，这里隐藏着不为人知的重大机会。换言之，企业有机会在维持（最初的）岗位结构的情况下改变组织层面的"企业构成状况"。在（如今变得更为抽象的）企业集团的庇护之下，组织内部和组织间结构可以围绕工作岗位——以此绕开工会——而实现重新编组（Altmann et al., 1986）。

由此确立的"组织型构"并不显得那么"头重脚轻"，因为它的组成要素较少，这些要素可以在不同的时间以不同的方式相互组合。于是，每种"组织要素"都可以单独与外部世界建立联系，并经营与其职能相称的"组织对外政策"。只要满足可检验的若干成效（如可营利性、快速适应变化中的市场行情、顾全市场的多元化），这些组织要素就可以在不提前请示组织核心的情况下追逐既定的目标。一致化的生产原则与成效仿佛在此被授予了某种"支配权"，这种支配曾经是指在大型工业企业和科层制中组织起来的直接的社会性命令秩序。系统开始走上台面，可辨的"支配者"成了稀罕之物。获致原则与劳动的密集化构成了相关的预设，并得到了严格的实行。在这些条件下，实现电子化监控的"职能载体"的"自我协调"取代了命令和服从。毫无疑问，从业绩考核和人事政策等方面来看，某种意义上的"透明企业"不久之后就会出现。不过，这极有可能也会引发监控机制的形态转变，从而导致下级组织、从属组织或同级组织的横向独立。

微电子学引发了监控结构的形态转变，未来的"企业"会把处置、操控或垄断信息流当作自己的核心问题。不仅职员对于企业（管理层）是"透明"的，而且反过来，企业对于职员或有利害关系的外部世界也

第八章 破除政治的边界

是"透明"的。生产的地域限制被逐渐打破，信息开始成为关联和团结生产一致性的核心渠道。因此，谁得到什么信息，通过什么方式，按照什么顺序，涉及何人何物，为了什么目的：这些全都成了重要的问题。不难预测，在未来的企业辩论中，围绕信息流的分配或分配方案的权力斗争将会成为主要的冲突来源。以下事实也进一步凸显了这一重要意义：由于生产的去中心化，对生产工具的实际支配依照所有权关系出现了分化，而对生产过程的监控也开始在根本上取决于信息和信息网的可用性。除此之外，因资本集中而导致的决策权的垄断依旧是这一切的主要背景。

得益于远程通信和信息处理技术的发展，我们可以重新理解并组织不断集中化的限制。现代性依赖于决策的集中，依赖于在执行任务和履行职能时所体现的高度复杂的协调一致，这种观点并不过时。然而，开展这些工作不必依赖真实存在的大型组织。它们可以通过信息技术实现委派，或者在数据、信息和组织的弥散网络上来完成，抑或变成（半）自动化服务——同信号接收器完成直接的"互动协作"。自动柜员机为此提供了极好的例证。

这里出现了全新的趋势，并与传统的理解构成了矛盾。这些趋势包括：数据和信息不断集中，以分工—层级制为原则的大型科层组织和行政机构则开始瓦解；职能和信息的集中与去科层化过程相互渗透；在决策权不断集中的同时，劳动组织与服务机构可能不断趋向于分散。（行政、服务业和生产领域的）科层组织的"中层"群体均可借助屏幕终端实现跨距离"面对面"互动，在信息技术中实现融合。福利国家和政府管理（也可以是客户咨询服务、居间贸易或修理厂）的大量工作都可以转变成某种"电子自助商店"——即便这相当于把经过电子客观化之后的"行政的无序"直接传递给"成年公民"。在这种情形下，服务的接受者不必再同行政官员或客服人员打交道，他可以按照自助电子操作流程，选择他想要的处理方式、服务或权利。这种通过信息技术实

218

现的数据的客观化,也有可能无法在某些重要服务领域获得实现,它可能是没有意义的,或者不能在社会上推行;但这并不会对更为广阔的日常职业活动构成问题。因此,不久之后,大部分日常行政和服务工作都将以这种方式来完成,从而节省人力支出。

除了企业典范和行业结构,工业社会经济系统的另外两个组织预设也处在衰落之中,它们是生产部门图式和下述基本假设,即长期来看,工业资本主义的生产必定要遵循大规模生产的标准和形式。这一结论既是对经验趋势的陈述,也是根据预期作出的推论。我们在今天就已经可以看到,即将来临的理性化进程已经把目标瞄向部门结构。由此形成的既不是工业生产,也不是家庭生产,既不是服务部门,也不是非正式部门;毋宁说,这里出现的是某种第三者,即通过跨部门的联合与协作而实现边界的消融或破坏。无论在观念上还是经验上,我们都需要对这第三者的特性和问题保持敏感。

通过自助商店,特别是通过自动柜员机和视频终端服务(还有市民团体、自助组织等),跨越生产部门的劳动得到了重新分配。与此同时,在劳动力市场之外,顾客的劳动力也受到动员,并被纳入了以商业形式组织起来的生产过程。一方面,吸收顾客的无偿劳动无疑是自由市场计划的组成部分,这样可以降低工资和生产成本。另一方面,在自动化的衔接处则出现了一个相互重叠的区域,这个区域既不能理解成服务,也不能理解成自助。例如,银行可以在自动化设备的协助之下,把需要给付薪水的窗口业务移交给顾客本人来完成,而顾客得到的"补偿"是可以随时访问自己的账户。

技术实现了生产、服务和消费的重新配置,满足了社会的期望。在这个过程中,市场表现出了某种狡黠的自我扬弃。然而,痴迷于市场社会原理的经济学家却对此不屑一顾。今天的人们经常能够听到诸如"灰色劳动"或"灰色经济"之类的说法。但很少有人认识到,灰色劳动广泛存在于以市场为中介的工业生产和服务业之中,而不仅仅是在其

第八章　破除政治的边界

外部。微电子学引领的自动化浪潮创造了介于有偿和无偿之间的混合劳动形态。从比例上来讲，以市场为中介的劳动在减少，顾客的无偿劳动在增多。就此而言，服务业的自动化浪潮恰恰可以理解为是把劳动从生产领域转移到消费领域，从专业人士转移到一般大众，从支付报酬形式转变成自行负担形式。

随着风险和不安感的增长，企业开始更加关注灵活性问题。"灵活性"是企业的刚需，但在今天的激烈竞争条件下显得尤为紧迫。这一方面是因为政治文化和技术发展处在犬牙交错的状态，另一方面则是由于电子化可能带来的变化、生产的发展和市场的波动。因此，标准化大规模生产的组织前提逐渐开始瓦解。工业社会的初始生产模式依旧保有它自己的应用领域（如需要大批量生产的烟草、纺织、灯具、食品等行业）。然而，正如我们可以看到的，在电子产业、某些汽车厂商和通信业当中，新的混合类型即那些大量生产而又各具特色的产品补充乃至取代了初始的生产模式。在这些领域，各种不同的电路和组合都是按模块原理生产并供应的。

企业需要对市场标准的消解和内部产品的多元化发展作出调适。与此同时，由于市场日渐饱和，又因为风险的界定不断引发市场变动，组织上的快速调整也随之成为一项要求。然而，僵硬的传统企业组织要么无法完成这种调整，要么在调整时行动缓慢、耗资不菲。这样的调整总是体现为自上而下的命令形式（克服阻力），在严守计划的同时耗费了大量的时间。相反，在移动、松散乃至流动的组织网络中，不断变化的适应能力可以说是结构的组成部分。于是，大规模生产与手工生产之间的争论进入了新的历史回合，这种争论只是看上去有了历史定论。大规模生产的永久胜利因新型的"灵活的专业化"而不得不被重新审视。由计算机控制的包含密集创新的小批量商品正是这种专业化的原则性体现（Piore and Sabel, 1985）。

工厂是"工业时代的大教堂"，属于工厂的时代或许并不会终结，但它无法再垄断未来。这些庞大的、服从于机械节律的层级组织,曾经也许适合在相对稳定的工业环境下一遍又一遍地生产同一件商品,作出同一个决策。但在今天,这些组织——借用其同时代词汇——因为各种各样的原因而出现了"机能障碍"。它们已经无法与个体化社会的要求取得协调,因为在这样的社会中,"自我"的成长不断侵蚀着职业场域。作为"大块头组织",它们没有能力灵活地应对快速自主革新的技术、不断变更的产品,以及受制于政治和文化的市场波动;更何况,它们还要回应那个对风险和毁灭极度敏感的公共领域。这些组织的批量产品已经不能满足细分后的次级市场的需求;它们也没有能力利用最前沿技术的伟大创造力,实现产品和服务的"个体化"。

这里的关键是,抛弃"大型组织"及其标准化强制、命令秩序等,并不会与工业生产的基本原则(如利润最大化、所有权关系、支配利益)发生矛盾,相反,这种抛弃毋宁是后者驱使的。

企业典范、生产部门图式、大规模生产形式,以及雇佣劳动在时间、空间和法律上的标准化:所有这些工业系统的"支柱"并没有在一夜之间就全面松动或瓦解。但劳动和生产的系统转变却是毋庸置疑的。在这种转变的影响下,经济与资本主义的工业社会组织形态所具有的强制一体化变得相对化了。这种一体化原本仿佛永远有效,但实际上,它只是一个大约拥有百年历史的短暂过渡阶段。

倘若真的这样发展,那么功能主义社会学和(新)马克思主义的组织预设将迎来复苏。人们对产业劳动变革的无尽期待无疑也会出现反转。[1]在通往资本主义经济繁荣的道路上,这样的发展当然不是带有显

---

[1] 例如,这适用于碎片化的产业劳动的"功能必要性"。众所周知,这种观点的先知正是受"科学管理"光环所包围的泰勒。即便是批判泰勒制的马克思主义者,也深深地折服于系统内在的必要性这一"劳动组织的哲学"。马克思主义批评由此导致的劳动形式是无意义的、异化的。然而吊诡的是,他们用泰勒制的"现实主义"来反对其"天真的乌托邦主义",试图以此突破泰勒制的"必要性魔咒",同时,他们也竭尽(转下页)

第八章 破除政治的边界

而易见"内在优越性"的组织形态合乎法则的最新演变版本,毋宁说,这是围绕劳动、组织或企业形态的争论和决断的产物。显然,人们在此主要关注生产和劳动力市场中的权力,以及运用这种权力的前提与规则。工业自动化的进程打开了亚政治的塑造空间,企业的社会构造因而具有了政治性。这并不是说会引发新的阶级斗争,而更多是指工业生产那显眼的"单一道路"具有了可塑性,失去了组织上的一致性,去除了标准而变得多元化了。

在管理人员、企业工会委员会、工会和普通工人之间的各种争论中,有关企业内部的"社会模式"的选择会在未来几年提上议事日程。粗略说来,是选择在稳定的所有权关系基础之上迈向"日常的劳动社会主义",还是走向相反的方向(这里的特殊性或许在于,这两个选项并不相互排斥,因为它们使用的抽象观念已经过时)。重要的是,不同的模式和政策在不同的企业或部门之间得到了推广和检验。劳动政策的时尚潮流甚至可能时起时落,一会儿这种观念占优,一会儿那种观念领先。总之,生活方式的多元化趋势在生产领域蔓延开来,引发了劳动环境和劳动形式的多元化发展。无论是"保守主义"还是"社会主义","乡村"还是"都市",各种变体模式全都处在相互竞争之中。

然而,这也意味着企业的行动承受了前所未有的正当化压力。这种行动具有了新的政治和道德维度,显然这个维度有违经济行动的本性。工业生产的道德化反映了企业对政治文化的依赖性,因为企业是在这样的政治文化下从事生产的。在未来的数年里,这种道德化理应

(接上页)所能地为"更人道"的劳动组织挖掘眼下的生存空间。稍显夸张地说,在此期间,最坚定和最顽强的泰勒制倡导者也正是对其作出批判的马克思主义者。但马克思主义者被席卷一切的资本主义力量阻挡了视线,因而他们没能看到,就算泰勒制还盛行于某些地方(或再次流行)——这样的情况太常见了——但我们绝不能将此理解为是对"管理上的系统必要性"的确认。相反,这其实只是表明保守的管理精英的权力还在延续,他们正在暗中巩固其日趋过时的垄断诉求。

成为较吸引人的发展趋势。这种道德化不仅取决于外部的道德压力，而且也取决于对抗性利益组织（包括新社会运动）的锐利程度和效率，取决于工业生产在日益敏感的公众面前展示其利益和观点时的高超技巧，取决于市场在风险界定中的重要意义，取决于企业的相互竞争——若是其中一方缺少正当性，另一方就将因此得势。在"正当化要求不断收紧"的过程中，公共领域以某种方式扩大了对于企业的影响力。但企业的塑造权并没有因此而遭到废黜，它只是被夺走了"先天"的客观性、必然性和公益性，简言之，它变成了亚政治。

我们有必要理解这种发展趋势。技术-经济的行动因其构成状况而被免除了民主的正当化要求。但同时，它也因此解除了自己的非政治属性。它既不是政治也不是非政治，而是某种第三者：经济引导下的利益行动。一方面，随着风险潜伏性的消退，利益行动理所当然地获得了改变社会的影响能力；另一方面，由于其制定和修正决策时的多元主义，利益行动也不再具有客观必然性的外表。充满风险的后果及其他样态在各处频频闪现。在同等意义上，企业的分析核算也仅仅参考单方面的利益。

对不同的当事方或一般民众而言，意涵差异极大的决策越来越多。因而，企业行动的方方面面（直至生产技术细节和成本核算方法）原则上难免遭到公众的谴责，从而亟须自我辩护。企业的行动甚至因此具有了话语性——否则就要遭受市场损失。企业若想在市场上维持自己的形象，除了产品包装，它更需要依靠论辩。亚当·斯密认为，私利和公共福祉可以在市场行为中自然而然地结合在一起。但我们大可以说，由于生产设计中制造的风险，由于决策的可及性问题，这种乐观主义早已荡然无存。前文已经提到过的政治文化变迁在此也有所反映。在媒介公共领域、市民团体、新社会运动、有批判力的工程师与法官等各种亚政治中心的影响下，企业的决策和生产流程有可能旋即遭到公众的谴责。在这种情况下，企业因为害怕失去市场份额而不得不为自己的各项措施进行辩护，这种辩护是话语性的，但不涉及经济视角。

如果这种现象尚未出现在今天，或者仅仅处于萌芽状态（例如，在围绕化工业的争论中，企业被迫以全力粉饰的方式来回应公众的指责），那么这只不过再次表明，它们对企业来说仅仅意味着大规模失业、负担减轻或权力机会。就此而言，经济繁荣的无形优先权仍旧掩盖了新政治文化对企业的技术-经济决策过程的影响。

总结与展望：未来的可能场景

无论多么自相矛盾，"进步"这一现代宗教已经拥有属于它的时代，并且至今仍存活于某些它不曾兑现许诺的地方。一直以来，阻碍进步实现的条件就包括真实可触的物质贫困、不发达的生产力以及阶级束缚下的不平等。这些条件确立了政治辩论的主题。在20世纪70年代，两项历史形势终结了上述时代。一方面，随着福利国家的扩张，政治遭遇了内在固有的限制和矛盾，因而丧失了它所能提供的乌托邦动力。另一方面，在研究、技术和经济的共同作用下，可能的社会变革不断积累。不管制度多么稳定，管辖权多么一成不变，曾经专属于政治领域的塑造权依旧转移到了亚政治领域。由当前的讨论可以看出，我们不能期待议会对新法的辩论能够产生"新的社会"，毋宁说，这样的社会更有可能源自微电子学、遗传工程和信息媒介的运用。

政治的乌托邦已经让位于副作用的谜团。相应地，乌托邦也变成了负面因素。科研实验室和董事会议室取代议会或政党，间接完成了对于未来的塑造。其他所有人，甚至包括政界和学术界那些最负责任、最熟悉情况的人士，他们的生计多少都依赖于从技术亚政治的规划桌上掉落的信息碎片。在未来的工业领域，科研实验室和企业领导机构将成为披着"常规"外衣的"革命小组"。在缺乏纲领的情况下，同时也考虑到知识进步与经济营利的歧异目标，一个新的社会的结构被移植到了议会之外的非反对派身上。

形势日渐变得荒诞不经：非政治开始接过政治的领导角色。政治则开始为发展的光明面代言，为它公开募集资金。但政治本身对这种发展一无所知，且对它毫无积极的影响。只有这种发展迫近时的强制性才能打破政治对它的普遍无知。政治家以维持现状的姿态，推动社会朝不同的方向翻转，但他对此不可能有什么概念。与此同时，他又责难"文化批判的颠覆活动"，认为它应当为系统激发的对未来的恐惧负起责任。企业家和科学家通过其日常工作，企图以革命推翻现有社会秩序。他们带着实事求是的无辜表情，申明不需要为那些规划中决定的问题负责。

失去信誉的不仅是这些人，也包括他们囿于其中的角色结构。当副作用呈现出社会大转型般的规模和形态时，朴素的进步模式就展示了它的危险本质。现代化进程本身的权力分割也开始流动起来。政治对未来的塑造出现了若干灰色地带，我们在此把它们描绘为（绝不互斥的）三种变体：首先是重返工业社会（"再工业化"），其次是技术变迁的民主化，最后是"差异化的政治"。

重返工业社会

无论在政治、科学还是公共领域，重返工业社会的选项都得到了压倒性支持。同时，这个选项也超越了党派对立。事实上，为此可以援引一大堆可靠论据。首先是这个选项体现出来的现实主义。一方面，它自觉地从过去两百年的进步与文明批判中吸取教训；另一方面，它又建立在对不可动摇的市场约束与经济条件的评估之上。根据这一评估，逆潮流而动的论辩或行动要么是十足的愚蠢，要么具有受虐狂特质。由这种观点来看，我们今天面对的仅仅是"反现代主义"运动和论辩的复苏。这种反现代主义就像是工业发展的影子，但它最终并不会阻碍后者的"进步"。此外，诸如大规模失业或国际竞争之类的经济必要性，同样大幅压缩了政治的行动空间。但最终，事情还是会一如既往地发展(附加若干"生态修复措施")，有关"后历史"的知识，有关不可避免的工业社会发展路径的知识，似乎都已证明了这一点。投靠"进步"总是可以提供一些慰藉，但就连这种慰藉也被用来为重返工业社会的选项增加筹码。每一代人都会重新发问：我们应当做什么？对此，进步信念是这么回答的："维持现状，只需更大、更快、更多。"这足以说明，我们在这一场景中是在就可能的未来作辩论。

确定行动和思考的剧本或指南是一目了然的。这个剧本或指南强调了19世纪以来工业社会的经验，并把这种经验投射到了21世纪的未来。据此，工业化制造的风险实在不算新的威胁。风险向来是自我制造的未来挑战。风险动用新的科技创造力，架起了通往进步的阶梯。很多人嗅探到这里浮现的市场机会。这些人相信过时的逻辑，移走现在的危险，认为它们是将来可由技术加以克服的。但他们误解了两样东西：首先，工业社会是一个半现代社会；其次，他们用来思考的范畴(传统的现代化)和我们置身其中的处境(工业社会的现代化)分属两个不同的世纪，其间这个世界发生了前所未有的变化。换言之，他们没有看到，在现代化(所谓的持久更新)的连续性外表之下隐藏着质的断裂。因此，我们首先需要了解，这种表面上不言而喻的"如从前一般的行事方式"究竟会带来什么样的矛盾后果。

在此，经济政策的优先性占据了前台。经济政策的指令辐射其他一切议题，以至于为了就业政策的缘故，经济繁荣甚至成了第一位的事项。如今，这种基本利益似乎在迫使我们同不断遭遇的投资决策并肩而行。技术发展乃至社会发展已经启动，但它们被关在决策大门之外，根本不知道事情进展的内容和方向。这引发了两个转变。首先，推翻既有社会关系的潜在力量在技术亚政治领域不断积聚。马克思曾把这种力量归之于无产阶级，如今它则处在国家执法机构的保护之下(以及在工会反抗力量和不安的公众的批判注视下）。其次，政治被迫担当了外部决策的正当化保护人，这些决策自下而上地改变了社会。

政治被削减到仅具正当化功能，大规模失业又会强化这一点。经济政策持续确立方针，同大规模失业的斗争表现出明确的重要性——事情越是这般发展，企业获得的处置机会也就越大，政府在技术政策中的行动余地也就越小。结果，政治不断朝自我削弱的方向滑落；同时，其内在固有的矛盾却加剧了。即便是在民主权利的全盛期，政治的角色也仅限于倡导发展。官方对发展的粉饰总是遭到某种别无选择的质朴力量的诘问，而这种质朴力量无论如何都会随发展而来。

在应对风险时公开倡导人们一无所知的内容不仅令人疑惑，更难以获得选民的认同。风险处在政府行为的管辖之下，动用这种管辖权会反过来要求对风险的生成背景即工业生产进行干预。为了经济政策的一致性，人们早已放弃这种干预。于是，前一个决策决定了下一个决策，实际存在的风险则被认为是不应当存在的。与此类似，当公众对风险日趋敏感的时候，政治对研究淡化风险的需求也在增加。可以说，科学确保了政治的正当化主管角色。尽管如此，风险还是通过了社会承认的流程（如"森林退化"），而让政治负起补救责任的呼吁似乎也能左右选举。就此来看，政治自我指定的软弱无能暴露得一览无余。政治想要作出补救，却处处受到掣肘。种种拉锯战均为此提供了大量例证：从催化转化器的引入到高速公路的限速，再到通过立法减少有毒或受污染的食品、空气和水。

"事情的进展"绝不像往常宣称的那样不可变更。资本主义和社会主义之间非此即彼的选择亦复如是，这个争论主宰了最近的两个世纪。然而重要的是，在向风险社会的转变过程中，危险和机遇这两个方面全都遭到了误解。再工业化策略企图把19世纪延长到21世纪——这个"初始错误"没有认识到工业社会和现代性的对立。把现代性在19世纪的发展条件（集中体现为工业社会方案）等同于现代性的发展纲领，

第八章 破除政治的边界

这种顽固的观点忽略了下述两项内容：首先，在若干核心领域，工业社会方案导致了现代性的切分；其次，坚持现代性的经验和原理则为克服工业社会的约束提供了连续性和机遇。

具体而言，女性拥向劳动力市场，科学理性解除神秘，进步信念消退，政治文化在议会之外实现转变——就这些过程而言，现代性均反对它在工业社会中所遭受的切分，其有效性甚至抵达那些尚未出现既可实行又可制度化的新解决方案的领域。在毫无预见和有悖于其理性诉求的情形下，现代性经由工业社会系统释放了潜在的危险。最终，只要这件事被当成真的，就连潜在的危险也会对人的创造力和塑造潜力构成挑战。换言之，我们再也不能让工业社会已成积习的这种漫不经心传递下去了，如今的局面事实上也不会再允许出现这种鸵鸟政策。

对处境和发展趋势的历史误判日益显现。在工业社会时代，经济和政治或许还可以（也有必要）这样"并肩作战"。但在风险社会的条件下，这么做就像是混淆了基础乘法表和乘方。只要跨越了经济和政治的制度边界，相应的处境就会出现结构上的分化，这就像特定的行业和群体会有其独特的利益一样。因此，在风险界定方面，谈论经济利益的一致性就会显得很荒诞。相反，风险解释就更像是敲入经济阵营的楔子。风险的"赢家"和"输家"总是同时存在。确切地说，风险界定不仅没有夺走政治权力的行使，反而为它创造了条件。对经济发展来说，政治权力仿佛是一件高效的控制和选择工具。就此而言，那个具有统计根据的评估是正确的：风险感知和经济利益只存在选择性矛盾，因而（譬如）一种符合生态的替代选择至少并不必然会因高成本而搁浅。

在风险生成的同一条线路上，资本和政治的处境分裂了。风险以副作用的形式落在政治而非经济的责任范围之内。换句话说，经济引发了风险，却无须负责，政治没有风险的控制权，却要为它负责。只要这种情况存在，副作用就会延续下去。这加剧了政治的结构性劣势，因为政治不仅有自己的烦心事（应对公共领域、医疗开销等），它还要为其他事情负责。想要否认这些事情并不容易，但它们的起因和变化则完全不受政治的直接影响。

这种自我削弱和信誉丧失的循环并非牢不可破，这里的关键在于副作用的管辖问题。回头来看，除了揭示和感知潜在的风险，政治行动也可以获得某些影响力。风险界定激活了责任问题，同时，它也按照社会的建构创建了非正当的系统条件区。然而，为了所有人的利益，这些系统条件迫切需要改变。因此，风险界定并没有使政治行动瘫痪，风险界定也不应当在系统性焦虑的公众面前遭到掩盖。这种掩盖常常不惜代价，并且会借助盲目的或受外部控制的科学。相反，风险界定开启了新的政治选项，从而可以重新赢回并巩固议会民主制的影响力。

从另一方面来看，否认的做法并不会消除风险。以稳定为目标的政策很快就会大范围破坏稳定。有意隐瞒的风险会突然造成非常严峻的社会风险处境，以至于我们无法想象，政治（也包括科学和技术）是如何应对工业社会的漫不经心的。在民主权利得到内化之后，人们对必要行动的敏感度就会增长。长期来看，人们不会满足于政治无用功和表面象征性处理之类的表演。与此同时，不安感在所有社会生活领域日渐增长，例如职业、家庭、男人、女人、婚姻等。

一个习惯于淡化问题的社会，在面对"未来的冲击"（Toffler, 1980）时必然会显得手足无措。在这一冲击的影响下，政治冷漠和犬儒主义在民间迅速传播。社会结构与政治之间、政党与选民之间业已存在的鸿沟骤然扩大。拒斥"政治"不仅会对个别的议员或政党造成越来越大的影响，也会在整体上损害民主体系的游戏规则。不安感和激进主义这对老联盟或许会苏醒。对政治领袖的召唤也会再次响起，显示出不祥的征兆。眼见周围的世界摇摇晃晃，对"政治铁腕"的向往也在同步增长。对秩序和可靠性的渴求则让过去的幽灵复活。忽视副作用的政治所导致的副作用会破坏政治本身。我们最终也无法排除这样的情况：尚未被理清的"过去"或许会成为未来发展的可能选项——尽管是以不同的形式。

技术-经济发展的民主化

在技术-经济发展的民主化模式中，现代性与传统建立了联系。这种现代性旨在扩展自我支配。其出发点在于这样一种评估，即在工业社会的革新进程中，以民主方式实现自我支配的可能性遭到了制度性切分。技术-经济的革新是持久的社会变迁的动力，但从一开始，这种革新就已经被排除在民主协商、监督或反抗的可能性之外。因而，这种革新在其构思阶段就已经包含大量矛盾，这些矛盾在今天显露了出来。

现代化被认为是"理性化"，尽管这里随系统而发生的事情已经超出我们的清醒认识和控制。一方面，工业社会只能被设想成一种民主体制；但另一方面，工业社会总是包含着一种可能性，即社会从推动它的缺乏知识的状态，转变到设想中的启蒙与进步诉求这个对立面。这种局面即将来临。对于这场已经开启的运动的进步属性，选择信仰抑或不信都会再次与当前的社会形式构成冲突，因为这种社会形式史无前例地把知识和获取知识的能力当作自身发展的基础。信仰之争总是倾向于诋毁他人并树立新的火刑柱，但这里的信仰之争也开始促成一种致力于理性化解冲突的社会发展。

科学是让万事万物运转的重要因素，但它并不关注后果，它只会求助于决策。毕竟，现代性让一切都变成了决策。因此，重要的是——这里可以得出的推论——开放决策基础的获取渠道，这里的依据正是现代性的处方所拟定的"民主化"。政治系统中经过检验的全套器械应当同样扩展到外部环境。为此，我们可以想出许多变异选项并付诸讨论。这些各具特色的建议从议会对企业技术发展的监管，一直延伸到在技术规划和研究政策的决策程序中纳入市民团体。前者是一种特有的"现代化专属议会"，各行各业的专家在其中仔细推敲、评估各个方案,并予以交付使用。

　　这里的基本思想是这样的：由技术-经济的亚政治(经济和研究)构成的辅助政府或替代政府可以补足议会的职责。如果这种亚政治可以凭借其投资与研究自由而行使辅助政府的职责,那么,它至少需要在民主制度面前,就"理性化进程"中的基本决策进行自我辩护。但简单化的职责转移正是这种思维与政策方法的主要问题。即便这种方法反对再工业化策略的要求,但它依旧维持着与工业社会时代处方的联系。19世纪的"民主化"理解是以集权、科层化等观念为预设的,它进而与某些在历史上稍显过时的可疑条件纠缠在一起。

　　民主化能够实现的目标十分明确,即我们应当打破公共政治讨论落在研究与投资决策之后的现状。具体的要求是这样的：在作出有关微电子学或遗传工程的应用等根本性决策之前,它们的后果和影响范围等事项需要提交议会审议。这样做的结果不难预测,科层化的议会制会阻碍企业的理性化与科研工作。

　　不过,这只是未来模式的一种变体。至于另一种变体,我们可以用福利国家的扩张作为例证。大体上,围绕福利国家的论辩只是在类比19世纪和20世纪上半叶的贫困风险。贫困风险和技术风险都是工业化进程在不同历史发展阶段的副产品。两种工业化风险拥有近似的政治轨迹,差别只在时间。因此,在应对技术风险时,我们可以从处置贫困风险的政策与制度经验中学到一些东西。贫困风险的政治历史轨迹可以这样描绘：激烈否认,通过斗争实现的感知和承认,福利国家扩张的政治法律后果等。面对全球性风险处境,这样一种轨迹仿佛在新的高度上、在新的领域中不断重现。正如20世纪福利国家的扩张所表明的,否认不是面对工业制造的风险处境的唯一选择。相反,风险也可以转化成机遇,即借此扩大政治行动的可能性和民主权利的保障范围。

　　有关这种发展的典型代表,我们在脑中浮现出了符合生态的福利国家的形象。这一选项可以对自然破坏和大规模失业这两个基本问题

第八章 破除政治的边界

作出解答。相应地，我们可以按照福利政策的法律和制度的历史蓝本，来制定这种国家的法律法规与政治制度。我们可以设立执政机构，授予它们职权，从而有效地抵抗工业对自然的掠夺式开发。我们可以仿效社会保险设立一种保障体系，以便应对因环境和食品污染而引发的健康问题。当然，为此我们还需要完善现行法律基础，从而不再让受害方承受过于沉重的举证责任。

迄今，福利国家的干预已经表现出若干局限和后果，但这不会对生态学的扩张构成阻碍。此外，这里同样存在私人投资者的抵制。从福利国家保障的角度来说，这种抵制的基础在于工资和其他成本的上涨。所有企业都会受这种总体负担的影响，然而这个问题在技术政策的提案中是付之阙如的。对某些人来说，这是成本；但对另一些人来说，它开辟了新的市场。可以说，成本与扩张机会在不同的部门和企业之间是分配不均的。由此可见，一种符合生态取向的政治同样可以找到实施的机会。在风险的选择性影响下，经济的利益联盟分裂了。但结盟的可能性依旧存在，这种联盟如今反过来帮助政治把"进步"的匿名塑造权带入了民主政治的行动领域。总体而言，只要有毒物开始威胁人与自然，只要理性化举措开始瓦解共同生活与劳作的现有基础，对政治的系统期盼就会自然而然地产生，并可以被转化成民主政治创制权的扩张。这种符合生态取向的国家干预主义也有它的危险，而危险的源头正是那些福利国家的共生事物：科学权威主义和泛滥的科层制。

此外，与再工业化方案一样，这种思考也犯了一个根本性错误。这种错误假定，经过层层复制、穿过晦暗之境的现代性，拥有或者说应当拥有一个政治控制中心。换言之，控制的牵引绳应当交给政治系统及其核心机构——这就是这里的论点。任何与此相悖的情形都会被看作或判定为政治的失灵、民主的失灵等。一方面，在相关的设想中，现代性意味着自主、分化和个体化；另一方面，在现代性中分离的子进程的"解决方案"又企图按照议会民主制模式，重新实现政治系统的集权化。

230　这不仅忽略了科层制集权主义和干预主义日益显现的阴暗面,而且甚至在那之前就已误判基本形势,因为现代社会并没有控制中心。有人可能会问,我们应该如何阻挡自主化不断扩大的趋势,把它控制在子系统或子单元能够自我协调的范围之内。但这个问题掩盖不住现代性缺少中心或控制的现实。

在现代化进程中出现的自主化,也并不必然会别无选择地走向失范的单行道。我们可以设想一种新的中间形态的相互监督。它不仅能够避免议会集权主义,也能创建可供对照的辩护要求。在过去的二十年里,德国政治文化的发展为此提供了样板,譬如媒介公共领域、市民团体、抗议运动等。但只要有人把它们同制度性政治中心的假设联系在一起,这些新政治文化的意义就不会展现出来。它们可能会显得不合适、不稳定、有缺陷,仿佛游走在议会之外的合法性边界上。但如果有人把破除政治边界这一基本事态置于分析的核心,那么,这些政治文化作为实验民主的意义就会自动显现。在基本权利得到实现,亚政治不断分化的背景下,新形式的直接协商和共同监督将会经受考验,并超越中心化的控制与进步的假定。

差异化的政治

未来蓝图的起始点是破除政治边界。这里的政治,是指在发达民主制条件下形成于分化社会的主流政治、附属政治、亚政治及替代性政治的连续谱。我们对此的评估是,就算是民主化要求也无法逆转政治缺少中心的状况。政治在某种意义上变得普遍化了,因而失去了"中心"。从执行式政治向政治过程的转变不可撤销。在这一过程中,政治失去了它的特性,它的对立面,它的概念和运作模式。这不纯粹是令人悲伤的时刻,因为一个现代化的新纪元出现了,它的标志正是"自反性"概念。功能分化的"法则"遭到了去分化过程(风险冲突与合作、生产

第八章　破除政治的边界

的道德化、亚政治的分化）的破坏，失去了效力。在理性化的第二阶段，集权化和科层化的原则，以及与之相关的僵硬社会结构，开始同灵活性原则发生冲突。在风险和不确定处境频繁出现的情况下，灵活性成了首先需要考虑的事情。除此之外，子系统和去中心化的行动单元"在外部监控下的自我协调"构成了上述冲突的前提。对于这些新的自我协调形式，我们目前还无法给出过多预言。

在这种历史性转折的底下，隐藏着极易启动的结构民主化的萌芽。这种民主化以分权原则为出发点（就此而言，它已经包含在工业社会的模式之中），并借助出版自由等权利获得了进一步发展。最迟到今天，经济系统已经表明它就是这样一个领域。经济系统不仅创造了进步（作为私人利益和技术压力的未预见后果），也有力地推动了（亚）政治的发展，因为它为社会变革提供了别种可能。同样是在这个领域，污染排放的所谓"经济-技术必要性"倏忽之间就因公众的压力而不断萎缩，成了诸多决策选项当中的一个。

对历史生性敏感的人早已预见，私人领域内发生的事情并不总是需要遵从婚姻家庭和男女角色的传统模式。但只有经历去传统化过程之后，人们才会知道或断定这一点。立法机构既没有权力，也没有机会对此加以干预。"隐私的附属政府"可以立即改变人们的共同生活关系，不需要依赖法案或决议。这是正在发生的事情，正如那些快速、多样而不断变化的生活关系所表明的。

工业社会延续至今的现实表象阻碍了我们对这一发展状况的认识。这里的评估认为：随工业社会出现并构成其制度的各类垄断，在今天早已不复存在；虽然垄断打破了，但世界并没有崩溃。这些垄断包括科学对理性的垄断，男性对职业的垄断，婚姻对性的垄断，以及政治对政策的垄断。这些垄断因各种各样的理由而变得摇摇欲坠，并带来了形形色色、不可预测且充满矛盾的后果。不仅如此，上述任何一种垄断都与现代性建立的原则相抵触。科学对理性的垄断把自我怀疑排除在外；男性对工作的垄断与现代性提出的普遍主义平等要求相对立。这同样意味着，有很多风险和问题是在现代性的连续性中产生的，因为现代性原则在工业社会方案中遭到了切分，这些风险和问题就此立稳了脚跟。风险社会给痛苦中的人带来了不确定性，而不确定性的反面则是机遇：在对抗工业社会的限制、指令和进步宿命论的同时，寻找并激活更多的平等、自由与独立，即现代性的允诺。

对当前形势和发展状况的感知与理解之所以遭到扭曲，主要是因为内部和外部之间、约定的和实际的角色扮演之间出现了系统性分歧。在诸多领域，我们仍旧按照工业社会的剧本来演出，虽然我们已经无法出演生活的实际状况所规定的角色；我们的表演既是为了自己也是为了他人，虽然我们一样知道，事情早已不是这个样子了。从19世纪到21世纪，"就像是"的姿态从不曾缺席舞台。科学家就像是占有真理，他们必须为了外部世界而这样做，因为他们的完整地位维系于此。政治家（特别是在竞选期间）有责任佯装拥有决策权，但只有他们自己最清楚，那是系统制造的传说，随时都可能被揭穿。

在工业社会的职能角色扮演和权力结构方面，上述虚构也有其现实性。反之，它们的非现实性则体现为丛林般的晦暗之境，这种晦暗之境正是自反性现代化的结果。我们同样难以断定，这会制造还是减轻困顿，在哪一方面可以这么说——因为概念本身的坐标系也受到了影响，并日趋模糊。为了可以从总体上描绘或把握分化出来的（亚）政治所达到的层次，我们显然需要一种不同的政治理解——原先理解的政治是在政治系统中参照民主模式实现专业化的政治。显然，政治并没有在普遍民主制的意义上实现普遍化。那政治的普遍化是什么意义上的普遍化呢？有何种收获和损失？或者更谨慎地说，破除政治边界对政治领域或者对亚政治与替代性政治的网络来说究竟意味着什么？

最初的观点认为，政治必须跟上在历史中展开的自我设限的步伐。政治不再是人们作出事关社会未来的决策的唯一场所，甚至就连核心

第八章　破除政治的边界

场所也不算。选举和竞选活动的关键不是选出一位"国家领袖"——这位领袖握有权力的缰绳，并对他执政期间发生的所有好事坏事负责。如果是这样的话，我们就是在独裁体制下选出了一位独裁者，而不是生活在民主制当中。我们甚至可以这样说，政治集权观念的强弱与那个社会的民主化程度成反比。认识到这一点显得十分重要，因为使国家集权的虚构能够运作的压力也会制造一种共时性期待。相比于这种期待，现实中政治的交错状态则显得十分虚弱且失败，只能靠"铁腕人物"来矫正——尽管实际情况往往走向反面，即"铁腕人物"成为公民普遍抗争权（在主动合作或对抗的意义上）的先兆。

这同样适用于同一关系的另一方，即各种亚政治领域。经济、科学等亚政治改变了社会生活的条件，因而是在用自己的方法搞政治。亚政治不能再表现得像是没有做过它们实际在做的事情。这没有什么不体面的，也不需要去隐讳或掩饰。相反，这是对现代性开启的行动空间的自觉塑造和利用。当一切都可以支配，一切都成了人为努力的产物的时候，找借口的时代也就结束了。除非得到我们的允许和帮助，再也没有什么客观限制可以支配我们。当然，这不意味着一切皆可随心所欲。但这确实表明，我们必须脱下客观限制的隐身帽，开始权衡各种利益、立场或可能性。各种特许权不断累积并制造了当前的局面，它原本躲在进步的乐观主义的外壳之下，如今却已无法再奢求普世的有效性了。这就引发了一个问题，诸如重新界定生与死这样的研究，如果没有一定的规章或议会的裁决，如何对它进行监管？更具体地说，我们如何在不扼杀研究自由（无它我们便无从生活）的同时，阻止人类遗传学耽于对未来的幻想？

我的回答是：扩大亚政治的影响机会并从法律上予以保障。在此，主要的背景性条件无疑包括强有力的独立法庭和独立媒介，以及与此相关的一切保障性前提。我们甚至可以说，它们是亚政治反控制体系中的两大支柱。但过去的经验告诉我们，光有这些是不够的。这里需要一个补充性步骤。所有垄断者都高举自我克制的可能性，但我们必须为他们加上自我批判的可能性。换言之，迄今为止，对于在职业和企业管理的主宰之下那些需要艰苦奋斗的事情，我们必须从制度上提供保障：对抗性专业知识、替代性职业活动，职业或企业内部对自身发展风险的讨论，受压抑的怀疑主义。就此而言，波普尔无疑是正确的：批判就意味着进步。只有当医学反对医学，核物理反对核物理，人类遗传学反对人类遗传学，信息技术反对信息技术的时候，人为创造的未来才可能得到外部世界的理解与评估。为各种形式的自我批判创造条件并不是什么危险的事情，相反，这可能是提前发现错误的唯一途径，这类错误迟早都会对我们的世界造成不利。

至于具体需要哪些规章和扶持，我们还无法详述其细节。但只要能减少那样的规定，即不至于使人成为其顶头上司意见的奴隶，我们就能获益良多。或许下述情况也是可能的：工程师会报告他们在企业中的经历，会报告他们看到或制造的风险，或者至少不必一离开工作岗位就把这些抛诸脑后。这里无疑也为工会留下了一个重大的新任务。如同罢工权是为了所有人的利益一样，人们也要争取并确保职业与企业内部的技术批判权。自我批判的制度化是如此重要，因为如果没有相应的技术窍门，那么在许多领域，我们就既不能识别风险，也无法找到规避风险的其他方法。

这自然会对研究带来一些影响。科学研究有必要就特定步骤或计划的风险提前进行充满争议、剑拔弩张的讨论。这种讨论不仅应当出现在专业小圈子内部，也需要在制度的保障下，扩展至跨专业的局部公共领域。这种讨论可以什么样的形式组织起来？跨越职业或凌驾于职业之上的那些机构应当行使何种可能的监督？考虑到这是从未被书写的一页，想必我们无法进行预想。

官方政治也将因此而获得大量影响机会。设想一下，如果我们拥有一种有效的、论据确凿的替代性医学，有关降低公共卫生开支的讨论

第八章　破除政治的边界

就会充满生机。不过,这自然也意味着,政治无法重建其在政策上的垄断地位。对不同的亚政治领域来说,这里存在着一种决定性差别,其重要性也会日益凸显:为了特定利益和立场的斗争在经济领域(科学领域也一样)肆意喧嚣,或者应当肆意喧嚣;与此同时,政治系统却在搭建通用(合法)的一般框架,检验法规的普遍适用性,并制造共识。

这表明,政治的保存、调解、话语和象征功能可以成为其核心使命。这些功能虽然处在虚假权力建构的阴影之下,但已悄然占据了支配地位。与亚政治的诸中心相比,政治毋宁展现出一种保存效应。因此,我们要保护社会权利和民主权利已经取得的成就(甚至使它免受自己阵营的侵犯),并不断加以扩大。与此相反,技术创新想必会继续行走在不断自我削弱的悖谬道路上。这条路上的法律和制度条件会不断完善,从而使运行中的社会试验过程和学习过程(个体化进程培育的新生活方式,职业内部的多元化与批判)有可能对抗现存的各种约束。美好的老工业社会的门面仍旧屹立不倒。在这外表之下,除了某些领域的风险和危险之外,政治与亚政治的分工及分权的诸种新形态有没有可能在今天就开始显现并流畅运转呢？235

参考文献

前 言

Adorno, T. W. (ed.) (1969) *Spätkapitalismus oder Industriegesellschaft?* Frankfurt.
Anders, G. (1980) *Die Antiquiertheit des Menschen. Über die Zerstörung des Lebens im Zeitalter der dritten Industriellen Revolution.* Munich.
Beck, U. (1985) 'Von der Vergänglichkeit der Industriegesellschaft', in T. Schmid (ed.), *Das pfeifende Schwein.* Berlin.
Bell, D. (1976) *Die Zukunft der westlichen Welt–Kultur und Technik im Widerstreit.* Frankfurt.
Berger, J. (ed.) (1986) *Moderne oder Postmoderne.* Special issue 4 of *Soziale Welt.* Göttingen.
Berger, P., B. Berger, H. Kellner (1975) *Das Unbehagen in der Modernität.* Frankfurt.
Brand, G. (1972) 'Industrialisierung, Modernisierung, gesellschaftliche Entwicklung', *Zeitschrift für Soziologie*, no. 1: 2—14.
Dahrendorf, R. (1979) *Lebenschancen.* Frankfurt. In English (1979) *Life Chances.* London.
Eisenstadt, S. N. (1979) *Tradition, Wandel und Modernität.* Frankfurt.
Etzioni, A. (1983) *An Immodest Agenda.* New York.
Fourastié, J. (1969) *Die große Hoffnung des zwanzigsten Jahrhunderts.* Cologne.
Gehlen, A. (1963) 'Über die kulturelle Kristallisation', in his *Studien zur Anthropologie und Soziologie.* Neuwied.
Giddens, A. (1990) *The Consequences of Modernity.* Stanford.
Giddens, A. (1991) *Modernity and Self-Identity in the Late Modern Age.* Cambridge.
Habermas, J. (1985a) *Der philosophische Diskurs der Moderne.* Frankfurt.

Habermas, J. (1985b) *Die Neue Unübersichtlichkeit*. Frankfurt.
Horkheimer, M., T. W. Adorno (1969) *Dialektik der Aufklärung*. Frankfurt. In English (1972) *Dialectic of Enlightenment*. New York.
Jonas, H. (1984) *Das Prinzip Verantwortung-Versuch einer Ethik für die technologische Zivilisation*. Frankfurt.
Koselleck, R. (1979) *Vergangene Zukunft*. Frankfurt.
Lash, S. (1992) 'Reflexive modernization: the aesthetic dimension', *Theory, Culture & Society*, 10, no. 3.
Lepsius, M. R. (1977) 'Soziologische Theoreme über die Sozialstruktur der "Moderne" und der "Modernisierung"', in R. Koselleck (ed.) *Studien zum Beginn der modernen Welt*. Stuttgart.
Lodge, D. (1977) *Modernism, Antimodernism and Postmodernism*. Birmingham.
Luhmann, N. (1989) *Ecological Communication*. Cambridge: Polity Press.
Schelsky, H. (1965) 'Der Mensch in der wissenschaftlichen Zivilisation', in his *Auf der Suche nach Wirklichkeit*. Düsseldorf.
Toffler A. (1980) *Die dritte Welle-Zukunftschancen, Perspektiven für die Gesellschaft des 21. Jahrhunderts*. Munich.
Touraine, A. (1983) 'Soziale Bewegungen', *Soziale Welt*, 34, no. 1.

第一章和第二章

Alexander, J., P. Sztompka (eds) (1990) *Rethinking Progress*. Boston.
Anders, G. (1983) *Die atomare Drohung*. Munich.
Bauman, Z. (1989) *Modernity and the Holocaust*. Cambridge.
Bechmann, G. (ed.) (1984) *Gesellschaftliche Bedingungen und Folgen der Technologiepolitik*. Frankfurt/New York.
Beck, U. (1988) *Gegengifte: Die organisierte Unverantwortlichkeit*. Frankfurt. In English (1992) *Counter-Poisons*. Cambridge.
Beck, U. (1991) *Politik in der Risikogesellschaft*. Frankfurt. In English (1993) New York.
Beck, U. (1992) 'From industrial society to risk society', *Theory, Culture & Society*, 9 (1): 97—123.
Berger, J. (ed.) (1986) *Die Moderne-Kontinuitäten und Zäsuren*. Special issue 4 of *Soziale Welt*.
Brooks, H. (1984) 'The resolution of technically intensive public policy disputes', *Science, Technology, Human Values*, 9, no. 1.
Conrad, J. (1978) *Zum Stand der Risikoforschung*. Frankfurt: Battelle.

Corbin, A. (1984) *Pesthauch und Blütenduft*. Berlin.
Daele, W. v.d. (1986) 'Technische Dynamik und gesellschaftliche Moral-Zur soziologischen Bedeutung der Gentechnologie', *Soziale Welt*, 37, nos 2/3.
Douglas, M., A. Wildavsky (1982) *Risk and Culture*. New York.
Eisenstadt, S. (1979) *Tradition, Wandel and Modernität*. Frankfurt.
Eppler, E. (1981) *Wege aus der Gefahr*. Reinbek.
Etzioni, A. (1968) *The Active Society*. New York.
Friedrichs, G., G. Bechmann, F. Gloede, (1983) *Großtechnologien in der gesellschaftlichen Kontroverse*. Karlsruhe.
Glotz, P. (1984) *Die Arbeit der Zuspitzung*. Berlin.
Habermas, J. (1971) *Towards a Rational Society*. London.
Jänicke, M. (1979) *Wie das Industriesystem von seinen Mißständen profitiert*. Cologne.
Jänicke, M., U. E. Simonis, G. Weegmann (1985) *Wissen für die Umwelt. 17 Wissenschaftler bilanzieren*. Berlin/New York.
Jungk, R. (1977) *Der Atomstaat. Vom Fortschritt in die Unmenschlichkeit*. Hamburg.
Kallscheuer, O. (1983) 'Fortschrittsangst', *Kursbuch*, 74.
Keck, O. (1984) *Der schnelle Brüter-Eine Fallstudie über Entscheidungsprozesse in der Großtechnologie*. Frankfurt.
Kitschelt, H. (1984) *Der ökologische Diskurs. Eine Analyse von Gesellschaftskonzeptionen in der Energiedebatte*. Frankfurt.
Koselleck, R. (ed.) (1977) *Studien über den Beginn der modernen Welt*. Stuttgart.
Kruedener, J. v., K. v. Schulert (eds) (1981) *Technikfolgen und sozialer Wandel*. Cologne.
Lahl, U., B. Zeschmer (1984) *Formaldehyd–Porträit einer Chemikalie: Kniefall der Wissenschaft vor der Industrie?* Freiburg.
Leipert, C., U. E. Simonis (1985) *Arbeit und Umwelt, Forschungsbericht*. Berlin.
Lepsius, R. (1977) 'Soziologische Theoreme über die Sozialstruktur der "Moderne" und der "Modernisieurung"', in R. Koselleck (ed.), *Studien zum Beginn der modernen Welt*. Stuttgart.
Mayer-Tasch, P. C. (1985) 'Die Internationale Umweltpolitik als Herausforderung für die Nationalstaatlichkeit', *Aus Politik und Zeitgeschichte*, 20.
Moscovici, S. (1982) *Versuch über die menschliche Geschichte der Natur*. Frankfurt.
Nelkin, D., M. S. Brown (1984) *Workers at Risk*. Chicago.
Nelkin, D., M. Pollok (1979) 'Public participation in technological decisions: reality or grand illusion?', *Technology Review*, August/September.
Nowotny, H. (ed.) (1985) *Vom Technology Assessment zur Technikbewertung. Ein europäischer Vergleich*. Vienna.

O'Riordan, T. (1983) 'The cognitive and political dimension of risk analysis', *Journal of Environmental Psychology*, 3: 345—354.

Otway, H., P. D. Pahner (1976) 'Risk assessment', *Futures*, 8: 122—134.

Otway, H., K. Thomas (1982) 'Reflections on risk perception and policy', *Risk Analysis*, 2, no. 2.

Perrow, C. (1984) *Normal Accidents: Living with High Risk Technologies*. New York.

Rat der Sachverständigen für Umweltfragen (1985) *Sondergutachten Umweltprobleme der Landwirtschaft*. Abridged, unpublished ms. Bonn.

Renn, O. (1984) *Risikowahrnehmung in der Kernenergie*. Frankfurt.

Ropohl, G. (1985) *Die unvollkommene Technik*. Frankfurt.

Rowe, W. D. (1975) *An Anatomy of Risk*. New York.

Schumm, W. (1985) *Die Risikoproduktion kapitalistischer Industriegesellschaften*. Unpublished ms. Frankfurt.

Schütz, R. (1984) *Ökologische Aspekte einer naturphilosophischen Ethik*. Unpublished ms. Bamberg.

Short, J. F. (1984) 'The social fabric of risk: towards the social transformation of risk analysis', *American Sociological Review*, 49, December: 711—725.

Späth, L. (1985) *Wende in die Zukunft: Die Bundesrepublik in die Informationsgesellschaft*. Reinbek.

Starr, C. (1965) 'Social benefit versus technological risk', *Science*, 165: 1232—1238.

Stegmüller, W. (1970) *Probleme und Resultate der Wissenschaftstheorie*. Berlin/New York.

Strasser, J., K. Traube (1984) *Die Zukunf des Fortschritts. Der Sozialismus und die Krise des Industrialismus*. Berlin.

The Council for Science and Society (1977) *The Acceptability of Risks*. London.

Thompson, M., A. Wildavsky (1982) 'A proposal to create a cultural theory of risk', in H. Kunreuther and E.V. Ley (eds), *The Risk Analysis Controversy*. New York.

Touraine, A. et al. (1982) *Die antinukleare Prophetie. Zukunftsentwürfe einer sozialen Bewegung*. Frankfurt.

Umweltbundesamt (1985) *Berichte*, vol. 5. Berlin.

Urban, M. (1985) 'Wie das Sevesogift wirkt', *Süddeutsche Zeitung*, April 30.

Wambach, M. M. (ed.) (1983) *Der Mensch als Risiko. Zur Logik von Prävention und Früherkennung*. Frankfurt.

第三章

Abelshauser, W. (1983) *Wirtschaftsgeschichte der Bundesrepublik Deutschland*

风险社会：新的现代性之路

1945—1980. Frankfurt.
Alber, J. (1982) *Vom Armenhaus zum Wohlfahrtsstaat. Analysen zur Entwicklung der Sozialversicherung in Westeuropa*. Frankfurt/New York.
Allerbeck, K. R., H. R. Stork (1980) 'Soziale Mobilität in Deutschland 1833—1970. Eine Reanalyse', *Kölner Zeitschrift für Soziologie und Sozialpsychologie*, 32: 13ff.
Badura, B. (ed.) (1981) *Soziale Unterstützung und chronische Krankheit*. Frankfurt.
Bahrdt, H. P. (1975) 'Erzählte Lebensgeschichten von Arbeitern', in M. Osterland (ed.), *Arbeitssituation, Lebenslage und Konfliktpotential*. Frankfurt.
Ballerstedt, E., W. Glatzer (1979) *Soziologischer Almanach*. Frankfurt.
Balsen, W., H. Nakielski, K. Rössel, R. Winkel (1984) *Die neue Armut—Ausgrenzung von Arbeitslosen aus der Arbeitslosenunterstützung*. Cologne.
Beck, U. (1983) 'Jenseits von Stand und Klasse?', in R. Kreckel (ed.), *Soziale Ungleichheiten*. Special issue 2 of *Soziale Welt*. Göttingen.
Beck, U. (1984) 'Jenseits von Stand und Klasse', *Merkur*, 38, no. 5: 485—497.
Beck-Gernsheim, E. (1983) 'Vom "Dasein für andere" zum Anspruch auf ein Stück "eigenes Leben"', *Soziale Welt*, 34: 307—340.
Bellmann, L., K. Gerlach, O. Hübler (1984) *Lohnstruktur in der Bundesrepublik Deutschland. Zur Theorie und Empirie der Arbeitseinkommen*. Frankfurt/New York.
Bendix, R., S. M. Lipset (1959) *Social Mobility in Industrial Society*. Berkeley/Los Angeles.
Berger, J. (1983) 'Das Ende der Gewißheit—Zum analytischen Potential der Marxschen Theorie', *Leviathan*, 11: 475ff.
Berger, P. (1986) *Entstrukturierte Klassengesellschaft? Klassenbildung und Strukturen sozialer Ungleichheit im historischen Wandel*. Opladen.
Berger, P., B. Berger, H. Kellner (1975) *Das Unbehagen in der Modernität*. Frankfurt.
Bernstein, B. (1971) *Class, Codes and Control*, vol. 1. London.
Bischoff, J. et al. (1982) *Jenseits der Klassen? Gesellschaft und Staat im Spätkapitalismus*. Hamburg.
Blossfeld, P. (1984) 'Bildungsreform und Beschäftigung der jungen Generation im öffentlichen und privaten Sektor. Eine empirisch vergleichende Analyse', *Soziale Welt*, 35: 159ff.
Bolte, K. M. (1983) 'Anmerkungen zur Erforschung sozialer Ungleichheit', in R. Kreckel (ed.), *Soziale Ungleichheiten*. Special issue 2 of *Soziale Welt*. Göttingen.
Bolte, K. M., S. Hradil (1984) *Soziale Ungleichheit in der Bundesrepublik Deutschland*. Opladen.
Bonß, W., H. G. Heinze (eds) (1984) *Arbeitslosigkeit in der Arbeitsgesellschaft*. Frankfurt.
Borchardt, K. (1985) 'Nach dem "Wunder". Über die wirtschaftliche Entwicklung der

Bundesrepublik', *Merkur*, 39: 35ff.

Bourdieu, P. (1979) *La Distinction*. Paris. In English (1984) *Distinction: a Social Critique of the Judgment of Taste*, tr. R. Nice. Cambridge, Mass.

Bourdieu, P. (1982) *Die feinen Unterschiede*. Frankfurt.

Bourdieu, R., J.-C. Passeron (1971) *Die Illusion der Chancengleichheit*. Stuttgart.

Brock, D., H. R. Vetter (1982) *Alltägliche Arbeitsexistenz*. Frankfurt.

Büchtemann, C. F. (1984) 'Der Arbeitsprozeß. Theorie und Empirie strukturierter Arbeitslosigkeit in der Bundesrepublik Deutschland', in W. Bonß and H. G. Heinze (eds), *Arbeitslosigkeit in der Arbeitsgesellschaft*. Frankfurt.

Bundesminister der Sozialordnung (1983) *Arbeits- und Sozialstatistik: Hauptergebnisse*. Bonn.

Cohen, J. L. (1982) *Class and Civil Society: the Limits of Marxian Critical Theory*. Amherst.

Conze, W., M. R. Lepsius (eds) (1983) *Sozialgeschichte der Bundesrepublik Deutschland. Beiträge zum Kontinuitätsproblem*. Stuttgart.

Cottrell, A. (1984) *Social Classes in Marxist Theory*. London.

Dahrendorf, R. (1957) *Soziale Klassen und Klassenkonflikt in der industriellen Gesellschaft*. Stuttgart.

Engelsing, R. (1978) *Zur Sozialgeschichte deutscher Mittel- und Unterschichten*. Göttingen.

Feher, F., A. Heller (1983) 'Class, democracy and modernity', *Theory and Society*, 12: 211ff.

Flora, P. et al. (1983) *State, Economy and Society in Western Europe 1815—1975. A Data Handbook in Two Volumes. Vol. 1: The Growth of Mass Democracies and Welfare States*. Frankfurt/London/Chicago.

Fuchs, W. (1983) 'Jugendliche Statuspassage oder individualisierte Jugendbiographie?', *Soziale Welt*, 34: 341—371.

Geiger, T. (1969) *Die Klassengesellschaft im Schmelztiegel*. Cologne/Hagen.

Giddens, A. (1973) *The Class Structure of Advanced Societies*. London. In German (1979) Frankfurt.

Glatzer, W., W. Zapf (eds) (1984) *Lebensqualität in der Bundesrepublik. Objektive Lebensbedingungen und subjektives Wohlbefinden*. Frankfurt/New York.

Goldthorpe, J. H. (1980) *Social Mobility and Class Structure in Modern Britain*. Oxford.

Goldthorpe, J. H. et al. (1970) *Der 'wohlhabende' Arbeiter in England*, 3 vols. Munich. In English (1968) *The Affluent Worker*. London.

Gorz, A. (1980) *Abschied vom Proletariat*. Frankfurt.

Gouldner, A. W. (1980) *Die Intelligenz als neue Klasse*. Frankfurt. In English (1979) *The*

Future of Intellectuals and the Rise of the New Class. London.
Haller, M., W. Müller (1983) *Beschäftigungssystem im gesellschaftlichen Wandel*. Frankfurt/New York.
Handl, J., K. U. Mayer, W. Müller (1977) *Klassenlagen und Sozialstruktur. Empirische Untersuchungen für die Bundesrepublik Deutschland*. Frankfurt.
Heinze, R. G., H. W. Hohn, K. Hinrichs, T. Olk (1981) 'Armut und Arbeitsmarkt: Zum Zusammenhang von Klassenlagen und Verarmungsrisiken im Sozialstaat', *Zeitschrift für Soziologie*, 10: 219ff.
Herkommer, S. (1983) 'Sozialstaat und Klassengesellschaft–Zur Reproduktion sozialer Ungleichheit im Spätkapitalismus', in R. Kreckel (ed.), *Soziale Ungleichheiten*. Special issue 2 of *Soziale Welt*. Göttingen.
Hondrich, K. O. (ed.) (1982) *Soziale Differenzierungen*. Frankfurt.
Hondrich, K. O. (1984) 'Der Wert der Gleichheit und der Bedeutungswandel der Ungleichheit', *Soziale Welt*, 35: 267ff.
Honneth, A. (1981) 'Moralbewußtsein und soziale Klassenherrschaft. Einige Schwierigkeiten in der Analyse normativer Handlungspotentiale', *Leviathan*, 9: 555ff.
Hörning, K. (ed.) (1971) *Der 'neue' Arbeiter–Zum Wandel sozialer Schichtstrukturen*. Frankfurt.
Hradil, S. (1983) 'Die Ungleichheit der "Sozialen Lage"', in R. Kreckel (ed.), *Soziale Ungleichheiten*. Special issue 2 of *Soziale Welt*. Göttingen.
Huck, G. (ed.) (1980) *Sozialgeschichte der Freizeit. Untersuchungen zum Wandel der Alltagskultur in Deutschland*. Wuppertal.
Kaelble, H. (1983a) *Industrialisierung und soziale Ungleichheit. Europa im 19. Jahrhundert. Eine Bilanz*. Göttingen.
Kaelble, H. (1983b) *Soziale Mobilität und Chancengleichheit im 19. und 20. Jahrhundert. Deutschland im internationalen Vergleich*. Göttingen.
Kickbusch, I., B. Riedmüller (eds) (1984) *Die armen Frauen. Frauen in der Sozialpolitik*. Frankfurt.
Kocka, J. (1979) 'Stand–Klasse–Organisation. Strukturen sozialer Ungleichheit in Deutschland vom späten 18. bis zum frühen 20. Jahrhundert im Aufriß', in H.-U. Wehler (ed.), *Klass in der europäischen Sozialgeschichte*. Göttingen.
Kocka, J. (1983) *Lohnarbeit und Klassenbindung*. Bonn.
Kocka, J. (1983) 'Diskussionsbeitrag', in R. Kreckel (ed.), *Soziale Ungleichheiten*. Special issue 2 of *Soziale Welt*. Göttingen.
Kreckel, R. (1983) 'Theorie sozialer Ungleichheit im Übergang', in R. Kreckel (ed.), *Soziale Ungleichheiten*. Special issue 2 of *Soziale Welt*. Göttingen.

参考文献

Landesregierung Baden-Württemberg (1983) *Bericht der Kommission 'Zukunftsperspektiven gesellschaftlicher Entwicklung'*. Stuttgart.

Langewiesche D. , K. Schönhoven (eds) (1981) *Arbeiter in Deutschland. Studien zur Lebensweise der Arbeiterschaft im Zeitalter der Industrialisierung*. Paderborn.

Lederer, E. (1979) 'Die Gesellschaft der Unselbständigen. Zum sozialpsychischen Habitus der Gegenwart', in J. Kocka (ed.), *Kapitalismus, Klassenstruktur und Probleme der Demokratie in Deutschland*. Göttingen.

Lepsius, M. R. (1979) 'Soziale Ungleichheit und Klassenstruktur in der Bundesrepublik Deutschland', in H.-U. Wehler (ed.), *Klassen in der europäischen Sozialgeschichte*. Göttingen.

Lutz, B. (1983) 'Bildungsexpansion und soziale Ungleichheit–Eine historisch-soziologische Skizze', in R. Kreckel (ed.), *Soziale Ungleichheiten*. Special issue 2 of *Soziale Welt*. Göttingen.

Lutz, B. (1984) *Der kurze Traum immerwährender Prosperität. Eine Neuinterpretation der industriell-kaptalistischen Entwicklung im Europa des 20. Jahrhunderts*. Frankfurt/New York.

Maase, K. (1984) 'Betriebe ohne Hinterland? Zu einigen Bedingungen der Klassenbildung im Reproduktionsbereich', in Institut für Marxistische Studien und Forschungen, *Marxistische Studien. Jahrbuch des IMSF 7*. Frankfurt.

Marx, K. (1971) *Die Frühschriften*. Stuttgart.

Marx, K. (1982) 'Der 18te Brumaire des Louis Napoleon', in *Marx Engels Werke*, vol. 8. Berlin.

Meja, V. , D. Misgeld, N. Stehr (eds) (1987) *Modern German Sociology*. New York.

Miegel, M. (1983) *Die verkannte Revolution. Einkommen und Vermögen privater Haushalte*. Stuttgart.

Mommsen, W. J. , W. Mock (eds) (1982) *Die Entstehung des Wohlfahrtsstaates in Großbritannien und Deutschland 1850—1950*. Stuttgart.

Moore, B. (1982) *Ungerechtigkeit–Die sozialen Ursachen von Unterordnung und Widerstand*. Frankfurt. In English (1978) *Injustice: the Social Basis of Obedience and Revolt*. London.

Mooser, J. (1983) 'Auflösung proletarischer Milieus. Klassenbildung und Individualisierung in der Arbeiterschaft vom Kaiserreich bis in die Bundesrepublik Deutschland', *Soziale Welt*, 34: 270ff.

Mooser, J. (1984) *Arbeiterleben in Deutschland 1900—1970. Klassenlagen, Kultur und Politik*. Frankfurt.

Müller, W. , A. Willms, J. Handl (1983) *Strukturwandel der Frauenarbeit*. Frankfurt/New York.

Osterland, M. (1973) *Materialien zur Lebens- und Arbeitssituation der Industriearbeiter in der Bundesrepublik Deutschland*. Frankfurt.
Osterland, M. (1978) 'Lebensbilanzen und Lebensperspektiven von Industriearbeitern', in M. Kohli (ed.), *Soziologie des Lebenslaufes*. Darmstadt.
Pappi, F. U. (1979) 'Konstanz und Wandel der Hauptspannungslinien in der Bundesrepublik', in J. Matthes (ed.), *Sozialer Wandel in Westeuropa*. Frankfurt.
Reulecke, J., W. Weber (eds) (1978) *Fabrik, Familie, Feierabend. Beiträge zur Sozialgeschichte des Alltags im Industriezeitalter*. Wuppertal.
Schelsky, H. (1961) 'Die Bedeutung des Klassenbegriffs für die Analyse unserer Gesellschaft', in Seidel and Jenker (eds), *Klassenbildung und Sozialschichtung*. Darmstadt.
Schneider, R. (1982) 'Die Bildungsentwicklung in den westeuropäischen Staaten, 1870—1975', *Zeitschrift für Soziologie*, 11, no. 3.
Smith, G. (1982) 'Nachkriegsgesellschaft im historischen Vergleich', Kolloquium des Instituts für Zeitgeschichte, Munich/Vienna.
Statistisches Bundesamt (1983) *Bildung im Zahlenspiel*. Wiesbaden/Stuttgart.
Teichler, U., D. Hartung, R. Nuthmann (1976) *Hochschulexpansion und Bedarf der Gesellschaft*. Stuttgart.
Thompson, E. P. (1963) *The Making of the English Working Class*. Harmondsworth.
Touraine, A. (1983) 'Soziale Bewegungen', *Soziale Welt*, 34, no. 1.
Voigt, R. (ed.) (1980) *Verrechtlichung*. Königstein.
Weber, M. (1972) *Wirtschaft und Gesellschaft*, 3rd edn. Tübingen.
Wehler, H.-U. (ed.) (1979) *Klassen in der europäischen Sozialgeschichte*. Göttingen.
Westergaard, J. (1965) 'The withering away of class: a contemporary myth', in P. Anderson (ed.), *Towards Socialism*. London.
Wiegand, E., W. Zapf (eds) (1982) *Wandel der Lebensbedingungen in Deutschland. Wohlfahrtsentwicklung seit der Industrialisierung*. Frankfurt/New York.
Zapf, W. (ed.) (1977) *Lebensbedingungen in der Bundesrepublik. Sozialer Wandel und Wohlfentwicklung*. Frankfurt/New York.

第四章

Allerbeck, K., W. Hoag (1984) *Jugend ohne Zukunft*. Munich.
Ariès, P. (1984) 'Liebe in der Ehe', in P. Ariès, A. Béjin, M. Foucault et al. (eds), *Die Masken des Begehrens und die Metamorphosen der Sinnlichkeit – Zur Geschichte der Sexualität im Abendland*. Frankfurt.

参考文献

Beck, U., E. Beck-Gernsheim (1990) *Das ganz normale Chaos der Liebe*. Frankfurt. In English (1993). Cambridge.

Beck-Gernsheim, E. (1983) 'Vom "Dasein für andere" zum Anspruch auf ein Stück "eigenes Leben"', *Soziale Welt*, 34: 307—340.

Beck-Gernsheim, E. (1984) *Vom Geburtenrückgang zur Neuen Mütterlichkeit?-Über private und politische Interessen am Kind*. Frankfurt.

Beck-Gernsheim, E. (1985) *Das halbierte Leben. Männerwelt Beruf, Frauenwelt Familie*, 2nd edn. Frankfurt.

Beck-Gernsheim, E. (1986) 'Von der Liebe zur Beziehung? Veränderungen im Verhältnis von Mann und Frau in der individualisierten Gesellschaft', in J. Berger (ed.), *Moderne oder Postmoderne*, Special issue 4 of *Soziale Welt*. Göttingen.

Beck-Gernsheim, E. (1988) *Die Kinderfrage: Frauen zwischen Kindern und Unabhängigkeit*. Munich.

Béjin, A. (1984) 'Ehen ohne Trauschein heute', in P. Ariès, A. Béjin, M. Foucault et al. (eds), *Die Masken des Begehrens und die Metamorphosen der Sinnlichkeit – Zur Geschichte der Sexualität im Abendland*. Frankfurt.

Berger, B., P. L. Berger (1983) *The War over the Family*. New York. In German (1984) Reinbek.

Berger, P., H. Kellner (1965) 'Die Ehe und die Konstruktion der Wirklichkeit', *Soziale Welt*, 16: 220—241.

Bernardoni, C., V. Werner (eds) (1983) *Der vergeudete Reichtum-Über die Partizipation von Frauen im öffentlichen Leben*. Bonn.

Beyer, J. et al. (eds) (1983) *Frauenlexikon-Stichworte zur Selbstbestimmung*. Munich.

Biermann, I., C. Schmerl, L. Ziebell (1985) *Leben mit kurzfristigem Denken-Eine Untersuchung zur Situation arbeitsloser Akademikerinnen*. Weilheim und Basel.

Brose, H.-G., M. Wohlrab-Sahr (1986) 'Formen individualisierter Lebensführung von Frauen-ein neues Arrangement zwischen Familie und Beruf', in H.-G. Brose (ed.), *Berufsbiographien im Wandel*. Opladen.

Buchholz, W. et al. (1984) *Lebenswelt und Familienwirklichkeit*. Frankfurt.

Bundesminister für Bildung und Wissenschaft (1982/83, 1984/85) *Grund- und Strukturdaten*. Bonn.

Bundesminister für Jugend, Familie und Gesundheit (1981) *Frauen 80*. Cologne.

Bundesminister für Jugend, Familie und Gesundheit (1985) *Nichteheliche Lebensgemeinschaften in der Bundesrepublik Deutschland*. Cologne.

Degler, C. N. (1980) *At Odds-Women and the Family in America from the Revolution to the Present*. New York.

Demos, J., S. S. Boocock (eds) (1978) *Turning Points—Historical and Sociological Essays on the Family*. Chicago.
Diezinger, A., R. Marquardt, H. Bilden (1982) *Zukunft mit beschränkten Möglichkeiten, Projektbericht*. Munich.
Ehrenreich, B. (1983) *The Hearts of Men*. New York. In German (1985) Reinbek.
Erler, G. A. (1985) 'Erdöl und Mutterliebe—von der Knappheit einiger Rohstoffe', in T. Schmid (ed.). *Das pfeifende Schwein*. Berlin.
Frauenlexikon (1983). Munich.
Gensior, S. (1983) 'Moderne Frauenarbeit', in *Karriere oder Kochtopf: Jahrbuch für Sozialökonomie und Gesellschaftstheorie*. Opladen.
Gilligan, C. (1984) *Die andere Stimme. Lebenskonflikte und Moral der Frau*. Munich.
Glick, P. C. (1984) 'Marriage, divorce, and living arrangements', *Journal of Family Issues*, 5, no. 1: 7—26.
Hoff, A., J. Scholz (1985) *Neue Männer in Beruf und Familie Forschungsbericht*. Berlin.
Imhof, A. E. (1981) *Die gewonnenen Jahre*. Munich.
Imhof, A. E. (1984) *Die verlorenen Welten*. Munich.
Institut für Demoskopie Allensbach (1985) *Einstellungen zu Ehe und Familie im Wandel der Zeit*. Stuttgart.
Jurreit, M.-L. (ed.) (1979) *Frauenprogramm. Gegen Diskriminierung. Ein Handbuch*. Reinbek.
Kamerman, S. B. (1984) 'Women, children poverty: public policies and female-headed families in industrialized countries', in *Signs: Journal of Women in Culture and Society*. Special issue *Women and Poverty*. Chicago.
Kommission (1983) *Zukunftsperspektiven gesellschaft Entwicklungen, Bericht* (erstellt im Auftrage der Landesregierung von Baden-Wurttemberg). Stuttgart.
Lasch, C. (1977) *Haven in Heartless World: the Family Besieged*. New York.
Metz-Göckel, S., U. Müller (1985) *Der Mann, Brigitte-Untersuchung*, ms. Hamburg.
Müller, W., A. Willms, J. Handl (1983) *Strukturwandel der Frauenarbeit*. Frankfurt.
Muschg, G. (1976) 'Bericht von einer falschen Front', in H. P. Piwitt (ed.), *Literaturmagazin* 5. Reinbek.
Offe, C. (1984) *Arbeitsgesellschaft*. Frankfurt.
Olerup, A., L. Schneider, E. Monod (1985) *Women, Work and Computerization—Opportunities and Disadvantages*. New York.
Ostner, J., B. Piper (eds) (1986) *Arbeitsbereich Familie*. Frankfurt.
Pearce, D., H. McAdoo (1981) *Women and Children: Alone and in Poverty*. Washington.
Pross, H. (1978) *Der deutsche Mann*. Reinbek.

Quintessenzen (1984) *Frauen und Arbeitsmarkt.* IAB. Nürnberg.
Rerrich, M. S. (1983) 'Veränderte Elternschaft', *Soziale Welt*, 34: 420—449.
Rerrich, M. S. (1986) *Balanceakt Familie.* Freiburg.
Rilke, R. M. (1980) *Briefe.* Frankfurt.
Rubin, L. B. (1983) *Intimate Strangers. Men and Women Together.* New York.
Schulz, W. (1983) 'Von der Institution "Familie" zu den Teilbeziehungen zwischen Mann, Frau und Kind', *Soziale Welt*, 34: 401—419.
Seidenspinner, G., A. Burger (1982) *Mädchen 82, Brigitte-Untersuchung.* Hamburg.
Sennett, R. (1976) *The Fall of Public Man.* London. In German (1983) Frankfurt.
Statistisches Bundesamt (1983) *Datenreport.* Bonn.
Wahl, K. et al. (1980) *Familien sind anders!* Reinbek.
Weber-Kellermann, I. (1975) *Die deutsche Familie. Versuch einer Sozialgeschichte.* Frankfurt.
Wiegmann, B. (1979) 'Frauen und Justiz', in M.-L. Jurreit (ed.). *Frauenprogramm. Gegen Diskriminierung. Ein Handbuch.* Reinbek.
Willms, A. (1983) 'Grundzüge der Entwicklung der Frauenarbeit von 1800 bis 1980', in W. Müller, A. Willms, J. Handl (eds), *Strukturwandel der Frauenarbeit.* Frankfurt.

第五章

Adorno, T. W. (1982) *Minima Moralia.* Frankfurt.
Anders, G. (1980) *Die Antiquiertheit des Menschen.* Munich.
Baethge, M. (1985) 'Individualisierung als Hoffnung und Verhängnis', *Soziale Welt*, 36: 299ff.
Beck-Gernsheim, E. (1986) *Geburtenrückgang und Neuer Kinderwunsch.* Postdoctoral thesis. Munich.
Bolte, K. M. (1983) 'Subjektorientierte Soziologie', in K.M. Bolte (ed.), *Subjektorientierte Arbeits- und Berufssoziologie.* Frankfurt.
Brose, H.-G. (1982) 'Die Vermittlung von sozialen und biographischen Zeitstrukturen', in *Kölner Zeitschrift für Soziologie und Sozialpsychologie*, special issue 29: 385ff.
Deizinger, A., H. Bilden et al. (1982) *Zukunft mit beschränkten Möglichkeiten.* Munich.
Durkheim, E. (1982) *Über die Teilung der sozialen Arbeit.* Frankfurt.
Elias, N. (1969) *Über den Prozeß der Zivilisation.* Bern/Munich. In English (1978) *The Civilizing Process.* Oxford.
Fuchs, W. (1983) 'Jugendliche Statuspassage oder individualisierte Jugendbiographie?', *Soziale Welt*, 34: 341—371.

Fuchs, W. (1984) *Biographische Forschung*. Opladen.
Geulen, D. (1977) *Das vergesellschaftete Subjekt*. Frankfurt.
Gross, P. (1985) 'Bastelmentalität: Ein "postmoderner" Schwebezustand', in T. Schmid (ed.), *Das pfeifende Schwein*. Berlin.
Hornstein, W. (1985) 'Jugend. Strukturwandel in gesellschaftlichen Wandlungsprozess', in S. Hradil (ed.), *Sozialstruktur im Umbruch*. Opladen.
Imhof, A. E. (1984) 'Von der unsicheren zur sicheren Lebenszeit', *Vierteljahresschrift für Sozial- und Wirtschaftsgeschichte*, 71: 175—198.
Kohli, M. (1985) 'Die Institutionalisierung des Lebenslaufes', *Kölner Zeitschrift für Soziologie und Sozialpsychologie*, 1, 1—29.
Kohli, M., J. W. Meyer (eds) (1985) *Social Structure and Social Construction of Life Stages*. Symposium with contributions from M. W. Riley, K. U. Mayer, T. Held, T. K. Hareven. *Human Development*, 18.
Kohli, M., G. Robert (eds) (1984) *Biographie und soziale Wirklichkeit*. Stuttgart.
Ley, K. (1984) 'Von der Normal- zur Wahlbiographie', in M. Kohli and G. Robert (eds), *Biographie und soziale Wirklichkeit*. Stuttgart.
Landmann, T. (1971) *Das End des Individuums*. Stuttgart.
Luhmann, N. (1985) 'Die Autopoiesis des Bewußtseins', *Soziale Welt*, 36: 402.
Maase, K. (1984) 'Betriebe ohne Hinterland?', in Institut für Marxistische Studien und Forschungen, *Marxistische Studien. Jahrbuch des IMSF 7*. Frankfurt.
Mooser, J. (1983) 'Auflösung proletarischer Milieus', *Soziale Welt*, 34.
Nunner-Winkler, G. (1985) 'Identität und Individualität', *Soziale Welt*, 36: 466ff.
Rosenmayr, L. (ed.) (1978) *Die menschlichen Lebensalter. Kontinuität und Krisen*. Munich.
Rosenmayr, L. (1985) 'Wege zum Ich vor bedrohter Zukunft', *Soziale Welt*, 36: 274ff.
Shell Youth Study (n.d.)
Simmel, G. (1958a) *Philosophie des Geldes*. Berlin. In English (1978) *The Philosophy of Money* (ed. D. Frisby). London.
Simmel, G. (1958b) *Soziologie*. Berlin.
Vester, H.-G. (1984) *Die Thematisierung des Selbst in der postmodernen Gesellschaft*. Bonn.

第六章

Althoff, H. (1982) 'Der Statusverlust im Anschluß an eine Berufsausbildung', *Berufsbildung in Wissenschaft und Praxis*, 5: 16ff.

参考文献

Altmann, N. et al. (1986) 'Ein neuer Rationalisierungstyp', *Soziale Welt*, 37, nos 2/3.
Arendt, H. (1981) *Vita activa oder Vom tätigen Leben*. Munich.
Beck, U., M. Brater, H. J. Daheim (1980) *Soziologie der Arbeit und der Berufe*. Reinbek.
Blossfeld, H.-P. (1984) 'Bildungsreform und Beschäftigung der jungen Generation im öffentlichen Dienst', *Soziale Welt*, 35, no. 2.
Buck, B. (1985) 'Berufe und neue Technologien', *Soziale Welt*, 36, no. 1: 83ff.
Bundesminister für Bildung und Wissenschaft (1983) *Grund- und Strukturdaten 1982/83*. Bonn.
Dahrendorf, R. (1980) 'Im Entschwinden der Arbeitsgesellschaft. Wandlungen der sozialen Konstruktion des menschlichen Lebens', *Merkur*, 34: 749ff.
Dahrendorf, R. (1982) 'Wenn der Arbeitsgesellschaft die Arbeit ausgeht', in J. Matthes (ed.), *Krise der Arbeitsgesellschaft*. Frankfurt.
Dierkes, M., B. Strümpel (eds) (1985) *Wenig Arbeit, aber viel zu tun*. Cologne.
Dombois, R., M. Osterland (1982) 'Neue Formen des flexiblen Arbeitskräfteeinsatzes: Teilzeitarbeit und Leiharbeit', *Soziale Welt*, 33: 466ff.
Handl, J. (1984) *Zur Veränderung der beruflichen Chancen von Berufsanfängern zwischen 1950 und 1982*. Thesenpapier. Nürnberg.
Heinze, R. G. (1984) *Der Arbeitsschock*. Cologne.
Hirschhorn, L. (1979) 'The theory of social services in disaccumulationist capitalism', *International Journal of Health Services*, 9, no. 2: 295—311.
Hornstein, W. (1981) 'Kindheit und Jugend im Spannungsfeld gesellschaftlicher Entwicklung', in *Jugend in den achtziger Jahren: Eine Generation ohne Zukunft?* Schriftenreihe des Bayrischen Jugendrings. Munich.
Jürgens, U., F. Naschold (eds) (1984) *Arbeitspolitik. Materialien zum Zusammenhang von politischer Macht, Kontrolle und betrieblicher Organisation der Arbeit*. Opladen.
Kaiser, M. et al. (1984) 'Fachhochschulabsolventen-zwei Jahre danach', *Mitteilungen aus der Arbeitsmarkt- und Berufsforschung*, 241ff.
Kern, H., M. Schumann (1984) *Ende der Arbeitsteilung?* Munich.
Kloas, P.-W. (1984) *Arbeitslosigkeit nach Abschluß der betrieblichen Ausbildung*. Thesis paper. Nürnberg.
Kommission (1983) *Zukunftsperspektiven gesellschaftlicher Entwicklungen*. Stuttgart.
Kubicek, H., A. Rolf (1985) *Mikropolis mit Computernetzen in der 'Informationsgesellschaft'*. Hamburg.
Kutsch, T., F. Vilmar (eds) (1983) *Arbeitszeitverkürzung*. Opladen.
Mertens, D. (1984) 'Das Qualifikationsparadox. Bildung und Beschäftigung bei kritischer Arbeitsmarktperspektive', *Zeitschrift für Pädagogik*, 30.

Müller, C. (1982) 'Ungeschützte Beschäftigungsverhältnisse', in C. Hagemann-White (ed.), *Beiträge zur Frauenforschung*. Bamberg.
Negt, O. (1984) *Lebendige Arbeit, enteignete Zeit*. Frankfurt.
Offe, C. (1984) *Arbeitsgesellschaft: Strukturprobleme und Zukunftsperspektiven*. Frankfurt/New York.
Offe C., H. Hinrichs, H. Wiesenthal (eds) (1982) *Arbeitszeitpolitik*. Frankfurt.
Schelsky, H. (1972) 'Die Bedeutung des Berufs in der modernen Gesellschaft', in T. Luckmann and W. Sprondel (eds), *Berufssoziologie*. Cologne.
Sklar, M. (1969) 'On the proletarian revolution and the end of political-economic society', *Radical America*, 3: 3—28.

第七章

Adorno, T. W., M. Horkheimer (1970) *Dialektik der Aufklärung*. Frankfurt.
Beck, U. (1974) *Objektivität und Normativität–Die Theorie-Praxis-Debatte in der modernen deutschen und amerikanischen Soziologie*. Reinbek.
Beck, U. (ed.) (1982) *Soziologie und Praxis, Erfahrungen, Konflikte, Perspektiven*. Special issue 1 of *Soziale Welt*. Göttingen.
Beck, U., W. Bonß (1984) 'Soziologie und Modernisierung. Zur Ortsbestimmung der Verwendungsforschung', in *Soziale Welt*, 35: 381ff.
Böhme, G., W. v.d. Daele, W. Krohn (1972) 'Alternativen in der Wissenschaft', *Zeitschrift für Soziologie*: 302ff.
Böhme, G., W. v.d. Daele, W. Krohn (1973) 'Die Finalisierung der Wissenschaft', *Zeitschrift für Soziologie*: 128ff.
Bonß, W. (1982) *Die Einübung des Tatsachenblicks. Zur Struktur und Veränderung empirischer Sozialforschung*. Frankfurt.
Bonß, W., H. Hartmann (1985) 'Konstruierte Gesellschaft, rationale Deutung. Zum Wirklichkeitscharakter soziologischer Diskurse', in W. Bonß and H. Hartmann (eds), *Entzauberte Wissenschaft. Zur Relativität und Geltung soziologischer Forschung*. Special issue 3 of *Soziale Welt*. Göttingen.
Campbell, D. T. (1985) 'Häuptlinge und Rituale. Das Sozialsystem der Wissenschaft als Stammesorganisation', in W. Bonß and H. Hartmann (eds), *Entzauberte Wissenschaft. Zur Relativität und Geltung soziologischer Forschung*. Special issue 3 of *Soziale Welt*. Göttingen.
Carson, R. (1962) *Silent Spring*. New York.
Commoner, B. (1963) *Science and Survival*. New York.

Duerr, H. P. (ed.) (1981) *Der Wissenschaftler und das Irrationale*, 2 vols. Frankfurt.
Feyerabend, P. (1980) *Erkenntnis für freie Menschen*, rev. edn. Frankfurt.
Gouldner, A., S. M. Miller (1965) *Applied Sociology: Opportunities and Problems*. New York.
Hartmann, H. (1970) *Empirische Sozialforschung*. Munich.
Hartmann, H., E. Dübbers (1984) *Kritik in der Wissenschaftspraxis Buchbesprechungen und ihr Echo*. Frankfurt.
Hartmann, H., M. Hartmann (1982) 'Vom Elend der Experten: Zwischen Akademisierung und De-Professionalisierung', *Kölner Zeitschrift für Soziologie und Sozialpsychologie*, 193ff.
Hollis, M., S. Lukes (eds) (1982) *Rationality and Relativism*. Oxford.
Illich, I. (1979) *Entmündigung durch Experten. Zur Kritik der Dienstleistungsberufe*. Reinbek.
Knorr-Cetina, K. (1984) *Die Fabrikation von Erkenntnis*. Frankfurt.
Knorr-Celina, K., M. Mulkavy (eds) (1983) *Science Observed. Perspectives on the Social Study of Science*. London.
Kuhn, T. (1970) *Die Struktur wissenschaftlicher Revolutionen*. Frankfurt. In English (1970) *The Structure of Scientific Revolutions*. Chicago.
Küppers, G., P. Lundgreen, P. Weingart (1978) *Umweltforschung – die gesteuerte Wissenschaft?* Frankfurt.
Lakatos, I. (1974) 'Methodologie der Forschungsprogramme', in I. Lakatos and A. Musgrave (eds), *Kritik und Erkenntnisfortschritt*. Braunschweig.
Lau, C. (1984) 'Soziologie im öffentlichen Diskurs. Voraussetzungen und Grenzen sozialwissenschaftlicher Rationalisierung und gesellschaftlicher Praxis', *Soziale Welt*, 35: 407ff.
Lindbloom, C. E. (1959) 'The science of muddling through', *Public Administration Review*, 19: 79ff.
Matthes, J. (1985) 'Die Soziologen und ihre Wirklichkeit. Anmerkungen zum Wirklichkeitsverhältnis der Soziologie', in W. Bonß and H. Hartmann (eds), *Entzauberte Wissenschaft. Zur Relativität und Geltung soziologischer Forschung*. Special issue 3 of *Soziale Welt*. Göttingen.
Mayntz, R. (ed.) (1980) *Implementationsforschung*. Cologne.
Meja, V., N. Stehr (1982) *Der Streit um die Wissenssoziologie*, 2 vols. Frankfurt.
Meyer-Abich, K. M. (1980) 'Versagt die Wissenschaft vor dem Grundrecht der Freiheit? Gründe der Vertrauenskrise zwischen Wissenschaft und Öffentlichkeit', *Zeitschrift für Didaktik der Philosophie*, no. l.

Mitchell, R. C. (1979) *Science, Silent Spring, Science, Technology and the Environment Movement in the United States*. Ms. Washington.

Nowotny, H. (1979) *Kernenergie: Gefahr oder Notwendigkeit*. Frankfurt.

Overington, M. A. (1985) 'Einfach der Vernunft folgen: Neuere Entwicklungstendenzen in der Metatheorie', in W. Bonß and H. Hartmann (eds), *Entzauberte Wissenschaft Zur Relativität und Geltung soziologischer Forschung*. Special issue 3 of *Soziale Welt*. Göttingen.

Pavelka, F. (1979) 'Das Deprofessionalisierungsspiel. Ein Spiel für Profis', *Psychosozial*, 2: 19ff.

Popper, K. R. (1968) *Logik der Forschung*, 6th edn. Tübingen. In English (1989) *The Logic of Scientific Discovery*. London.

Popper, K. R. (1972) *Objektive Erkenntnis. Ein evolutionärer Entwurf*. Hamburg.

Scott, R., A. Shore (1979) *Why Sociology does not Apply: a Study of the Use of Sociology in Public Policy*. New York.

Shostak, A. B. (ed.) (1974) *Putting Sociology to Work*. New York.

Stehr, N., R. König (eds) (1975) *Wissenschaftssoziologie. Studien und Materialien*. Special issue 18 of *Kölner Zeitschrift für Soziologie und Sozialpsychologie*. Cologne/Opladen.

Stehr, N., V. Meja (1981) *Wissenschaftssoziologie*. Special issue 22 of *Kölner Zeitschrift für Soziologie und Sozialpsychologie*. Opladen.

Struening, E. L., B. Brewer (eds) (1984) *The University Edition of the Handbook of Evaluation Research*. London/Beverly Hills.

Weber, M. (1982) 'Vom inneren Beruf zur Wissenschaft', in J. Winkelmann (ed.), *Max Weber: Soziologie, weltgeschichtliche Analysen*. Stuttgart.

Weingart, P. (1979) *Das 'Harrisburg-Syndrom' oder die De-Professionalisierung der Experten*.

Weingart, P. (1983) 'Verwissenschaftlichung der Gesellschaft – Politisierung der Wissenschaft', *Zeitschrift für Soziologie*: 225ff.

Weingart, P. (1984) 'Anything goes – rien ne va plus', *Kursbuch*, 78: 74.

Weiss, C. H. (ed.) (1977) *Using Social Research for Public Policy Making*. Lexington.

Wissenschaftszentrum Berlin (1977) *Interaktion von Wissenschaft und Politik*. Frankfurt.

第八章

Alemann, U. v. (ed.) (1981) *Neokorporatismus*. Frankfurt/New York.

Alemann, U. v., R. C. Heinze (eds) (1979) *Verbände und Staat. Vom Pluralismus zum Korporatismus*. Opladen.

参考文献

Altmann, N. et al. (1986) 'Ein "Neuer Rationalisierungstyp"', *Soziale Welt*, 37.
Arendt, H. (1981) *Macht und Gewalt*. Munich.
Beck, U. (1979) *Soziale Wirklichkeit als Produkt gesellschaftlicher Arbeit*. Unpublished postdoctoral thesis. Munich.
Beck, U. (1988) *Gegengifte: Die organisierte Unverantwortlichkeit*. Frankfurt. In English (1992) *Counter-Poisons*. Cambridge.
Beck, U. (1991) *Politik in der Risikogesellschaft*. Frankfurt. In English (1993) New York.
Beck, U., M. Brater (1978) *Berufliche Arbeitsteilung und soziale Ungleichheit*. Frankfurt/New York.
Berger, J. (ed.) (1986) *Moderne oder Postmoderne*. Special issue 4 of *Soziale Welt*. Göttingen.
Berger, S. 'Politics and Anti-Politics in Western Europe in the Seventies', *Daedalus*, 108: 27—50.
Bergmann, J., G. Brandt, K. Korber, O. Mohl, C. Offe (1969) 'Herrschaft, Klassenverhältnis und Schichtung', in T. W. Adorno (ed.), *Spätkapitalismus oder Industriegesellschaft?* Stuttgart.
Braczyk, H. J. et al. (1986) 'Konsensverlust und neue Technologien – Zur exemplarischen Bedeutung des Konfliktes um die Wiederaufarbeitungsanlage für die gesellschaftliche Steuerung technischen Wandels', *Soziale Welt*, 37, nos 2/3.
Bräutigam, H. H., L. Mettler (1985) *Die programmierte Vererbung*. Hamburg.
Brand, K. W. (ed.) (1985) *Neue soziale Bewegungen in Westeuropa und in den USA*. Frankfurt.
Brand, K. W., D. Büsser, D. Rucht (1983) *Aufbruch in eine neue Gesellschaft*. Frankfurt.
Bühl, W. (1983) *Die Angst des Menschen vor der Technik*. Düsseldorf.
Crozier, M., E. Friedberg (1979) *Macht und Organisation*. Königstein.
Crozier, M., S. P. Huntington, J. Watanuki (1975) *The Crisis of Democracy*. New York.
Daele, W. v.d. (1985) *Mensch nach Maß*. Munich.
Daele, W. v.d. (1986) 'Technische Dynamik und gesellschaftliche Moral', *Soziale Welt*, 37, nos 2/3.
Donati, P. R. (1984) 'Organization between Movement and Institution', *Social Science Information*, 23, (4/5): 837—859.
Elster, J. (1979) 'Risk, uncertainty, and nuclear power', *Social Science Information*.
Flora, P., J. Alber (1981) 'Modernization, democratization, and the development of welfare states in Western Europe', in P. Flora and A. J. Heidenheimer (eds), *The Development of Welfare States in Europe and America*. New Brunswick.
Freeman, J. (ed.) (1983) *Social Movements in the Sixties and Seventies*. New York/London.

Gershuny, J, I. (1978) *After Industrial Society? The Emerging Self-Service-Economy*. London.
Grew, R. (ed.) (1978) *Crises of Political Development in Europe and the United States*. Princeton.
Gross, P. (1984) *Industrielle Mikrobiologie. Sonderheft Spektrum der Wissenschaft*. Heidelberg.
Graß, P., R. Hitzler, A. Honer (1985) 'Zwei Kulturen? Diagnostische und therapeutische Kompetenz im Wandel', in *Österr. Zeitschrift für Soziologie. Sonderheft Medizinsoziologie*.
Habermas, J. (1973) *Legitimationsprobleme im Spätkapitalismus*. Frankfurt. In English (1975) *Legitimation Crisis*. London.
Habermas, J. (1981) *Theorie des kommunikativen Handelns*, vol. 2, Frankfurt. In English (1984 and 1988) *The Theory of Communicative Action*, 2 vols. London.
Habermas, J. (1985) *Die neue Unübersichtlichkeit*. Frankfurt.
Hirschmann, A. O. (1981) *Shifting Involvements. Private Interests and Public Action*. Princeton.
Inglehart, R. (1977) *The Silent Revolution. Changing Values and Political Styles among Western Publics*. Princeton.
Institute for Contemporary Studies (1976) *The Politics of Planning. A Review and Critique of Centralized Economic Planning*. San Francisco.
Jänicke, M. (1979) *Wie das Industriesystem von seinen Mißständen profitiert*. Cologne.
Japp, K. P. (1984) 'Selbsterzeugung oder Fremdverschulden. Thesen zum Rationalismus in den Theorien sozialer Bewegungen', *Soziale Welt*, 35.
Jonas, H. (1984) *Technik, Ethik und Biogenetische Kunst*. Ms.
Kitschelt, H. (1985) 'Materiale Politisierung der Produktion', *Zeitschrift für Soziologie*, 14, no. 3: 188—208.
Kommissionsbericht (1983) *Zukunftsperspektiven gesellschaftlicher Entwicklung*. Stuttgart.
Kreß, K., K.-G. Nikolai (1985) *Bürgerinitiativen – Zum Verhältnis von Betroffenheit und politischer Beteiligung der Bürger*. Bonn.
Lipset, S. M., S. Rokkan (1967) 'Cleavage structures, party systems, and voter alignments: an introduction', in S.M. Lipset and S. Rokkan (eds), *Party Systems and Voter Alignments*. New York.
Löw, R. (1983) 'Gen und Ethik', in P. Koslowski (ed.), *Die Verführung durch das Machbare*. Munich.
Luhmann, N. (1981) *Politische Theorie im Wohlfahrtsstaat*. Munich.
Mayer-Tasch, C. P. (1976) *Die Bürgerinitiativbewegung*. Reinbek.

Mayntz, R. (ed.) (1980) *Implementationsforschung*. Cologne.
Melacci, A. (1984) 'An end to social movements? Introductory paper to sessions on new movements and change in organizational forms', *Social Science Inforrmation*, 23, nos 4/5: 819—835.
Neidhar, F. (1985) 'Einige Ideen zu einer allgemeinen Theorie sozialer Bewegungen', in S. Hradil (ed.), *Sozialstruktur im Umbruch*. Opladen.
Noelle-Neumann, E. (1991) *Öffentliche Meinung*. Berlin.
Offe, C. (1972) *Strukturprobleme des kapitalistischen Staates*. Frankfurt.
Offe, C. (1980) 'Konkurrenzpartei und politische Identität', in R. Roth (ed.), *Parlamentarisches Ritual und politische Alternativen*. Frankfurt.
Offe, C. (1986) 'Null-option', in J. Berger (ed.), *Moderne oder Postmoderne*. Special issue 4 of *Soziale Welt*. Göttingen.
Piore, M. J., C. F. Sabel (1985) *Das Ende der Massenproduktion*. New York/Berlin. In English (1985) *The Second Industrial Divide*. New York.
Radunski, P. (1985) 'Die Wähler in der Stimmungsdemokratie', *Sonde*, 2: 3ff.
Schenk, M. (1984) *Soziale Netzwerke und Kommunikation*. Tübingen.
Sieferle, R. P. (1985) *Fortschrittsfeinde? Opposition gegen Technik und Industrie von der Romantik bis zur Gegenwart*. Munich.
Stössel, J.-P. (1985) 'Dem chronischen Kranken hilft kein Arzt', *Süddeutsche Zeitung*, November 21.
Toffler, A. (1980) *Die dritte Welle*. Munich.
Touraine, A. (1977) *The Self-Production of Society*. Chicago.
Willke, H. (1983) *Entzauberung des Staates. Überlegungen zu einer sozietalen Steuerungstheorie*. Königstein.

索 引

(条目后数字为英译本原书页码,见本书边码)

A

acceptability of risk 风险的可接受度,58,另见 levels, acceptable 极限值

accident, atomic 核事故,22; probability 核事故概率,29—30

accountability 责任,见 responsibility 责任

achievement society 获致型社会,100,101

acid rain 酸雨,43,64,74

action 行动; decision-making as 作为行动的决策,191; political 政治行动,154,195,231

action, preventive, and future threat 预防行动与未来的威胁,34

agriculture 农业; controls 农业控制,79; ecologically conscious 具有生态意识的农业,179; and soil contamination 农业与土壤污染,27,32—33; threat from chemicals 化学品对农业的威胁,25,37—38

air pollution 空气污染,61

American Council on Environmental Quality 美国环境质量委员会,66

Anders G. 安德斯,60

animals 动物; in experiments 实验动物,68,179,209; threat to species 物种濒危,37—38,56,83

anti-modernism 反现代主义,224

anxiety 焦虑; commonality 共同体,49—50; coping with 应对焦虑,153

ascription 归属; of characteristics 特征归属,99,101; of class 阶级归属,88; gender role 性别角色分派,13,104—105,106—108,111—112,120,121; of risk 风险归因,23,41,76

authoritarianism 威权主义; bureaucratic 科层制威权主义,79—80; political 政治威权主义,191,192—193,195,228; in science 科学中的威权主义,155,159,172,

298

索引

178, 230
automation, industrial, sub-politics of 工业自动化的亚政治, 22, 141, 145—146, 153, 189, 215—223

B

bargaining, collective 劳资谈判, 145, 193, 202
Beck-Gernsheim, Elisabeth 贝克-格恩斯海姆, 伊丽莎白, 118
belief 信仰, 113, 168—169
Bernstein, Basil 伯恩斯坦, 巴兹尔, 97
Bhopal chemical accident 博帕尔化学事故, 41, 43—44
blindness to risk 风险失明症, 60
Bonβ, Wolfgang & Hartmann, Heinz 邦斯和哈特曼, 168
boomerang effect 回旋镖效应, 23, 37—38, 39, 44
bourgeois 市民, 183—184, 191
bureaucracy, state 政府科层制, 79, 188, 230
business 经济; and politics 经济与政治, 78, 187, 213, 222—224; and risk causation 经济和风险的因果关联, 14, 226—227

C

calculability 可计算性, 170—172
capitalism 资本主义; and individualization 资本主义与个体化, 95—96; and modernity 资本主义与现代性, 11; and politics 资本主义与政治, 188—189; and risk production 资本主义与风险生产, 23, 56; and social class 资本主义与社会阶级, 88; state 国家, 189
catastrophe 灾难; political potential 政治潜力, 24, 78—80; unacceptability 不可接受性, 28, 177
causality 因果关联, 27—28, 29, 31—33, 170; and economic interests 因果关联与经济利益, 227; and scientific rationality 因果关联与科学理性, 62—64, 156, 159—160
change, in science 科学变革, 156, 157, 164, 169, 173, 185
change, social 社会变迁; and industrial society 社会变迁与工业社会, 11—12, 30; periodization 分期, 9—10; and politics 社会变迁与政治, 183—188, 190, 232; and technology 社会变迁与技术, 183—187, 191, 200—203, 206, 208—212, 214, 222, 223—225, 228; 另见 family, individualization 个体化家庭
change, structural, in industry 工业的结构性变迁, 216—221
chemical industry 化工; and agriculture 化工与农业, 27, 32, 37; and toxic wastes 化工与有毒废弃物, 178
child, and family 孩子与家庭, 118
choice 选择; and family 选择与家庭, 105—106, 115—119, 123; and individualization 选择与个体化,

299

135—136
citizen 公民, 183, 185, 191, 192—193, 194—195, 207, 231
civilization, risk to 文明的风险, 22
class, social 社会阶级; conflicts 阶级冲突, 88, 95, 134—135, 221; and individualization 阶级与个体化, 95—99, 100, 129—130, 134, 153; in industrial society 工业社会的阶级, 13, 87—90, 106, 185; and inequality 阶级与不平等, 23, 91—101, 184—185; and risk distribution 阶级与风险分配, 35—36, 52—53; and risk positions 阶级与风险处境, 39—40, 41, 47, 53—55
clinic, as paradigm 作为典范的医院, 208, 210
coalitions, temporary 临时联盟, 100—101
cognition, alternative theory 另一种认知理论, 179
commerce with risk 涉及风险的商业交易, 56
communication, and individualization 沟通与个体化, 100
community, loss of traditional forms 失去传统模式的社区, 97
competition, and individualization 竞争与个体化, 94, 97
conflict 冲突, 31, 40, 90, 99, 131, 134, 154; class 阶级冲突, 88, 95, 134—135, 221; and consensus on progress 冲突与进步共识, 202—203; future developments 未来的进展, 119—126; gender 性别冲突, 103—109, 112, 114, 115—119; in science 科学中的冲突, 157, 160—161
consciousness of risk 风险意识, 27—28, 34, 53, 55—56, 70, 71—76; effects 影响, 76—80; increasing 增长, 56, 59, 90, 101, 156, 161
consumption, mass 大众消费, 132
continuity, of industrial society 工业社会的连续性, 12, 14
contracts 合同; labor 劳动合同, 142, 147, 148; marriage 婚姻合同, 107, 117
contradictions 矛盾; in individualization 个体化中的矛盾, 131, 136—137; of industrial society 工业社会的矛盾, 14, 106, 112, 116, 137, 154, 207; of politics 政治矛盾, 192, 194, 225; of science 科学矛盾, 155—156, 159, 165, 171—172, 177, 181
control, social 社会控制; and catastrophe 社会控制与灾难, 79; and democracy 社会控制与民主, 230—231; and individualization 社会控制与个体化, 90, 128, 132—133; and science 社会控制与科学, 178
convention, and science 惯例与科学, 166
corporatism 法团主义, 48, 188
counter-modernization 反现代化; and

索引

gender 反现代化与性别, 108; and politics 反现代化与政治, 192; and progress 反现代化与进步, 11, 13, 214

credibility 信誉, 59

crises, social, as individual 体现在个体身上的社会危机, 89, 100

criticism 批判; cultural 文化批判, 12, 59, 71, 202; right to 批判权, 234

culture 文化; class 阶级文化, 13, 113; new political 新政治文化, 190, 194, 195—199, 201, 203, 223; and techno-economic development 文化与技术-经济发展, 200—203

cycles of damage 损害圈, 32—33

D

danger 危险; institutionalization 制度化, 78; and risks 危险与风险, 21

death, medical definition 医学定义的死亡, 210—211, 234

decentralization 去中心化; of decision-making 决策的去中心化, 191—192, 233; of politics 政治的去中心化, 183, 195, 231—232; of work 工作的去中心化, 129, 142, 143—144, 147—149

decision-making 决策; concentration 集中决策, 218—219; decentralization 去中心化决策, 191—192, 233; and judiciary 决策与司法, 196; political 政治决策, 188—189, 191—192, 207—208; and private sphere 决策与私人领域, 198; and risk definition 决策与风险界定, 227; technological 技术决策, 202—203, 207—211, 212—213, 223, 225—226, 228—229

democracy 民主（制）; bisection 遭到切分的民主, 192; and disempowerment of politics 民主与政治的削弱, 191—199, 228—231, 232; effects of catastrophe on 灾难对民主的影响, 28, 78—80, 228; parliamentary 议会民主制, 14, 184, 188—189; and techno-economic sphere 民主与技术-经济领域, 14, 228—231

determinism 决定论, 175, 216

diagnosis, and therapy 诊断与治疗, 204—205, 211

differentiation, functional 功能分化, 11, 129, 231—232; and dedifferentiation 分化与去分化, 70, 231

disease 疾病; generalization 疾病的泛化, 205, 210; symptoms and causes 症状与原因, 175—176; 另见 illness, chronic 慢性病

distribution of risk 风险分配, 13, 19—20, 26—27, 35—36, 75, 87, 153; boomerang effect 回旋镖效应, 23, 37—39, 44; internal 内部风险分配, 117; and social class 风险分配与社会阶级, 35—36

divorce 离婚; effects on men 对男性

301

的影响, 134; effects on women 对女性的影响, 12, 89, 93, 111, 112, 121
dogmatization, in science 科学中的教条化, 164
Durkheim, Emile 涂尔干, 埃米尔, 127

E

economy 经济; development 经济发展, 56; and industrial society 经济与工业社会, 225; and risk definition 经济与风险界定, 227; and risk production 经济与风险生产, 60, 232; uncertainties 不确定性, 215—216; 另见 growth, economic 经济增长
education 教育; and individualization 教育与个体化, 93—94, 96—97, 133, 135—136; and risk distribution 教育与风险分配, 35; for women 女性的教育, 103—104, 111, 120, 132, 198
Elias, N. 埃利亚斯, 127
embryo transplantation 胚胎移植技术, 205—206
empiricism, scientific 科学经验主义, 180
employment 就业; part-time 兼职, 141, 143, 146—147, 149; and technology 就业与技术, 145—147, 200; of women 女性就业, 120—121, 124—125, 141, 146, 147—149, 198, 226; 另见 labor 劳动; labor market 劳动力市场; work 工作
environmental movement 环境运动; and critique of science 环境运动与科学批判, 162; political 政治性环境运动, 25, 74; and risk consciousness 环境运动与风险意识, 72; scientization 科学化, 162—163
equality, of men and women 男女平等, 103—104, 121—126, 198
estimability 可评估性, 171—172
ethics 伦理; implied 隐含的伦理, 28—29, 81, 176; long-distance 远程伦理, 137; and medical technology 伦理与医学技术, 206—209; new ecological 新生态伦理, 77, 79, 215; scientific 科学伦理, 70, 207—208
expectations, research 研究预期, 171—172
experts, and public 专家与公众, 27, 30, 57—58, 61, 137, 155—156, 160—161, 165, 168, 173
expropriation, ecological 生态剥夺, 23, 38—39

F

factories, dysfunctionality 工厂的机能障碍, 220—221
fallibilism 可误论; in research practice 研究实践中的可误论, 166—167, 173; in theory of science 科学理论中的可误论, 156, 165—166; 另

见 infallibility of science 科学的无误性

falsification principle 证伪原则, 141, 165—166

family 家庭; conflicts 冲突, 103—109, 112, 114, 115; future developments 未来的发展, 119—126; individualization 个体化, 89, 105—124, 130, 132, 134, 198; negotiated provisional 临时协议家庭, 129; and new forms of living together 家庭与新的共同生活形式, 114—115, 116, 119, 123—126, 232; nuclear 核心家庭, 13, 104—105, 106—110, 114, 119—121; and the single person 家庭与单身, 121—123, 125; 另见 equality, of men and women 男女平等

fatalism 宿命论; ecological 生态宿命论, 37; scientific 科学宿命论, 172, 178—179, 180, 232

fate 命运; gender 性别命运, 107, 110; risk as 作为命运的风险, 40—41, 52—53, 78

fertilization, in vitro 体外受精, 205—209, 211

fertilizers 化肥, 27, 51; controls on 控制施肥, 79; and soil contamination 化肥与土壤污染, 32—33, 37; and threat to water 化肥与水源威胁, 33

Feyerabend P. 费耶阿本德, 166

flexibility 灵活性, 231

foodstuffs, toxin content 有毒食品, 25—26, 55

forests, global risk to 全球森林危机, 21, 31—32, 36, 38, 55, 197—198

future 未来; possible scenarios 未来的可能场景, 179, 223—235; projected risks 预期中的风险, 33—34, 52, 55

G

gender 性别; and individualization 性别与个体化, 89, 105—107; liberation 性别解放, 109—115; relations 性别关系, 13, 103—126, 185, 198; 另见 conflict 冲突

genetic technology 遗传工程, 51, 117, 200, 203, 205—207, 211, 229, 234

Germany 德国; family life 家庭生活, 118; inequality and individualization 不平等与个体化, 91, 92—95, 97; maximum concentration of toxins 最大有毒物含量, 65—66; political participation 政治参与, 198—199; risk distribution 风险分配, 20, 37; unemployment 失业, 140—141

globalization 全球化; of industrial society 工业社会的全球化, 184; of industries 产业的全球化, 22; of risk 风险的全球化, 13, 21—22, 36—44, 49, 51—56, 63, 80, 154

green revolution 绿色革命, 42

growth, economic 经济增长, 11, 40, 45, 71, 140, 201, 225

guilt 负罪感; in family life 家庭生活中的负罪感, 113; and individualization 负罪感与个体化, 136

H

Habermas, Jürgen 哈贝马斯, 于尔根; and modernization 哈贝马斯与现代化, 61, 136; and the state 哈贝马斯与国家, 189, 190

hazards, 危险; 见 risk 风险

health 健康; insurance 健康保险, 230; threat to 健康威胁, 83, 143, 179

herbicides, health effects 除草剂对健康的影响, 25

history 历史; end 历史终结, 11—12; loss of 失去历史, 153; as present 作为当下的历史, 135

housework, restructured 重构的家务劳动, 110—112, 121

I

identity, social 社会认同; choice of 社会认同的选择, 88, 90, 136; and class 社会认同与阶级, 100; conflicting 冲突的社会认同, 98—99; and gender 社会认同与性别, 109—115

illness, chronic 慢性病, 128—137, 204—205

Imhof, Arthur E. 伊姆霍夫, 阿图尔, 110, 127

immiseration 贫困化; of civilization 文明的贫困化, 51—57; material 物质的贫困化, 21—22, 95—96, 106, 144

income 收入; minimum 最低收入, 149; redistribution 再分配, 143

individualization 个体化, 74, 87—90, 153; analytical model 分析模式, 127—129; of biographical patterns 人生模式的个体化, 87—88, 90, 128—137; and class formation 个体化与阶级形成, 95—99; consequences 后果, 130, 162; and the family 个体化与家庭, 105—24, 130, 132, 134, 198; of lifestyles 生活方式的个体化, 91—92; as new form of societalization 作为新的社会化形式的个体化, 127, 130—131; of social risks 社会风险的个体化, 100, 136; and society of employees 个体化与雇员社会, 99—101

individuals 个体; and labor market 个体与劳动力市场, 87—90; and society 个体与社会, 100, 127, 135—136

individuation, and individualization 个性形成与个体化, 128

industrialization, as producer of hazard 作为危险制造者的工业化, 21—22, 31, 40, 80, 229

industry 工业; automation 工业自动化, 215—223; flexible specialization 灵活的专业化, 215, 220; limitations on management 管理的限制, 78; plant

索 引

paradigm 工厂典范, 217, 219, 221—222
inequality 不平等; class 阶级不平等, 23, 35—36, 83, 88—89, 91, 184—185, 223; consciousness of 不平等意识, 115—119; gendered 性别不平等, 103—104, 107, 109, 112, 120, 123—126; and individualization 不平等与个体化, 91—92, 95—98, 100—101, 129, 154; international 国际不平等, 20, 23, 40, 41—44; relations 不平等关系, 87; stability 稳定性, 91—101
infallibility of science 科学无误论, 14, 54, 158, 164, 175, 177—178; 另见 fallibilism 可误论
information 信息; importance of 信息的重要性, 218, 233; scientific 科学信息, 58
information technology 信息技术, 121, 197; and employment 信息技术与就业, 13, 141, 145, 147, 200, 215—218
insecurity 不安(感); coping with 应对不安, 76, 98, 153; and employment 不安与就业, 144, 220; increase in 不安的增长, 21, 227—228; and judiciary 不安与司法, 197; in science 科学引发的不安, 165, 173—174, 179, 180
institutionalization, and individualization 制度化与个体化, 90, 130—137, 153

interest groups 利益集团, 48, 188, 191, 192, 195, 200
interventionism 干预主义; decrease 减少干预, 185, 187, 191, 198; ecological 生态干预主义, 230; growth 增加干预, 78—79, 186, 189, 200
invisibility of risk 风险的不可见特征, 21—23, 27—28, 40—41, 44—45, 53—55, 73—74, 162, 170

J

Japan, and causation of risk 日本与风险归因, 63—64
judiciary 司法, 193, 194, 195, 196—197, 234

K

Kant, Immanuel 康德, 伊曼纽尔, 73
knowledge 知识; access to 获取知识, 54; lack of 缺乏知识, 64—69; practical 实践知识, 172; production 知识生产, 172; of risk 风险知识, 23—24, 26—34, 51—84; in risk avoidance 规避风险的知识, 35—36; role in modernization 在现代化中的作用, 46, 228; scientific 科学知识, 156—157, 159, 167, 173—174, 177, 181, 209—210; demonopolization 知识的去垄断化, 154, 163—167
Kuhn, Thomas 库恩, 托马斯, 165

L

labor 劳动; destandardization 去标准化, 139—149; gender division, 性别分工, 13, 103—109, 115—117, 120; pluralization of forms 劳动形式的多元化, 221—222; scientific division 科学分工, 59, 160, 174; specialization 专业化, 70, 178—179; systemic transformation 系统性转变, 221; unpaid consumer 无偿劳动的顾客, 219—220

labor law, differentiation 劳动法的分化, 95, 97, 100

labor market, and individualization 劳动力市场与个体化, 87—90, 92—95, 99, 111—112, 121—123, 130—134, 149, 153

lead, in milk 乳中的铅, 25, 37

legalism, normative 规范法条主义, 134

legitimation 正当化; of modernization 现代化的正当化, 20; of risk 风险的正当化, 22, 34, 175, 203; of techno-economic sphere 技术-经济领域的正当化, 186—187, 203, 212—214, 222, 225—226

levels, acceptable 极限值, 25, 54—55, 61, 64—69, 77—78, 179

liberation, and individualization 解放与个体化, 128—130

life, medical definition 医学定义的生, 210—211, 234

life expectancy, increased 预期寿命提高, 110

loneliness 孤独, 108, 114, 118, 123

Luhmann, N. 卢曼, 23, 56, 137

M

manageability, technical 技术的可管控性, 29—30

management of risk 风险管理, 19—20, 45; preventive 预防性风险管理, 34, 48, 71

Mannheim, Karl 曼海姆, 卡尔, 165

market 市场; mass 大众市场, 132; and private life 市场与私人生活, 103—104, 108, 116, 120—124, 130—131; and scientific knowledge 市场与科学知识, 164; self-abrogation 市场的自我扬弃, 219—220

market opportunities, risks as 作为市场机会的风险, 46, 74, 211

marriage, conflicts 婚姻冲突, 103—109, 115—117, 122

Marx, Karl 马克思, 卡尔, 19, 225; on individualization 论个体化, 95—96, 98, 100, 127; on labor 论劳动, 148; on science 论科学, 165; on the state 论国家, 188—189

media 媒介; access to 媒介渠道, 32, 46; independent 独立媒介, 234; and individualization 媒介与个体化, 101, 132—133, 137; publicity 媒介公共领域, 193, 195, 196,

索 引

197—198, 231; and risk definition 媒介与风险界定, 23
medicine, as sub-political sphere 作为亚政治领域的医学, 204—212
men 男性; and fatherhood 男性与父亲角色, 109, 112, 113, 206; gender roles 性别角色, 112—113
mobility, and individualization 流动与个体化, 94—95, 97, 100, 105, 107, 116—117, 122, 124—125, 127
modernization 现代化; critique 批判, 72; effects 影响, 51—52; 另见 individualization 个体化; and industrial society 现代化与工业社会, 9—10, 107, 153—154, 225—228, 230—231; political 政治现代化, 193—194, 231; as rationalization 作为理性化的现代化, 228; self-politicization 自我政治化, 183; and social transformation 现代化与社会转型, 87—90, 121—122
modernization, reflexive 自反性现代化, 19, 153; and education 自反性现代化与教育, 93—94; and employment 自反性现代化与就业, 141, 148—149; and individualization 自反性现代化与个体化, 97—98, 99, 131, 135—136, 153; and industrial society 自反性现代化与工业社会, 10—14, 87—90, 104—105, 108; and politics 自反性现代化与政治, 76—80, 154, 183, 190, 191, 194, 231—233; 'private' "私人" 层面, 108, 109, 115, 204; and recognition of risk 自反性现代化与风险的承认, 76—80; and risk 自反性现代化与风险, 21—22, 57; and science 自反性现代化与科学, 154, 156, 158—160, 171, 181; and technological progress 自反性现代化与技术进步, 202
monarchy, democratic 民主君主制, 191, 192
morality, 道德; 见 ethics 伦理
movements, new social 新社会运动, 11, 90, 190, 195, 223, 231
Müller, Carola 穆勒, 卡萝拉, 147
myth of industrial society 工业社会的迷思, 11

N

nation states, undermining of borders 瓦解民族国家的边界, 23, 36, 47—48, 189
nature 自然; human consciousness of 人类的自然意识, 55, 74; mastery 征服自然, 24—25, 81, 200, 207; and society 自然与社会, 80—84, 87, 154
needs, and risk production 需求与风险生产, 56
neutrality, in science 科学的中立性, 170, 174
nitrates, threat to water 威胁水源的硝

酸盐,33
nuclear risk 核风险; effects 影响, 22; and fallibilism 核风险与可误论,177—178; perception 感知, 75; trivialization 轻视,60
nuclear weapons 核武器,48,75
nutrition, and risk avoidance 饮食与风险规避,35—36,179

O

objectification of errors 错误的客体化,159
objectivity 客观性; and risk definition 客观性与风险界定,29; in science 科学的客观性,29,174
obscurity, new 新的晦暗之境,190
occupation 职业; and risk distribution 职业与风险分配,35; 另见 labor 劳动; labor market 劳动力市场; work 工作
Offe, C. 奥费,110,189

P

parenthood 亲子关系,105,108—109,110—113,116,118—119, 125,198
parliament 议会; decline as political center 议会作为政治中心的衰落,188,192,194,192,223,226—227; and democratization 议会与民主化,229; and medical technology 议会与医学技术, 208—209

participation, political 政治参与, 183,185,192,195,199,202—203
particularism, in science 科学中的特殊主义,167
parties, political, and social change 政党与社会变迁,188,190
people 人; consequences of pollution for 污染对人的影响,24—26; effect of toxins on 有毒物对人的影响,68—69; and effects of risk recognition 人与承认风险的影响, 77
perception of risk 风险感知,21,27, 44—46,55,57—59,75,227; and social identity 风险感知与社会认同,99
pesticides 杀虫剂; definition 界定, 65—66; safety limits 安全限度, 25,54,137; Third World use 第三世界对杀虫剂的使用,42,44
plant species, threat to 植物濒危, 37—38,56,83
Plato 柏拉图,73
pluralism, liberal 自由多元主义; biographical 人生层面,114—115, 119—120; and risk 自由多元主义与风险,48
politics 政治; alternative 替代性政治,194; autonomy 自主性,186—187,189,223; and class society 政治与阶级社会,91; as contingent 具有偶变性的政治,191,199; differential 差异化的政治,231—

235; disempowerment 政治削弱, 186—187, 191—199, 223—228; and employment 政治与就业, 141, 146, 149; and gender relations 政治与性别关系, 99, 119; loss of function 失去功能, 187—190; and medical technology 政治与医学技术, 208—209; new political culture 新政治文化, 190, 194, 195—199, 200—203; and politicization of nature 政治与自然的政治化, 80—84; and pollution 政治与污染, 24; and private sphere 政治与私人领域, 24, 105—106, 109, 116—117, 119, 126, 132, 198; recentralization 再度集权化, 230—231; reflexive 自反性政治, 76—80, 154, 183; and risk 政治与风险, 78, 225—227; and science 政治与科学, 81—82, 170, 172—174, 188; as source of solutions 作为解决方案的政治, 31, 48—50, 191; sub-politics 亚政治, 14, 190, 192—194, 203, 223, 233—234; differentiation 分化, 193—198; of industrial automation 工业自动化的, 215—223; of medicine 医学的, 204—212; of techno-economics 技术—经济学的, 183—187, 199, 200—203, 212—215, 223—225, 228—231; unbinding 破除边界, 154, 185, 190—199, 231—233; and voting behavior 政治与投票行为, 190; 另见 business 经济; democracy 民主

polluter pays principle 污染者付费原则, 39, 63

pollution, industrial 工业污染, 21; distribution 分配, 24—26; limitation 限制, 64—68; as supra-national 跨国工业污染, 23, 40; visibility 可见性, 55

Popper, Karl 波普尔, 卡尔, 141, 165—166, 234

population levels 人口水平, 204

post-Enlightenment 后启蒙, 9

post-industrialism 后工业主义, 9

post-modernism 后现代性, 9

poverty 贫困; and modernization 贫困与现代化, 20, 229; and risk distribution 贫困与风险分配, 35—36, 41—44; for women 女性的贫困, 89, 111, 121

power 权力, 188—189; relationships 权力关系, 194; of science 科学的权力, 165

powers, separation 分权, 193, 209, 213, 224, 232

press freedom 出版自由, 193, 197, 232

prevention of risk 风险预防, 34, 48, 57; and dangers of authoritarianism 风险预防和威权主义危险, 79—80

private sphere 私人领域; enlargement 扩大, 98, 100; and social structure 私人领域与社会结构, 101—126,

130—133; as sub-political sphere 作为亚政治的私人领域, 198—199, 232
privatism, political 政治私人主义, 98
probability of risk 风险概率, 29—30
problems, production and solution chains 解决问题和制造问题的链条, 178
production, mass 大规模生产, 11, 217, 219—221; decentralized 去中心化的大规模生产, 217—218; moralization of 大规模生产的道德化, 222; and reproduction 大规模生产与再生产, 13, 123, 124, 129, 154; and social labor 大规模生产与社会劳动, 142
productivity 生产力; rise 生产力提高, 145, 146—148, 201; and risk production 生产力与风险生产, 60—61, 67, 70
professionalization 职业化, 14, 164, 209—212
progress 进步, 13—14, 40, 45, 58—59, 144, 155, 183; critique of 进步批判, 11, 160—162; end of consensus 进步共识的终结, 200—203; and medical technology 进步与医学技术, 204—212; and possible future 进步与未来前景, 223—235; and social change 进步与社会变迁, 184—187, 190, 214
property, devaluation 财产贬值, 23, 38

protection 保护; effects on economy 对经济的影响, 56; and production process 保护与生产过程, 70—71; regulations 保护规章, 42
pseudo-croup in children 儿童的假性哮吼, 61
psychology, and individualization 心理学与个体化, 100, 119
public 公众; criticism from 公众的批评, 31—32; and industrial structure 公众与工业结构, 222; and medical technology 公众与医学技术, 207—208; and science 公众与科学, 155—156, 158, 159—60, 165, 168; 另见 experts, and public 专家与公众
publicity 公共领域; importance to industry 对工业的重要性, 32—34, 223; media 媒介公共领域, 193, 195, 196, 197—198, 231

R

radioactivity 放射现象; as imperceptible 不可触知的放射现象, 27; as risk 作为风险的放射现象, 22—23
Rat der Sachverständigen für Umweltfragen 环境顾问理事会, 25, 33, 37, 79
rationality 理性; instrumental 工具理性, 172; scientific 科学理性, 29—30, 40, 45, 57—71, 155, 156—159, 164—165, 172, 174, 179—181; demystification 祛魅, 10, 71, 197,

226,232; social 社会理性, 29—30, 58—59, 61—62

rationalization 理性化; effects 理性化效应, 22; primary 初级理性化, 216, 228—229; reflexive 自反性理性化, 140, 216—217

reactor safety, quantifiable risks 核反应堆安全的可量化风险, 29

reality, and science 现实与科学, 166—167, 180, 211

reality/unreality of risk 风险的现实性与非现实性, 33—34, 44—45, 52, 55, 73, 77, 170

recognition of risk 风险承认（识别）, 23—24, 34, 62—63, 71—72; and political dynamics 风险承认与政治动力, 76—80, 99; and science 风险承认与科学, 160, 162—163

'red lists' "红色名录", 37

reindustrialization 再工业化, 224—228, 230

Rerrich, Maria 雷里希, 马里亚, 118

research, scientific 科学研究; fallibilism in 可误论, 166—167; specialized context 专业背景, 179; risk 风险, 54—55, 63, 82; technical 技术政策, 212—213, 226

responsibility 责任; lack of 缺乏责任, 33, 49, 61, 214; of politics 政治责任, 227; redistribution 责任分配, 78; social/legal 社会或法律责任, 27—28, 64

rights, civil 公民权, 183, 190, 193—196, 227

risk 风险; avoidance 规避, 35—36, 56; calculation 计算, 22, 29; critique 批判, 176; denial 否认, 61, 62—64, 70, 75; determination 确立, 28—29, 57—58, 169—170, 176; hidden 隐蔽的风险, 25; monitoring 监测, 60; multiplication 成倍增长, 62, 177; production 生产, 12—13, 19—21, 22—23, 32, 56, 153—154; residual 残余风险, 29; scientific construction 科学建构, 154, 155, 162—163; social construction 社会建构, 22—23, 155; society-changing 社会变迁的风险, 154; symptoms and causes 征兆与原因, 175—176; 另见 side effects 副作用

risk definitions 风险界定, 23—24, 29, 176, 226—227; multiplicity 多样性, 31—32; production/consumption 风险的生产或消费, 46, 56; social 社会风险界定, 23

risk positions 风险处境, 23, 26, 34—36, 57; as fate 作为命运的风险处境, 40—41; global 全球风险处境, 47; as non-class position 与阶级无关的处境, 39—40, 41, 53—55

risk research 风险研究, 170

S

safety 安全; regulations 安全规章,

42; as value system 作为价值体系的安全,49

scapegoat society 替罪羊社会,49,75

scarcity, and modernization 稀缺与现代化,19,20,47

Schelsky, Helmut 舍尔斯基,赫尔穆特,140

science 科学; ability to learn 学习能力,177—178; alternative 替代性科学,57,161,165,169,179; critique 批判,11,45,59,71—72,156,159—162,165,169,180; demystification 祛魅,10,14,59,71,156; differentiation 分化,167,171,173; and exclusion of social reality 排除社会现实,24—26; expansion 扩张,161; feudalization of cognitive practice 认知实践的封建化,167—170; generalization 普遍化,14,168; objective constraints 客观限制,173—175,176,177—180,183,234; and politics 科学与政治,81—82,170,172—174,188,203,233—234; and risk determination 科学与风险确立,57—59,155; and risk multiplication 科学与风险的成倍增长,62,177; role in modernization 现代化中的作用,228; social agenda 社会议程,160—161; specialization 专业化,70,154,158,175,178—179,181; theory of 科学理论,165—166,170; 另见 fallibilism 可误论;

infallibility of science 科学无误论; knowledge, scientific 科学知识; progress 进步; rationality, scientific 科学理性; technology 技术

scientization 科学化,56; primary 初级(简单)科学化,155,158—160,163—164,165,169,175; of protest 抗议的科学化,162—163; reflexive 自反性科学化,155—156,158,160—161,164—169,172—173,175,196

secularization of truth 真理的世俗化,166

self-criticism 自我批判,70,234—235

self-interest, enlightened 进步的自利,223,232

self-sufficiency, loss of 失去自足,99

Seveso accident 塞韦索事故,68

sexuality,性;见 gender, relations 性别关系

side effects 副作用,19—20,23—24,27,34,37,51,60—62; assessability 可评估性,170—181; political 政治副作用,77—80; social change as 作为副作用的社会变迁,132,184—187,223—224; technological 技术副作用,13,156—157,212—214,227; unacceptability 不可接受性,177; unpredictability 不可预测性,27—28,178; 另见 risk 风险

Simmel, Georg 齐美尔,格奥尔格,94,127,130

skepticism, scientific 科学怀疑主义,

14,154,156,159—160,163—165,173,174,177
Smith, Adam 斯密，亚当,223
societalization, and individualization 社会化与个体化,90,130—131
society, class 阶级社会,13,44,46,49
society, industrial 工业社会; as feudal 封建的工业社会,106—109,118—119; and gender division of labor 工业社会与性别分工,104—105,123—124; and methodical skepticism 工业社会与方法论怀疑主义,14; modernization 现代化,9—12,13,107,153—154,225—228,230—231; as permanently revolutionary 持续变革的工业社会,11—12; and production of risk 工业社会与风险生产,57,153; return to 重返工业社会,224—228; sociopolitical dynamic 社会政治动力,87—90; as work society 作为劳动社会的工业社会,13,139—144; 另见 class 阶级; work 工作
society, risk 风险社会,153—154; as catastrophic society 作为灾难社会,78—79; as industrial society 作为工业社会,9,13,20—21,71,81; opportunities 机遇,15; as politically reflexive 具有政治自反性的风险社会,183; as self-critical 自我批判的风险社会,176; social & political dynamics 社会与政治动力,51—84,99; and speculative

age 风险社会与推测的时代,72—74; and wealth production 风险社会与财富生产,12—13,19,45—46,153; and work 风险社会与工作,144—145; as world risk society 世界风险社会,23,46—50
society, scarcity 稀缺社会,19,20
sociology 社会学; cognitive 知识社会学,55; and individualization 社会学与个体化,92; and politics 社会学与政治,199; role 社会学的作用,82—84,180—181
soil 土壤; contamination 土壤污染,32—33; decline in fertility 土壤肥力下降,38,179; erosion 土壤侵蚀,38
solidarity, in risk society 风险社会的团结,49—50,74,125
standard of living, changes 生活条件的改变,91—92,95,96,184,201
standardization 标准化; and destandardization of labor 劳动的标准化和去标准化,139—149; and individualization 标准化与个体化,90,130,131—132
state 国家; demystification 国家的祛魅,190; power 权力,127,187—189,191,193—195,202,213,225,233
stratification, social 社会分层,91—92
structure, social, new 新的社会结构,99—101
subject, political 政治主体,48—49,55; technical control 技术控制,

206—207

sulfur dioxide, effects on children 二氧化硫对儿童的影响, 61, 63

system concept 系统概念, 32—33

system theory 系统理论, 70; and subsystem boundaries 系统理论与子系统边界, 136—137

T

taboos on risks 风险禁忌, 34, 157—158

Taylorism 泰勒制, 146—147, 215

TCDD toxin 二噁英, 68

technology 技术; automation 自动化, 141, 145—146, 153, 189, 215—223; democratization of techno-economic sphere 技术-经济领域的民主化, 228—231; and employment 技术与就业, 13, 145—147, 200; and exclusion of social reality 排除社会现实, 24—25; and fallibility 技术与可误性, 177; medical 医学技术, 204—212; objective constraints 客观限制, 184, 186; policy dilemma 技术政策的困境, 212—215; and social change 技术与社会变迁, 183—187, 191, 200—203, 212, 228; 另见 information technology 信息技术; progress 进步; science 科学

television, and individualization 电视与个体化, 132—133

therapy, and diagnosis 治疗与诊断, 204—205

Third World 第三世界; population growth 人口增长, 204; transfer of hazardous industries to 把有害产业转移到第三世界, 41—44; threat, of potential risk 潜在风险的威胁, 33—34, 52, 162

Three Mile Island accident 三英里岛核泄漏事故, 27

toxins 有毒物; acceptable limits 有毒物的可接受限度, 54—55, 61, 64—69, 77—78, 179; 'residential' "残留"毒素, 39; synergistic effect 协同作用, 66—67, 179; wastes 有毒废弃物, 178

tradition 传统; class 阶级传统, 13, 96; and modernization 传统与现代化, 11, 12, 14, 128, 131, 153, 225; and scientization 传统与科学化, 154, 158

trust 信任, 32, 45

truth, and science 真理与科学, 166—167, 169, 233

U

uncertainty 不确定性, 71, 109, 157, 173, 215

underemployment 未充分就业, 13, 89, 129, 140—149

unemployment 失业; and individualization 失业与个体化, 93, 111; mass 大规模失业, 13, 88—9, 111, 120, 124, 134, 140—142, 145—146, 149, 223,

224—225,230; and social class 失业与社会阶级,35; structural 结构性失业,216; threatened 失业威胁,45
universalism 普遍主义; in education 教育中的普遍主义,93; and modernization 普遍主义与现代化,14,104; in politics 政治中的普遍主义,195
US 美国; biological research 生物研究,162; unemployment 失业,93

V

value systems 价值体系,49,58,203
Veblen, Thorstein 凡勃伦,索尔斯坦,200—201
Villa Parisi, Brazil 维拉帕里西,巴西,43
visibility 可见性; 见 invisibility of risk 风险的不可见特征

W

water, pollution 水污染,33,36,55,178
wealth 财富; distribution 财富分配,13,19—20,26,34,44,75; production 财富生产,12—13,19,22—23,45,153—154
Weber, Max 韦伯,马克斯,19,24,81,92,121; and individualization 韦伯与个体化,96,98,100,127; and rationalization 韦伯与理性化,22; and rise of capitalism 韦伯与资本主义的兴起,200—201

welfare state 福利国家; and autonomy of political system 福利国家与政治系统的自主性,189,223; ecological variant 符合生态取向的福利国家,230; and individualization 福利国家与个体化,94—95,130,153; and social change 福利国家与社会变迁,20,22,185,186,229
women 女性; employment 女性就业,120—121,124—125,141,146,147—149,198,226; equality with men 男女平等,121—126,198; and gender division of labor 女性与性别分工,104—109,115—116,120—121; and individualization 女性与个体化,89,93,95,110,129,132; liberation 妇女解放,108,109—115,120; and motherhood 女性与母亲角色,109,110—111,118,121,205—206
work 工作; destandardization 去标准化,139—149; and family 工作与家庭,103—104; in industrial society 工业社会里的工作,185; temporary 临时工作,148; working hours 工时,13,99,129,142—143,145—148; 另见 decentralization 去中心化; employment 就业; labor 劳动
world society 世界社会; and individual 世界社会与个体,137; as utopia 作为乌托邦的世界社会,46—50

中译本修订说明

本书是对《风险社会》(何博闻译,译林出版社2004年版)中文初版的修订。修订工作以英译本(*Risk Society*, Sage, 1992,译者为 Mark Ritter)为基本参照,同时适当校对德文本(*Risikogesellschaft*, Suhrkamp, 1986)。

这项工作耗时费力,远远超出修订者的预期。首先,由于时间已久,原译稿电子版早已不知去向,因而一切工作的开始是一个由 PDF 文件转化而来的充斥着乱码字符的稿件。更主要的问题在于,光是依靠英译本不足以确保修订译文的准确性。我在最初接手这项工作时,其实并不包含校对德文的部分,或者最多也就是核对若干重要概念。不过随着工作的进行,我"意外"发现英译本与德文本之间存在若干难以忽略的差别,以至于不得不尽力校对德文。

简单地说,《风险社会》的中译本修订保留了英译本的基本体例和篇章结构,但在行文特别是概念方面则尽量贴近德文原著。因此,这里需要就英译本和德文本之间的主要差异进行说明:

一、英译本第三章不同于原书第三章,它是对贝克早年一篇论文的翻译(近似于原书第三章的缩写);

二、英译本第四、六、七章均有不同程度删减,总计三十多页德文;

三、英译本删除了原书类似"出版说明"的若干页文字；

四、除了删减，英译本还不时会"多出"一些文字，这点比较令人困惑。这些文字主要集中在第一章，也零散穿插在其他章节。文字的总量不大，但重要性不可低估，因为其中既有脚注，也不乏理论总结。到目前为止，修订者尚无渠道核实这方面信息。

以上除了第一条英译本用章尾注给予说明之外，其余均为修订者在校对德文过程中所发现。考虑到本次修订工作的初衷和原定的时间安排，修订本维持了和英译本一致的篇幅。相应的删节处会有译注说明具体页码，以供读者参考。当然，对于单个段落（三处）或句子的"漏译"，修订本进行了补译。对于英译本直接用新句替代德文原句的地方，修订本还原了德文，同时不保留英译。但对于以上第四条所述的那些纯粹增加的文字，修订本给予保留，也相应做了标记。总之，只要修订者发现英译本和德文本之间存在明显差异，那么一切皆以德文本为准。

此外还需要说明的是，修订本采纳了英译本的参考文献，因为其中的文献量稍多于原书。原书没有索引，修订本的索引来自英译本，但删除了少数无效条目。索引部分的中译文与正文一致（起到"索引"的作用），因而有时不同于英文的字面含义。

最后还需要说明几个概念的译法。

（1）Gefährdung（threat, hazard, danger；威胁、危害、危险）。这个概念出现的频率远远高于Risiko（risk, 风险）。为了兼顾不同语境，修订者只好用多个中文词进行对译。与英译本不同，修订本一般不会轻易把Gefährdung译成"风险"。唯一的例外是Gefährdungslage，修订者同意英译本的做法，也把它译成了"风险处境"（对照"阶级处境"，Klassenlage），以便对应阶级社会与风险社会的二分法。

（2）Reflexivität（reflexivity）或其形容词reflexiv（reflexive）。中文学界主要有"自反性"和"反身性"两种译法。修订者追随部分学者，

317

选择了"自反性"。贝克并没有直接在书中讨论这个概念；后来面对各种误解，他才不得不澄清了几次。吉登斯、拉什、布迪厄等学者也经常使用reflexive一词，但贝克认为自己的用法跟他们多少有些差异。

（3）Vergesellschaftung（societalization，社会化）。这是德国社会学传统中一个非常重要的概念，韦伯受滕尼斯启发发展了这个概念，齐美尔甚至用它来形容自己的社会学学说。但他们的用法依然存在差异，（或许正因为如此）英文学界也没有定译。"社会化"的译法仅仅维持了德文的字面含义——马克思所说的劳动或生产的社会化应该是一个有助于理解的实例。另外，贝克在书中认为，社会化与个体化（Individualisierung）是两个相反的过程（不过他又说，个体化是最发达的社会化形式）。这里唯一需要注意的是，Vergesellschaftung不同于社会学或社会心理学经常描述的另一种"社会化"（sozialisation，socialization），即个人习得规范融入社会的过程。

（4）Medienöffentlichkeit（media publicity，媒介公共领域）。英译者的处理相对收窄了原概念的意涵，并使之接近日常用法。修订者的考虑是，自哈贝马斯于20世纪60年代出版《公共领域的结构转型》（1989年才译成英文）以来，学术界对Öffentlichkeit的讨论已经有了约定俗成的语境，因而把它译成"公共领域"应该是妥当的（个别语境下也可灵活译成"公众""公共"等）。贝克显然也是在这个意义上使用Medienöffentlichkeit的，只不过他更加凸显了其中媒介的作用。

（5）本书出现了大量以"Gegen-"（大致接近于英文的counter或against）为前缀的复合词。这些词大多不见于工具书，甚至不见于互联网。对此，英译本常常以alternative来对译；修订本则只能根据语境灵活处理，但有时候不免缩减原词的丰富意涵，或破坏多种解释的可能性。

以上仅仅讨论了几个有代表性的概念的译法，它们纯属修订者的个人见解，有待检验和批评。

中译本修订说明

本书初版译者何博闻先生因工作缘故未能参与译文修订,但他的译文为我的工作提供了良好的基础。在此,我特别需要感谢他的信任。

另外,我的导师方文先生为我介绍了这项工作,我的朋友孙超和涂鹏分别帮我校读了部分章节,译林的编辑也为本书的出版做了许多工作,在此一并向他们表示感谢。

在译文修订过程中,我曾就一些"疑难杂句"参阅过台湾同行的处理方法(《风险社会:通往另一个现代的路上》,汪浩译,周桂田校订,巨流图书2004年版),因而也向该译本的译校者表示感谢。

限于修订者的学识和中外文功底,修订后的译文可能存在舛误或不妥的地方,恳请各位读者不吝指正。

张文杰
2017年3月20日于北大燕园

人文与社会译丛

第一批书目

1. 《政治自由主义》(增订版), [美]J. 罗尔斯著, 万俊人译　118.00 元
2. 《文化的解释》, [美]C. 格尔茨著, 韩莉译　89.00 元
3. 《技术与时间: 1. 爱比米修斯的过失》, [法]B. 斯蒂格勒著,
   裴程译　62.00 元
4. 《依附性积累与不发达》, [德]A. G. 弗兰克著, 高铦等译　13.60 元
5. 《身处欧美的波兰农民》, [美]F. 兹纳涅茨基、W. I. 托马斯著,
   张友云译　9.20 元
6. 《现代性的后果》, [英]A. 吉登斯著, 田禾译　45.00 元
7. 《消费文化与后现代主义》, [英]M. 费瑟斯通著, 刘精明译　14.20 元
8. 《英国工人阶级的形成》(上、下册), [英]E. P. 汤普森著,
   钱乘旦等译　168.00 元
9. 《知识人的社会角色》, [美]F. 兹纳涅茨基著, 郏斌祥译　49.00 元

第二批书目

10. 《文化生产: 媒体与都市艺术》, [美]D. 克兰著, 赵国新译　49.00 元
11. 《现代社会中的法律》, [美]R. M. 昂格尔著, 吴玉章等译　39.00 元
12. 《后形而上学思想》, [德]J. 哈贝马斯著, 曹卫东等译　58.00 元
13. 《自由主义与正义的局限》, [美]M. 桑德尔著, 万俊人等译　30.00 元

14.《临床医学的诞生》,[法]M.福柯著,刘北成译　　　　55.00元
15.《农民的道义经济学》,[美]J.C.斯科特著,程立显等译　42.00元
16.《俄国思想家》,[英]I.伯林著,彭淮栋译　　　　　　35.00元
17.《自我的根源:现代认同的形成》,[加]C.泰勒著,韩震等译
　　　　　　　　　　　　　　　　　　　　　　　　128.00元
18.《霍布斯的政治哲学》,[美]L.施特劳斯著,申彤译　　49.00元
19.《现代性与大屠杀》,[英]Z.鲍曼著,杨渝东等译　　　59.00元

第三批书目

20.《新功能主义及其后》,[美]J.C.亚历山大著,彭牧等译　15.80元
21.《自由史论》,[英]J.阿克顿著,胡传胜等译　　　　　89.00元
22.《伯林谈话录》,[伊朗]R.贾汉贝格鲁等著,杨祯钦译　48.00元
23.《阶级斗争》,[法]R.阿隆著,周以光译　　　　　　　13.50元
24.《正义诸领域:为多元主义与平等一辩》,[美]M.沃尔泽著,
　　褚松燕等译　　　　　　　　　　　　　　　　　　24.80元
25.《大萧条的孩子们》,[美]G.H.埃尔德著,田禾等译　　27.30元
26.《黑格尔》,[加]C.泰勒著,张国清等译　　　　　　135.00元
27.《反潮流》,[英]I.伯林著,冯克利译　　　　　　　　48.00元
28.《统治阶级》,[意]G.莫斯卡著,贾鹤鹏译　　　　　　98.00元
29.《现代性的哲学话语》,[德]J.哈贝马斯著,曹卫东等译　78.00元

第四批书目

30.《自由论》(修订版),[英]I.伯林著,胡传胜译　　　　69.00元
31.《保守主义》,[德]K.曼海姆著,李朝晖、牟建君译　　58.00元
32.《科学的反革命》(修订版),[英]F.哈耶克著,冯克利译　68.00元

33.《实践感》,[法]P.布迪厄著,蒋梓骅译　　　　　　75.00元
34.《风险社会:新的现代性之路》,[德]U.贝克著,张文杰等译 58.00元
35.《社会行动的结构》,[美]T.帕森斯著,彭刚等译　　　80.00元
36.《个体的社会》,[德]N.埃利亚斯著,翟三江、陆兴华译　15.30元
37.《传统的发明》,[英]E.霍布斯鲍姆等著,顾杭、庞冠群译 68.00元
38.《关于马基雅维里的思考》,[美]L.施特劳斯著,申彤译　78.00元
39.《追寻美德》,[美]A.麦金太尔著,宋继杰译　　　　　68.00元

第五批书目

40.《现实感》,[英]I.伯林著,潘荣荣、林茂、魏钊凌译　　78.00元
41.《启蒙的时代》,[英]I.伯林著,孙尚扬、杨深译　　　　35.00元
42.《元史学》,[美]H.怀特著,陈新译　　　　　　　　　89.00元
43.《意识形态与现代文化》,[英]J.B.汤普森著,高铦等译　79.00元
44.《美国大城市的死与生》,[加]J.雅各布斯著,金衡山译　78.00元
45.《社会理论和社会结构》,[美]R.K.默顿著,唐少杰等译 128.00元
46.《黑皮肤,白面具》,[法]F.法农著,万冰译　　　　　　58.00元
47.《德国的历史观》,[美]G.伊格尔斯著,彭刚、顾杭译　　58.00元
48.《全世界受苦的人》,[法]F.法农著,万冰译　　　　　　17.80元
49.《知识分子的鸦片》,[法]R.阿隆著,吕一民、顾杭译　　59.00元

第六批书目

50.《驯化君主》,[美]H.C.曼斯菲尔德著,冯克利译　　　88.00元
51.《黑格尔导读》,[法]A.科耶夫著,姜志辉译　　　　　98.00元
52.《象征交换与死亡》,[法]J.波德里亚著,车槿山译　　　68.00元
53.《自由及其背叛》,[英]I.伯林著,赵国新译　　　　　　48.00元

54.《启蒙的三个批评者》,[英]I.伯林著,马寅卯、郑想译　　48.00元
55.《运动中的力量》,[美]S.塔罗著,吴庆宏译　　23.50元
56.《斗争的动力》,[美]D.麦克亚当、S.塔罗、C.蒂利著,
　　李义中等译　　31.50元
57.《善的脆弱性》,[美]M.纳斯鲍姆著,徐向东、陆萌译　　55.00元
58.《弱者的武器》,[美]J.C.斯科特著,郑广怀等译　　82.00元
59.《图绘》,[美]S.弗里德曼著,陈丽译　　49.00元

第七批书目

60.《现代悲剧》,[英]R.威廉斯著,丁尔苏译　　45.00元
61.《论革命》,[美]H.阿伦特著,陈周旺译　　59.00元
62.《美国精神的封闭》,[美]A.布卢姆著,战旭英译,冯克利校　89.00元
63.《浪漫主义的根源》,[英]I.伯林著,吕梁等译　　49.00元
64.《扭曲的人性之材》,[英]I.伯林著,岳秀坤译　　69.00元
65.《民族主义思想与殖民地世界》,[美]P.查特吉著,
　　范慕尤、杨曦译　　18.00元
66.《现代性社会学》,[法]D.马尔图切利著,姜志辉译　　32.00元
67.《社会政治理论的重构》,[美]R.J.伯恩斯坦著,黄瑞祺译　72.00元
68.《以色列与启示》,[美]E.沃格林著,霍伟岸、叶颖译　　128.00元
69.《城邦的世界》,[美]E.沃格林著,陈周旺译　　85.00元
70.《历史主义的兴起》,[德]F.梅尼克著,陆月宏译　　48.00元

第八批书目

71.《环境与历史》,[英]W.贝纳特、P.科茨著,包茂红译　　25.00元
72.《人类与自然世界》,[英]K.托马斯著,宋丽丽译　　35.00元

73.《卢梭问题》，[德]E.卡西勒著，王春华译　　　　39.00元
74.《男性气概》，[美]H.C.曼斯菲尔德著，刘玮译　　28.00元
75.《战争与和平的权利》，[美]R.塔克著，罗炯等译　25.00元
76.《谁统治美国》，[美]W.多姆霍夫著，吕鹏、闻翔译　35.00元
77.《健康与社会》，[法]M.德吕勒著，王鲲译　　　　35.00元
78.《读柏拉图》，[德]T.A.斯勒扎克著，程炜译　　　68.00元
79.《苏联的心灵》，[英]I.伯林著，潘永强、刘北成译　59.00元
80.《个人印象》，[英]I.伯林著，覃学岚译　　　　　88.00元

第九批书目

81.《技术与时间:2.迷失方向》，[法]B.斯蒂格勒著，
　　赵和平、印螺译　　　　　　　　　　　　　　59.00元
82.《抗争政治》，[美]C.蒂利、S.塔罗著，李义中译　28.00元
83.《亚当·斯密的政治学》，[英]D.温奇著，褚平译　21.00元
84.《怀旧的未来》，[美]S.博伊姆著，杨德友译　　　85.00元
85.《妇女在经济发展中的角色》，[丹]E.博斯拉普著，陈慧平译　30.00元
86.《风景与认同》，[美]W.J.达比著，张箭飞、赵红英译　79.00元
87.《过去与未来之间》，[美]H.阿伦特著，王寅丽、张立立译　58.00元
88.《大西洋的跨越》，[美]D.T.罗杰斯著，吴万伟译　108.00元
89.《资本主义的新精神》，[法]L.博尔坦斯基、E.希亚佩洛著，
　　高銛译　　　　　　　　　　　　　　　　　　58.00元
90.《比较的幽灵》，[美]B.安德森著，甘会斌译　　　79.00元

第十批书目

91.《灾异手记》，[美]E.科尔伯特著，何恬译　　　　25.00元

92.《技术与时间:3.电影的时间与存在之痛的问题》,
　　[法]B.斯蒂格勒著,方尔平译　　　　　　　　65.00元
93.《马克思主义与历史学》,[英]S.H.里格比著,吴英译　78.00元
94.《学做工》,[英]P.威利斯著,秘舒、凌旻华译　　　68.00元
95.《哲学与治术:1572—1651》,[美]R.塔克著,韩潮译　45.00元
96.《认同伦理学》,[美]K.A.阿皮亚著,张容南译　　　45.00元
97.《风景与记忆》,[英]S.沙玛著,胡淑陈、冯樨译　　　78.00元
98.《马基雅维里时刻》,[英]J.G.A.波考克著,冯克利、傅乾译108.00元
99.《未完的对话》,[英]I.伯林、[波]B.P.-塞古尔斯卡著,
　　杨德友译　　　　　　　　　　　　　　　　　65.00元
100.《后殖民理性批判》,[印]G.C.斯皮瓦克著,严蓓雯译　79.00元

第十一批书目

101.《现代社会想象》,[加]C.泰勒著,林曼红译　　　　45.00元
102.《柏拉图与亚里士多德》,[美]E.沃格林著,刘曙辉译　78.00元
103.《论个体主义》,[法]L.迪蒙著,桂裕芳译　　　　　30.00元
104.《根本恶》,[美]R.J.伯恩斯坦著,王钦、朱康译　　　78.00元
105.《这受难的国度》,[美]D.G.福斯特著,孙宏哲、张聚国译39.00元
106.《公民的激情》,[美]S.克劳斯著,谭安奎译　　　　49.00元
107.《美国生活中的同化》,[美]M.M.戈登著,马戎译　　58.00元
108.《风景与权力》,[美]W.J.T.米切尔著,杨丽、万信琼译78.00元
109.《第二人称观点》,[美]S.达沃尔著,章晟译　　　　69.00元
110.《性的起源》,[英]F.达伯霍瓦拉著,杨朗译　　　　85.00元

第十二批书目

111.《希腊民主的问题》,[法]J.罗米伊著,高煜译　　　　48.00元
112.《论人权》,[英]J.格里芬著,徐向东、刘明译　　　　75.00元
113.《柏拉图的伦理学》,[英]T.埃尔文著,陈玮、刘玮译　118.00元
114.《自由主义与荣誉》,[美]S.克劳斯著,林垚译　　　　62.00元
115.《法国大革命的文化起源》,[法]R.夏蒂埃著,洪庆明译　38.00元
116.《对知识的恐惧》,[美]P.博格西昂著,刘鹏博译　　　38.00元
117.《修辞术的诞生》,[英]R.沃迪著,何博超译　　　　　59.00元
118.《历史表现中的真理、意义和指称》,[荷]F.安克斯密特著,
　　周建漳译　　　　　　　　　　　　　　　　　　　58.00元
119.《天下时代》,[美]E.沃格林著,叶颖译　　　　　　　78.00元
120.《求索秩序》,[美]E.沃格林著,徐志跃译　　　　　　48.00元

第十三批书目

121.《美德伦理学》,[新西兰]R.赫斯特豪斯著,李义天译　68.00元
122.《同情的启蒙》,[美]M.弗雷泽著,胡靖译　　　　　　48.00元
123.《图绘暹罗》,[美]T.威尼差恭著,袁剑译　　　　　　76.00元
124.《道德的演化》,[新西兰]R.乔伊斯著,刘鹏博、黄素珍译65.00元
125.《大屠杀与集体记忆》,[美]P.诺维克著,王志华译　　78.00元
126.《帝国之眼》,[美]M.L.普拉特著,方杰、方宸译　　　68.00元
127.《帝国之河》,[美]D.沃斯特著,侯深译　　　　　　　76.00元
128.《从道德到美德》,[美]M.斯洛特著,周亮译　　　　　58.00元
129.《源自动机的道德》,[美]M.斯洛特著,韩辰锴译　　　58.00元
130.《理解海德格尔:范式的转变》,[美]T.希恩著,
　　邓定译　　　　　　　　　　　　　　　　　　　　89.00元

第十四批书目

131. 《城邦与灵魂：费拉里〈理想国〉论集》，[美]G. R. F. 费拉里著，刘玮编译　　　　69.00元
132. 《人民主权与德国宪法危机》，[美]P. C. 考威尔著，曹晗蓉、虞维华译　　　　58.00元
133. 《16 和 17 世纪英格兰大众信仰研究》，[英]K. 托马斯著，芮传明、梅剑华译　　　　168.00元
134. 《民族认同》，[英]A. D. 史密斯著，王娟译　　　　55.00元
135. 《世俗主义之乐：我们当下如何生活》，[英]G. 莱文编，赵元译　　　　58.00元
136. 《国王或人民》，[美]R. 本迪克斯著，褚平译（即出）
137. 《自由意志、能动性与生命的意义》，[美]D. 佩里布姆著，张可译　　　　69.00元
138. 《自由与多元论：以赛亚·伯林思想研究》，[英]G. 克劳德著，应奇等译　　　　58.00元
139. 《暴力：思无所限》，[美]R. J. 伯恩斯坦著，李元来译　　　　59.00元
140. 《中心与边缘：宏观社会学论集》，[美]E. 希尔斯著，甘会斌、余昕译　　　　88.00元

第十五批书目

141. 《自足的世俗社会》，[美]P. 朱克曼著，杨靖译　　　　58.00元
142. 《历史与记忆》，[英]G. 丘比特著，王晨凤译　　　　59.00元
143. 《媒体、国家与民族》，[英]P. 施莱辛格著，林玮译　　　　68.00元
144. 《道德错误论：历史、批判、辩护》，

[瑞典]J.奥尔松著,周奕李译　　　　　　　　58.00元
145.《废墟上的未来:联合国教科文组织、世界遗产与和平之梦》,
　　[澳]L.梅斯克尔著,王丹阳、胡牧译　　　88.00元
146.《为历史而战》,[法]L.费弗尔著,高煜译　　98.00元
147.《康德与现代政治哲学》,[英]K.弗利克舒著,
　　徐向东译　　　　　　　　　　　　　　58.00元
148.《我们中的我:承认理论研究》,[德]A.霍耐特著,
　　张曦、孙逸凡译　　　　　　　　　　　69.00元
149.《人文学科与公共生活》,[美]P.布鲁克斯、H.杰维特编,
　　余婉卉译　　　　　　　　　　　　　　52.00元
150.《美国生活中的反智主义》,[美]R.霍夫施塔特著,
　　何博超译　　　　　　　　　　　　　　68.00元

第十六批书目

151.《关怀伦理与移情》,[美]M.斯洛特著,韩玉胜译　48.00元
152.《形象与象征》,[罗]M.伊利亚德著,沈珂译　　48.00元
153.《艾希曼审判》,[美]D.利普斯塔特著,刘颖洁译　49.00元
154.《现代主义观念论:黑格尔式变奏》,[美]R.B.皮平著,郭东辉译
　　(即出)
155.《文化绝望的政治:日耳曼意识形态崛起研究》,[美]F.R.斯特
　　恩著,杨靖译　　　　　　　　　　　　98.00元
156.《作为文化现实的未来:全球现状论集》,[印]A.阿帕杜莱著,周
　　云水、马建福译(即出)
157.《一种思想及其时代:以赛亚·伯林政治思想的发展》,[美]
　　J.L.彻尼斯著,寿天艺、宋文佳译　　　　88.00元
158.《人类的领土性:理论与历史》,[美]R.B.萨克著,袁剑译(即出)

159.《理想的暴政：多元社会中的正义》,[美]G.高斯著,范震亚译（即出）

160.《荒原：一部历史》,[美]V.D.帕尔玛著,梅雪芹等译　88.00元

第十七批书目

161.《浪漫派为什么重要》,[美]P.盖伊著,王燕秋译　49.00元
162.《欧美思想中的自治》,[美]J.T.克洛彭伯格著,褚平译（即出）
163.《冲突中的族群》,[美]D.霍洛维茨著,魏英杰、段海燕译（即出）
164.《八个欧洲中心主义历史学家》,[美]J.M.布劳特著,杨卫东译（即出）
165.《记忆之地,悼念之地》,[美]J.温特著,王红利译（即出）
166.《20世纪的战争与纪念》,[美]J.温特著,吴霞译（即出）
167.《病态社会》,[美]R.B.埃杰顿著,杨靖、杨依依译（即出）
168.《种族与文化的少数群体》,[美]G.E.辛普森、J.M.英格尔著,马戎、王凡妹等译（即出）
169.《美国城市新主张》,R.H.普拉特著,周允程译（即出）
170.《五种官能》,[美]M.塞尔著,徐明译（即出）